»Richtig reisen«

Washington D.C.

In der vorderen Umschlagklappe: Das Zentrum von Washington D.C.

In der hinteren Umschlagklappe: Washington D.C. und Umgebung

»Richtig reisen«

Washington D.C.

Mit Ausflügen nach Virginia, Maryland
und Pennsylvania

Jochen W. Siemens

DuMont Buchverlag Köln

Umschlagvorderseite: Veterans' Day am Vietnam Veterans Memorial, die US-Flagge besteht aus 58 130 Rosen und Nelken
Umschlaginnenklappe: Blick auf die Mall
Umschlagrückseite: Das Kapitol
Frontispiz: Schachspieler auf dem Lafayette Square
Vignette: Präsidentensiegel der USA

CIP-Titelaufnahme der Deutschen Bibliothek
Siemens, Jochen W.:
Washington D.C.: Mit Ausflügen nach Virginia, Maryland und Pennsylvania / Jochen W. Siemens. – Köln: DuMont, 1991
(Richtig reisen)
ISBN 3-7701-2120-1

Satz, Druck und buchbinderische Verarbeitung: Boss-Druck, Kleve

Printed in Germany ISBN 3-7701-2120-1

Inhalt

rdy
hardy hardy hardy hardy hardy h

Ausflüge in die Umgebung

Praktische Reiseinformationen

Das Kapitol ▷

Die Wiege der USA

Anfänge in Virginia

Obwohl die jüngste der großen Städte an der amerikanischen Ostküste, spiegelt Washington D.C. doch wie keine andere die Geschichte der USA wider. Das trifft nicht nur auf die Hauptstadt zu, die aus bescheidenen Anfängen erst während des Zweiten Weltkriegs ins Rampenlicht der nationalen und internationalen Ereignisse gerissen wurde. Es gilt im umfassenderen Sinn auch für den Gründungsort der Metropole unweit der ersten Niederlassungen weißer Siedler in Amerika, für die machtvolle Rolle von Virginia und Maryland, als die Kolonien ihre Unabhängigkeit gewannen und schließlich für die Lage der Hauptstadt an der Nahtstelle der beiden Kulturen, die sich in den USA entwickelten und die mit der furchtbaren Gewalt des Bürgerkriegs auseinanderbrachen.

Der Public Relations-Apparat der Neu-Engländer von den Pilgrim Fathers bis zur Boston Tea Party hat bewundernswerte Erfolge in Geschichts- und Schulbüchern gefeiert und dabei fast in Vergessenheit geraten lassen, daß an der Küste der ersten Kolonie, die Sir Walter Raleigh nach der jungfräulichen englischen Königin Elizabeth I. Virginia nannte, die europäische Besiedlungsgeschichte Amerikas begann. Südlich des Hudson tragen die großen Flüsse – Delaware, Susquehanna, Potomac, Rappahannock und James – ihre Wasser von den Appalachen zum Atlantischen Ozean und boten gemeinsam mit der gewaltigen, sich schier endlos ins Land verzweigenden Chesapeake Bay den Siedlern ideale Einfahrtswege in den neuen Kontinent. Am obersten navigierbaren Punkt der Flüsse bauten sie ihre Städte in einem Land, das von Wäldern bedeckt und allein um die Chesapeake Bay herum von Dutzenden von Indianerstämmen bewohnt war.

Als Kapitän John Smith im Juni 1608 mit 14 Begleitern den Potomac hinauf segelte, und die Gruppe als erste Weiße an der Mündung des Nacochtanke-Flusses, dessen Name jesuitische Priester später zu Anacostia ›latinisierten‹, den zukünftigen Bauplatz der Hauptstadt der Vereinigten Staaten sahen, lebten dort die Indianerstämme der Algonquin-Familie. Einst waren sie über den größten Teil des östlichen Amerika verbreitet, heute sind ihre Namen weitgehend als Fluß- und Gewässerbezeichnungen wie Patuxent, Nanjemoy, Accokeek, Pocomoce, Nanticoke, Chesapeake, Potomac, Rappahannock, Occoquan oder Matawoman bekannt.

Hier begann das bis in die Gegenwart andauernde Drama der Ureinwohner des amerikanischen Kontinents. Wer denkt heute schon noch daran, wenn er im Robert F. Kennedy-Stadion ein Football-Spiel der Washington Redskins verfolgt oder auf dem George Washington Memorial Parkway an Roosevelt Island vorbeifährt, daß dort einmal Siedlungen der Nacochtanke-Indianer lagen, bevor sie von den Einwanderern aus Europa vertrieben oder ausgerottet wurden?

Mit der ersten Niederlassung 1607 in Jamestown (s. S. 226) und der bald folgenden Kultivierung von Tabak begann die rasante Entwicklung der Plantagenwirtschaft in Virginia. Untrennbar mit dem Aufstieg der zukünftigen Südstaaten war die Sklaverei verbunden – 250 Jahre später zeigten sich dann die unüberbrückbaren Gegensätze zur Lebens- und Wirtschaftsform der Nordstaaten. Virginia und Maryland lagen an der Nahtstelle dieser Gegensätze.

Die durch königlichen Erlaß bestimmten, gewaltigen Ausmaße von Virginia werden besonders deutlich, wenn man sich vor Augen führt, wie viele Staaten im Laufe der Zeit aus Virginia entstanden: 1632 wurde Maryland ausgegliedert, 1639 die Carolinas. Nach der Revolution wurden von Virginia die zukünftigen Staaten Kentucky, Ohio, Indiana, Illinois, Michigan und Wisconsin abgetrennt und zunächst Northwest Territory getauft. Den heutigen Zuschnitt erhielt Virginia schließlich während des Bürgerkriegs, als West Virginia als Staat der Union seine Unabhängigkeit erhielt.

Nachdem der Staat im 18. Jh. mit seiner Wirtschaftskraft entscheidend zur Entstehung der USA beigetragen hatte, schwanden Einfluß und Macht im 19. Jh., als die Böden erschöpft waren, die Bevölkerung zurückging, da immer mehr Menschen nach Westen aufbrachen und Virginia sich schließlich im Bürgerkrieg auf die Seite des Südens schlug und dafür schwer bezahlen mußte.

Maryland, der zweite Staat, der ursprünglich Land für den District of Columbia abtrat, hat eine weniger prominente Geschichte. Cecil Calvert, Lord Baltimore, waren durch königlichen Erlaß 3 Mio. ha Land an der Chesapeake Bay zugesprochen worden, Cecils Bruder Leonard gründete 1634 an der Mündung des Potomac St Mary's, die erste Hauptstadt des neuen Staates Maryland. Damit verdeutlichten die Calverts nicht nur ihren römisch-katholischen Glauben, sondern auch ihre Absicht, den Staat zu einem Sammelbecken für Katholiken zu machen. Gleichzeitig richteten die Calverts eine Gutswirtschaft ein, indem sie ›Gentlemen‹, die eine bestimmte Zahl von Arbeitskräften nach Maryland brachten, ein Anwesen von 800 ha vermachten. Die Gutsherren sollten dann Pacht von ihren Farmern beziehen und einen Teil davon an die Calverts abführen.

Da die Calverts nicht nur Katholiken, sondern alle Gläubigen, die an die Dreifaltigkeit Gottes glaubten (was Juden ausschloß), in ihrem ›Gutsstaat‹ zuließen, überflügelte die größere Gruppe der Protestanten nach einigen Jahrzehnten die Katholiken im Staat. Als in England die Glorious Revolution ausbrach und der Rom-freundliche König James vom Thron gestoßen wurde, entfachte bald auch in Maryland eine antikatholische Revolte, durch welche die Regierung des Lord Baltimore abgesetzt wurde und ein königlicher Gouverneur die Regierungsverantwortung der Kolonie übernahm. St Mary's verschwand von der Bildfläche der Geschichte, und Annapolis wurde neue Hauptstadt des Staates. Katholiken wurde das Wahlrecht entzogen, was dazu führte, das Charles Carroll, der für Maryland die Unabhängigkeitserklärung unterschrieb, als Katholik in seinem Staat nicht wählen durfte. Erst nach der Unabhängigkeit wurde das Verbot aufgehoben.

Ähnlich wie für Virginia gilt auch für Maryland und seine einst vollständige wirtschaftliche Abhängigkeit vom Tabak, daß grundlegende, neue wirtschaftliche Impulse in diesem Jahrhundert von der wachsenden Hauptstadt ausgingen. Washington, das an der Grenze zwischen Nord und Süd mitten in die Geschichte der USA eingebettet ist, mauserte sich nicht nur als Hauptstadt, sondern wurde zu einer Wirtschaftsmetropole, von der die beiden Staaten, die einst dazu überredet werden mußten, der Bundesregierung Land für die Stadtgründung abzutreten, heute immens profitieren. Dienstleistungswirtschaft und High-Tech-Industrie in und um Washington machten Maryland ebenso wie das nördliche Virginia zu prosperierenden Regionen.

Die Geschichte der Vereinigten Staaten, die mit den Kolonien begann, mit der Revolution konkret wurde und in ihrer Hauptstadt die Leidenswege der

Historische Ansicht von Philadelphia aus dem Jahre 1707

Nation wie den modernen Triumph als Weltmacht widerspiegelt, sie ist in diesem Ausschnitt des Landes rund um die Chesapeake Bay in reicher Fülle dokumentiert.

Eine Hauptstadt muß her

Der District of Columbia

Die Hauptstadt der USA ist dort, wo der Kongreß tagt. In den 15 Jahren von 1775, als der erste Kontinentalkongreß in Philadelphia zusammentrat, bis 1790, als der US-Kongreß in New York den Ort für einen permanenten Regierungssitz bestimmte, bedeutete dies für die Abgeordneten ein Nomadendasein. Acht verschiedene Orte – Philadelphia, Baltimore, Lancaster, York, Princeton, Annapolis, Trenton und New York – dienten in dieser Zeit als provisorischer Regierungssitz. Im Jahre 1777, während des Unabhängigkeitskriegs, wechselte der Kongreß viermal seinen Standort. Wenig später machte Francis Hopkinson, einer der Unterzeichner der Unabhängigkeitserklärung, den Vorschlag, die Hauptstadt auf Rädern zu bauen, so daß sie mit dem Kongreß mitreisen könne.

Philadelphia, die Stadt, in welcher der Kongreß zunächst am häufigsten zusammentrat, hatte durchaus die Chance, Hauptstadt der USA zu werden. Aber die Abgeordneten waren 1783 bis ins Mark erschrocken, als meuternde Soldaten aus dem Unabhängigkeitskrieg auf das State House von Pennsylvania marschierten, wo der Kongreß zu Gast war und der Rat des Staates tagte. Die Ereignisse an diesem 21.6.1783 machten mit einem Schlag klar, daß der Kongreß, sollte er denn als überstaatliches Organ Erfolg haben, eine Bundeshauptstadt brauchte, einen Ort, der keinem Einzelstaat unterstand, sondern allein der Zuständigkeit des Bundesparlaments.

Die Meuterer hatten ein durchaus berechtigtes Anliegen, da sie nichts anderes als ihren Sold wollten. Frühere Forderungen an den Kongreß waren erfolglos geblieben, denn wer immer in den 13 Jahren zwischen der Unabhängigkeitserklärung und der ersten gewählten Bundesregierung die überstaatlichen Bande der 13 Einzelstaaten zusammenhielt, er hatte kein Geld. Der Kongreß war von den Staaten abhängig, die meuternden Soldaten hatten dies erkannt und marschierten folglich auf, um dem Rat des Staates Pennsylvania ihre Forderungen zu präsentieren. Dabei kam der Kongreß zwischen die Räder. Sollte Pennsylvania die Forderungen anerkennen, welche die Soldaten hatten, würden die zarten Anfänge von überstaatlichen Bundesinstitutionen geschwächt. Eine Hauptstadt also mußte gefunden werden, um den Kongreß vor staatlicher Einflußnahme und Abhängigkeiten zu schützen und um die Idee der Union mit einer Bundesregierung zu stärken.

Bis dies schließlich 1787 im ersten Artikel der US-Verfassung geschah, der die Zuständigkeiten des Bundes regelt, entbrannte ein Kampf zwischen den Staaten, zwischen Nord und Süd, zwischen Städten und vor allem auch zwischen *Federalists* und *Anti-Federalists.* Von Beginn an betrachtete man die Idee eines Distrikts, der keinem Staat zugehörig sein und der die Bundeshauptstadt beherbergen würde, mißtrauisch. Eingefleischte Republikaner glaubten, daß damit die Saat für eine Machtzentrale gesät würde, vom Volk entfremdet, dekadent wie London oder Paris und all dem Unbehagen entsprechend, aus dem die Siedler die Alte Welt verlassen hatten, um mit so wenig wie möglich Obrigkeit glücklich zu werden. Hundert Quadratmeilen für die Hauptstadt schienen ein enorm großes Gebiet in einer Zeit, da 97% der Amerikaner auf dem Lande lebten und die gesamten USA gerade sechs Städte mit mehr als 8000 Einwohnern hatten.

Ein gutes Stück dieses Mißtrauens haben sich die Amerikaner bis heute bewahrt. Washington ist weit entfernt vom größten Teil der USA und seiner Bürger, was ›die da oben‹ in Washington tun, bewegt vor allem die Hauptstadt selbst und läßt an Bedeutung *beyond the beltway,* jenseits der Ringautobahn um Washington, erheblich nach. Und wer nach Washington will, um dort zu regieren, sei es als Abgeordneter oder als Präsident, der führt seinen Wahlkampf meist gegen Washington, um erfolgreich zu sein. Präsident Jimmy Carter sagte dies nach seiner Wahl sehr deutlich: »Ich machte mit dem äußerst populären Thema Wahlkampf, daß ich mit dem ganzen Washingtoner Schlamassel nichts zu tun hatte.«

E pluribus unum lautete der Satz der *Federalists,* mit dem sie ihren Wunsch ausdrückten, aus dem Vielen, aus dem Widersprüchlichen der Staaten, ihrer Menschen und ihrer Wirtschaft, Eines zu machen. Ein Wunsch, der zum Erfolg wurde und bis heute im Siegel der USA auf der Ein-Dollar-Note durch die Hände aller Bürger des Staates geht.

Nicht weniger als 37 Orte von Newburg, New York, im Norden bis Newport, Virginia, im Süden und zum Ohio River bewarben sich als Sitz der Hauptstadt, sagten teils Landschenkungen an den Kongreß zu oder warben mit Geld, um die notwendigen Regierungsgebäude errichten zu können. Klar war, daß die Hauptstadt an der Grenzlinie zwischen Nordstaaten und Südstaaten liegen mußte. Rivalitäten galt es, wenn schon nicht zu befrieden, zumindest nicht zu verschärfen. Einvernehmen bestand darüber, daß die neue Hauptstadt möglichst weit im Land an einem der großen Ströme des Osten liegen sollte, um gut zugänglich zu sein, in einer Zeit, da Reisen über Land noch in Wochen gemessen werden mußten.

Am 4. 3. 1789 trat der erste Kongreß der Vereinigten Staaten in New York zusammen. Am 6. 4. wählten beide Häuser des Kongresses General George Washington zum ersten Präsidenten der USA und James Adams zum ersten Vizepräsidenten. Washington, ein Südstaatler aus Virginia, der auf seiner Plantage Mount Vernon am Potomac wohnte (vgl. S. 202 ff.), favorisierte für die Hauptstadt einen Standort am Potomac. Adams, ein Nordstaatler, stimmte für Germantown, einen nördlichen Vorort von Philadelphia.

George Washington

Der erste Präsident der USA

Nach den Worten seines Zeitgenossen Henry Lee war George Washington »Erster im Krieg, erster im Frieden und erster in den Herzen seiner Landsleute«. Er war schon zu Lebzeiten eine enorme Berühmtheit, und die 200 Jahre seither ließen ihn zu einer historischen Ikone der USA werden. Ein Staat ist nach ihm benannt, die Hauptstadt, ein Monument, Plätze, Straßen und Städtchen, und im Osten der USA kann man nicht reisen, ohne auf einen historischen Gasthof zu treffen, der stolz darauf besteht, daß hier einst George Washington übernachtet hat.

George Washington auf seiner Plantage Mount Vernon

Im Jahre 1732 in eine Pflanzerfamilie in Virginia geboren, wuchs Washington mit den Werten und dem Wissen eines Gentleman aus dem 18. Jh. auf. Seine Interessen galten neben der Landwirtschaft dem Militär und dem Westen seines Lands. Als Jugendlicher erkundete und vermaß er das Shenandoah-Tal. Seine ersten militärischen Meriten verdiente er sich in den 50er Jahren des 18. Jh. in Gefechten gegen Indianer und Franzosen.

Von 1759 bis zum Ausbruch der Revolution verwaltete Washington seine Plantage in Mount Vernon (vgl. S. 202 ff.) am Potomac, wo er mit seiner Frau lebte. Er war Abgeordneter in der Volksvertretung von Virginia und fühlte sich, wie viele seiner Landsleute, zunehmend von den englischen Kolonialherren ausgenutzt. Während des Zweiten Kontinentalkongresses in Philadelphia im Mai 1775 wurde er zum Oberkommandierenden der Kontinentalarmee gewählt und zog alsbald mit den schlecht ausgebildeten und ausgerüsteten Soldaten in den grausamen, sechsjährigen Unabhängigkeitskrieg.

Seine Strategie gegen die Briten war so etwas wie ein früher Guerillakrieg: Schlachten wenn möglich ausweichen, sie vor allem sich nicht aufzwingen lassen, den Gegner im fremden Land zermürben, attackieren, sich zurückziehen. Die Strategie zahlte sich aus. Trotz vieler Rückschläge und Niederlagen und dank französischer Hilfe gelang es Washington schließlich 1781, die Briten bei Yorktown zur Kapitulation zu zwingen.

Sehr zu seinem Mißfallen schlug nach Kriegsende einer seiner Obristen vor, ihn zum König der 13 Staaten zu krönen, doch Washington wies die Idee strikt von sich und gab bekannt, daß er wie sein römisches Vorbild Lucius Quinctius Cincinnatus auf seine Plantage zurückkehren wolle.

Auch Washingtons zweiter Versuch als Privatmann zu leben, war nicht von langer Dauer. Ihm wurde bald klar, daß der junge Staat mit den Konföderationsartikeln nicht wachsen und gedeihen konnte. So wurde er eine der treibenden Kräfte für die Verfassunggebende Versammlung in Philadelphia. Er präsidierte der Versammlung ohne an den Debatten maßgeblich teilzunehmen, machte aber seinen Einfluß für eine starke Bundesregierung geltend. Nachdem die Verfassung verabschiedet war, wurde Washington vom Wahlmännerkollegium einstimmig zum Präsidenten gewählt.

Das wohl wichtigste Erbe seiner beiden Präsidentschaften war der Maßstab und das Beispiel, das er für seine Nachfolger in bezug auf Verfassungstreue und Integrität setzte. Als ›Präsident des ganzen Volkes‹ registrierte Washington mit Bedauern, wie zwei politische Parteien entstanden. In seiner *Farewell Address* beim Ausscheiden aus dem Amt warnte er seine Landsleute vor Parteilichkeit und regionalem Sektierertum sowie langfristigen außenpolitischen Bündnissen. Sein dritter Lebensabschnitt als Privatmann in Mount Vernon dauerte nur drei Jahre. Am 14. 12. 1799 starb George Washington an einer Halsentzündung, er wurde in Mount Vernon bestattet.

Als der Kongreß im Januar 1790 erneut zusammentrat, zeichnete sich eine Situation ab, die für die US-Politik bis in unsere Tage typisch werden sollte. Den Abgeordneten lagen zwei Gesetze vor, für die keine Mehrheiten gefunden werden konnten: Das Federal Town-Gesetz, über das man sechs Monate lang stritt, wobei lediglich herauskam, daß Philadelphia von 1790 bis 1800 Hauptstadt sein sollte und das Assumption-Gesetz. Damit wollte Finanzminister Alexander Hamilton die Schulden der Einzelstaaten aus dem Unabhängigkeitskrieg auf den Bund übertragen, um die Union der Staaten enger zusammenzuschweißen. Im Norden, wo die *Federalists* überwogen und die Schulden der Einzelstaaten hoch waren, herrschte Zustimmung zu diesem Gesetz, im Süden, wo die *Anti-Federalists* bestimmend waren und die Staatenschulden geringer, wurde es abgelehnt. Andererseits war der Süden für eine Hauptstadt am Potomac, der Norden nicht.

Während eines Abendessens zimmerten Hamilton, Außenminister Thomas Jefferson sowie der Abgeordnete aus Virginia (und spätere Präsident) James Madison einen Kompromiß, demzufolge der Süden der Schuldenübernahme durch den Bund und der Norden dem Standort für die Hauptstadt am Potomac zustimmen würde. In der Verfassung war festgelegt, daß der Kongreß »exklusive Gesetzeskraft in allen Fällen über einen Distrikt (nicht größer als zehn

Meilen im Quadrat) hat, der durch Abtretung von bestimmten Staaten und Akzeptanz durch den Kongreß Sitz der Regierung der Vereinigten Staaten wird«. Im Residence Act legte der Kongreß fest, daß dieser Ort irgendwo in einem 80-Meilen-Abschnitt nördlich der Stelle sein soll, wo der Anacostia River in den Potomac fließt.

Nachdem Präsident Washington das Gesetz unterzeichnet hatte, oblag ihm die Aufgabe, es in die Tat umzusetzen. Der Kongreß, der keine Mittel bewilligen mußte, um den Distrikt von 100 Quadratmeilen, den Virginia und Maryland abtraten, zu erschließen oder gar die Hauptstadt zu bauen, war folglich an der weiteren Entstehung von Washington nicht beteiligt. Der Präsident mußte den genauen Ort wählen, das Land erwerben und eine Baukommission einsetzen.

Von 1791 bis zu seinem Tode 1799 arbeitete Washington ohne Unterlaß daran, die Bundeshauptstadt zu einem Erfolg zu machen. Der Präsident beschloß, das Quadrat auf eine Spitze zu stellen, so daß es Alexandria und Georgetown – die beiden einzigen Siedlungen in dieser ansonsten gottverlassenen Gegend – einschloß und die Spitzen des Quadrats exakt in die vier Himmelsrichtungen wiesen. Zudem konnte innerhalb des Distrikts der Übergang zum Chesapeake-Ohio-Canal gegraben werden, womit die Hauptstadt einen weit ins Hinterland reichenden Wasserweg besaß, und am Anacostia ein Hafen gebaut werden, um den Meeranschluß zu garantieren. Auch lag der Distrikt unweit jener Stelle, von der an der Potomac unschiffbar wurde, ein Charakteristikum, daß die US-Hauptstadt mit zahlreichen Ostküstenstädten teilt, die alle am letzten navigierbaren Punkt eines Flusses gebaut wurden, wie Richmond am James River, Trenton am Delaware, Albany am Hudson, Hartford am Connecticut und Augusta am Kennebec.

Heutzutage würde Washingtons Entscheidung für den Distrikt eine Regierungskrise erster Güte hervorrufen, einen eklatanten Skandal, der durchaus mit der Amtsenthebung des Präsidenten enden könnte. Washington plazierte den Distrikt nicht nur so, daß er an das Land seiner Plantage Mount Vernon grenzte. Er besaß darüber hinaus innerhalb des Distrikts 500 ha Land am Four Mile Run im heutigen Arlington, und seinem Mündel George Washington Parke Custis gehörten 400 ha Land, auf denen der heutige Heldenfriedhof von Arlington liegt.

In den kommenden Jahren sollte George Washington nicht zögern, seinen Pächtern auf Mount Vernon die Pacht mit dem Hinweis zu erhöhen, die zukünftige Hauptstadt läge nun in der Nachbarschaft. Trotzdem wäre es falsch, würde man dem Präsidenten persönliche Bereicherung als Motiv unterstellen, die Hauptstadt an den Zusammenfluß von Potomac und Anacostia gelegt zu haben. So änderte er später das Testament seiner Mutter zu seinen Ungunsten und gab den Besitz seines Mündels ab. Vor allem aber hatte er die Hauptstadt mit Hilfe anderer weitsichtiger Politiker an den Mittelpunkt zwischen Maine und Georgia gebracht, den besten Ort, um den Zusammenhalt der Union zu stärken. Das Land also stand zur Verfügung, gehörte aber Privatbesitzern, denen Washington, nachdem er Pierre Charles L'Enfant als Architekten gewählt hatte, schmackhaft machen mußte, teilweise von ihrem Eigentum abzulassen.

Man traf sich in Suter's Tavern in Georgetown, der Präsident schlug den Landbesitzern vor, Grund und Boden für Straßen und öffentliche Plätze kostenlos abzutreten sowie das notwendige Land für Regierungsgebäude zu einem niedrigen Preis zu verkaufen. Der Rest sollte parzelliert werden, der Erlös aus der Hälfte der Parzellen würde an die Regierung gehen, damit sie überhaupt über Mittel verfügen würde, ihre Amts- und Geschäftsräume bauen zu können. Die Landbesitzer stimmten zu, da sie aus den ihnen verbliebenen Grundstücken einen enormen Profit erwarteten.

Die Dinge schienen auf dem richtigen Gleis, bis L'Enfants Entwurf bekannt wurde. Der Franzose legte einen Plan vor, auf dem 40 und 50 m breite Alleen diagonal durch ein Gitter von Straßen führten und sich zu großen Plätzen und Rondellen öffneten, wo immer sie sich mit einer anderen Avenue kreuzten. Und als wäre diese Landverschwendung noch nicht genug, sah L'Enfant zusätzlich eine 130 m breite und 1600 m lange Mall vor, die sich vom Jenkins Hill, auf dem das Kapitol stehen sollte, nach Westen zum Potomac zog.

Die Avenues, nach Staaten benannt, eröffneten großartige Aussichten über die Stadt und auf Plätze, die mit Denkmälern und Brunnen geschmückt werden sollten. Während das nach Osten gerichtete Kapitol das Land zum Anacostia in die Stadt einbeziehen sollte, lag das President's House am Rande von Georgetown und würde den Westen einschließen. Diese beiden wichtigsten öffentlichen Bauten sollte die 50 m breite Pennsylvania Ave. verbinden. Der von barocken Ideen geprägte Plan, der eng an Versailles angelehnt war, verriet den Europäer.

Washington war tief beeindruckt von dem Entwurf, verteidigte ihn gegenüber den Landbesitzern und fand Zustimmung in der Presse. L'Enfants Plan deckte über 2000 ha des Distrikts ab und füllte das Dreieck zwischen Potomac und Anacostia aus. Nördliche Grenze war die heutige Florida Ave., über die hinaus, wie L'Enfant sich wünschte, »die Bundeshauptstadt wachsen wird, wie die Zweige und Äste eines Baumes.«

Darum mußte er sich nicht mehr kümmern, da Washington schließlich gezwungen war, ihn zu entlassen. Der Architekt hatte eifersüchtig darüber gewacht, daß niemand dauerhaft seinen Plan studieren konnte, da er Änderungen fürchtete. Noch bevor Washington seinen Architekten feuerte, nahm die Baukommission den Plan an und beschloß im August 1791, die Hauptstadt nach dem Präsidenten Washington zu nennen und dem Distrikt den Namen District of Columbia zu geben. Der Präsident widersprach nicht.

Amerika war eine europäische Bezeichnung, benannt nach dem portugiesischen Entdecker Amerigo Vespucci, um das Hindernis zu bezeichnen, das sich unerwarteterweise zwischen Europa und Asien auftat – Christoph Kolumbus bestand bis zu seinem Tod darauf, in Asien angekommen zu sein. Europäer verbanden mit Amerika das Bild unberührten Landes, ein Eden. »Im Anfang«, schrieb John Locke, »war die ganze Welt Amerika.« Columbia hingegen war eine amerikanische Bezeichnung – oder besser, eine aus den Ver-

Stadtplan von Washington D.C. aus dem Jahre 1793, nach dem Entwurf von Pierre L'Enfant

einigten Staaten. Der Name hatte einen klassischen Klang (womöglich angelehnt an Britannia) und ehrte Kolumbus, der 1492 in der Karibik gelandet war.

Bis zu seinem Tode 1799 blieb George Washington ständig bemüht, der Entwicklung der Hauptstadt förderlich zu sein. Aber der Fortschritt war schleppend. Im Jahre 1792 wurde mit dem Bau des President's House begonnen, 1793 legte Washington den Grundstein für das Kapitol. Die Landverkäufe aber blieben minimal, Spekulanten machten pleite und als Präsident John Adams, der kein Freund der neuen Hauptstadt war, im Mai 1800 seine Regierung anwies, von Philadelphia nach Washington umzuziehen, herrschte keineswegs Hochstimmung.

Finanzminister Walcott schrieb nach der Ankunft in sein Tagebuch: »Es gibt nur wenige Häuser an einem Platz, und die meisten von ihnen sind kleine erbärmliche Hütten. Die Menschen sind arm und leben, soweit ich sehen kann, wie Fische, die sich gegenseitig auffressen.« Der magere Anfang der neuen Hauptstadt wäre fast gänzlich gescheitert, als während des britisch-amerikanischen Kriegs britische Truppen Washington besetzten und am 24.8.1814 das Kapitol sowie das President's House niederbrannten. Entmutigt stimmte der Kongreß darüber ab, ob man die Hauptstadt aufgeben solle und entschied mit nur neun Stimmen Mehrheit, in Washington zu bleiben.

Bis zum Bürgerkrieg 1861 blieb Washington eine sich nur langsam entwickelnde Provinzstadt. Im Jahre 1835 erreichten die ersten Eisenbahnschienen die Hauptstadt, 1844 die erste Telegrafenverbindung. Als Charles Dickens 1842 Washington besuchte, fand er, wovon schon viele Zeitgenossen Zeugnis gegeben hatten: »Weiträumige Avenues, die im Nichts anfangen und nirgendwohin führen [...], öffentliche Gebäude, die zur Fertigstellung eine Öffentlichkeit brauchen.«

In dieser Zeit ausbleibender Prosperität erhoben die Bürger von Alexandria immer lauter die Forderung, wieder zum Staat Virginia zu gehören. Neben wirtschaftlichen Gründen trugen dazu auch die wachsenden Spannungen zwischen Nord und Süd sowie die Tatsache bei, daß flüchtige Sklaven im Distrikt Unterschlupf fanden. Der Kongreß gab der Forderung schließlich nach erstaunlich wenig Diskussion statt.

Im September 1846 stimmten beide Häuser zu, ein Drittel des zugeteilten Areals an Virginia zurückzugeben. Seitdem verläuft die südliche Grenze des ehemals quadratischen Distrikts entlang dem Potomac. Heute haben die Grenzen allein administrative Bedeutung, die allerdings nicht unbedeutend ist, wenn man bedenkt, daß die Bürger des Distrikts bis 1973 kein lokales Wahlrecht hatten, bei Kongreßwahlen nicht repräsentiert sind und erst durch den 23. Verfassungszusatz seit 1961 bei Präsidentschaftswahlen mitwählen können.

In vier großen Bauschüben entwickelte sich Washington zur modernen Hauptstadt, die samt ihrer Vororte 3,8 Mio. Einwohner zählt und zu den US-Städten mit dem schnellsten Bevölkerungs- und Wirtschaftswachstum gehört. In den 70er Jahren des 19. Jh. und um die Jahrhundertwende begann Washington hauptstädtischen Charakter anzunehmen. Staatliche Bauprogramme nach der großen Depression fügten die letzten noch fehlenden öffentlichen Gebäude dem Stadtbild hinzu, wie das Oberste Gericht und die Bundesbank. Der Zweite Weltkrieg und der endgültige Aufstieg der USA zur Weltmacht ließ auch Washington zu einer Welthauptstadt werden.

Daten zur Geschichte

1584 Der Siedlungsversuch unter Sir Walter Raleigh auf der Insel Roanoke nördlich von Cape Hatteras, heute zu North Carolina gehörend, scheitert. Raleighs ›verlorene Kolonie‹ erhielt nach der unverheirateten englischen Königin Elizabeth I. den Namen Virginia

1607 Am James River wird Jamestown gegründet, die Keimzelle der Kolonie Virginia. Tabakanbau bringt den Durchbruch und verhilft der Kolonie zum Erfolg

1619 Das erste Kolonialparlament tritt zusammen. Hauptstädte von Virginia: Jamestown, 1699 Williamsburg, 1779 Richmond

Gründung von Jamestown im Jahre 1607, nach einem Holzstich von Augustus Lynch Mason

1620 Die Pilgerväter landen nahe Cape Cod und gründen die Plymouth Plantation

1632 George Calvert, Lord Baltimore, erhält von dem englischen König Charles I. das Gebiet nördlich des Potomac an der Chesapeake Bay. Sein Sohn gründet die Kolonie Maryland, die vor allem Katholiken offensteht

1749 Alexandria wird als erste Siedlung im Raum der zukünftigen Hauptstadt gegründet

1773 Boston Tea Party; aus Opposition gegen das neue, von London erlassene Steuergesetz schleichen sich als Mohikaner verkleidete Kolonisten an Bord englischer Schiffe und werfen 342 Teekisten ins Meer

1774 Erster Kontinentalkongreß in Philadelphia mit 56 Delegierten aller Kolonien außer Georgia

1775–1783 Amerikanischer Unabhängigkeitskrieg

1776 Zweiter Kontinentalkongreß

1776 Am 4. Juli verabschiedet der Kongreß die Unabhängigkeitserklärung der USA

1787 In Philadelphia tritt der Verfassungskonvent zusammen. 1789 wird die Bill of Rights mit den Grundrechten der US-Bürger verabschiedet

1789 George Washington wird erster Präsident

1791 Der Kongreß fordert Washington auf, einen Ort für die zukünftige Hauptstadt der USA zu bestimmen

1793 Washington legt den Grundstein für das Kapitol

1800 Der zweite Präsident, John Adams, zieht in das noch feuchte White House ein und besteht darauf, daß der Kongreß aus Philadelphia in die neue Hauptstadt Washington umsiedelt

1803 Präsident Thomas Jefferson kauft von Frankreich für 15 Mio. Dollar das Louisiana-Territorium zwischen dem Mississippi und den Rocky Mountains und verdoppelt die Größe der USA

1819 Präsident James Monroe kauft von Spanien für 5 Mio. Dollar Florida

1845–1848 Mit dem Beitritt von Texas, dem Krieg gegen Mexiko und dem Oregon-Vertrag wachsen die USA auf die Größe der heutigen 48 verbundenen Staaten an

1846 Virginia nimmt seinen Teil des District of Columbia zurück

1855 Der Bau des Washington Monument beginnt und wird erst 1884 beendet

1861–1865 Amerikanischer Bürgerkrieg

1865–1869 Durch die Zusatzartikel 13, 14 und 15 zur Verfassung wird die Sklaverei abgeschafft, den schwarzen US-Bürgern werden die Bürgerrechte garantiert

1867 Präsident Andrew Jackson kauft von Rußland für 7,2 Mio. Dollar Alaska

1871 Der Kongreß bestimmt eine Stadtregierung für den District of Columbia

1901 Präsident Theodore Roosevelt macht den Namen White House für seinen Amtssitz offiziell

1912 Der Bürgermeister von Tokio übergibt der First Lady Helen Taft japanische Kirschbäume, die um das neu angelegte Tidal Basin gepflanzt werden

1917 Die USA treten in den Ersten Weltkrieg ein

1922 Das Lincoln Memorial wird eingeweiht

1924 Alle Indianer, die noch keine Bürgerrechte besitzen, werden zu US-Bürgern erklärt

1941 Die USA treten in den Zweiten Weltkrieg ein

1943 Das Jefferson Memorial wird eingeweiht

1945 Auf dem Testgelände von Alamogordo in New Mexico wird am 6. 7. die erste Atombombe gezündet

1950 Washington erreicht mit 800 000 seine größte Einwohnerzahl, bevor die Abwanderung in die Vororte einsetzt

1950 Beginn des drei Jahre dauernden Korea-Kriegs

1959 Alaska und Hawaii werden als 49. und 50. Bundesstaat in die Union aufgenommen

1961 Der 23. Verfassungszusatz erlaubt den Bürgern der Hauptstadt, den US-Präsidenten und den Vizepräsidenten mitzuwählen

1963 Mit dem Marsch von 200 000 Menschen auf Washington und der »I have a dream«-Rede von Martin Luther King jr. vor dem Lincoln Memorial erreicht am 28. 8. die Bürgerrechtsbewegung ihren Höhepunkt

Zur Amtseinführung von Präsident Lincoln im Jahre 1861 war das Kapitol noch in Bau

1964 Mit der Tonking-Resolution ermächtigt der Kongreß am 7.8. den Präsidenten zur Kriegsführung in Südostasien
1972 Beginn des Watergate-Skandals, der 1974 mit dem Rücktritt von Richard Nixon endet
1974 Walter E. Washington gewinnt die erste Bürgermeisterwahl der Hauptstadt in mehr als 100 Jahren
1976 Das meistbesuchte Museum der Welt, das National Air and Space Museum, wird auf der Mall eröffnet
1978 Das East Building der National Gallery of Art wird eröffnet
1980–1990 Während der beiden Amtszeiten von Präsident Ronald Reagan wird die Hauptstadt zunehmend zu einem gesellschaftlichen Mittelpunkt der USA und einer Wirtschaftsmetropole. In der Innenstadt schreitet der Wiederaufbau und die Restauration ganzer Straßenzüge zwischen New York Ave. und Pennsylvania Ave. zügig voran. Rund um Washington entstehen zahllose Wohnstädte und Wirtschaftszentren
1990 Nach 83 Jahren wird der Bau der National Cathedral fertiggestellt. Einer der ersten Gottesdienste findet am 3.10. in der überfüllten Kathedrale zur deutschen Wiedervereinigung statt
1991 Am 20.1. übernimmt Sharon Pratt Dixon als erste Frau das Bürgermeisteramt der Hauptstadt
1991 Am 8.6. paradieren vor 80 000 Zuschauern 9000 US-Soldaten entlang der Constitution Ave., um den Sieg im Golfkrieg zu feiern

Washington D.C.

Die Macht und die Mächtigen

»Wer in Amerika beschließt, Politiker zu werden, startet als freier Unternehmer«, beschrieb der Journalist Hans Wilhelm Vahlefeld den Anfang des Wegs zur Macht in den USA, »er gründet eine Firma, die ›ich‹ heißt und wird Mitglied einer Handelskammer entweder mit dem Namen Demokratische oder Republikanische Partei. Initiative und Verantwortung aber trägt er ganz allein, genauso wie Sieg oder Niederlage. Auch die Finanzierung des Unternehmens muß er selbst besorgen.« Schafft er es, als Abgeordneter, Senator oder gar Präsident von seinen Kunden – den Wählern – nach Washington entsandt zu werden, ist er ein ungleich selbstbewußterer Repräsentant als die Vertreter politischer Parteien in europäischen Parlamenten.

Die 435 Abgeordneten im Repräsentantenhaus (jeder repräsentiert einen Wahldistrikt von rund 600 000 Wählern) und die 100 Senatoren (zwei aus jedem Staat unabhängig von der Bevölkerungszahl) haben es geschafft. Sie hatten zwar Rückhalt in ihrer Partei, aber sie wurden gewählt, nicht die Partei. Persönlich autorisiert, treten Abgeordnete und Senatoren als selbstbewußter Gegenpol zum Präsidenten auf, denn wie schon Alexander Hamilton zu einem Besucher über den Kongreß sagte: »Hier, mein Herr, regiert das Volk.«

Im Weißen Haus residiert, regiert und repräsentiert der Präsident, ebenfalls direkt vom Volk gewählt und nicht etwa aus dem Parlament hervorgegangen. Er ist zugleich Staatsoberhaupt, Regierungschef, Oberkommandierender der Streitkräfte und faktisch Führer seiner Partei.

Der Präsident führt eine Regierung, die im Jahr über 2 Billionen Mark ausgibt, er beschäftigt 4,2 Mio. Menschen, die Hälfte davon in den Streitkräften. Im Weißen Haus arbeiten über 560 Personen, viele dem Präsidenten unbekannt, das erweiterte Personal des Weißen Hauses umfaßt über 3300 Personen, davon 900 Agenten des Sicherheitsdienstes. Fürs leibliche Wohl sorgen Butler, Diener, Köche – knapp 80 Hausangestellte. In den Garagen warten mehr als ein Dutzend Limousinen; Jets und Hubschrauber stehen bereit.

Trotz alledem ist der Präsident dem Volk nicht entrückt. Was er sagt und tut, was ihm gelingt und wo er scheitert, wird durch den Verstärker von 1500 im Weißen Haus akkreditierten Journalisten hinausgeblasen, flimmert über die Mattscheibe und macht Schlagzeilen. Und die Amerikaner reagieren. Während der Reagan-Präsidentschaft erreichten jährlich knapp 6 Mio. Briefe das Weiße Haus, wo 129 Mitarbeiter beantworten, was das Zeug hält.

Pennsylvania Ave. verbindet die Machtzentren von Washington. Nummer 1600 ist die Adresse des Weißen Hauses, und am anderen Ende liegt Jenkins Hill, den L'Enfant als Podest bezeichnete, das auf ein Monument wartet. Auf dem Hill steht, die Hauptstadt dominierend, das Kapitol, wo beide Häuser des Kongresses tagen.

Zwischen diesen beiden Polen der US-Regierung geht die politische Macht hin und her. Als Franklin Delano Roosevelt 1913 Marineminister in der Regierung von Woodrow Wilson wurde, suchte er den weithin geachteten Henry Adams auf, den Nachfahren zweier berühmter Präsidenten, und schwärmte von seinem neuen Boss. Adams schüttelte den Kopf und schrieb dem jungen Roosevelt ins Stammbuch: »Junger Mann, ich habe viele Jahre in diesem Haus gewohnt und die Bewohner des Weißen Hauses kommen und gehen sehen, und nichts was ihr kleinen Offiziellen tut oder die Bewohner des Weißen Hauses, beeinflußt die Geschichte der Welt für lange Zeit.«

In der Tat war die Präsidentschaft mit wenigen Ausnahmen bis in dieses Jahrhundert ein eher unbedeutendes Amt. Unbedeutend, weil die USA und ihre Bürger damit beschäftigt waren, den Kontinent zu erschließen, Kommunen zu gründen, Staaten aufzubauen und für die Bundesebene, außer wenn es ums Militär ging, wenig Notwendigkeit bestand. Da war der Kongreß, der das Haushaltsrecht besitzt und in dem es um reale Dollar ging, allemal wichtiger.

Der Beginn der modernen US-Präsidentschaft mit ihrer immensen Machtfülle fällt in die Regierungszeit von Präsident Franklin D. Roosevelt. Er schuf das Executive Office, jenes Nervenzentrum, von dem das Weiße Haus 13 Ministerien sowie Behörden und Organisationen führt. Seine Regierung griff zum ersten Mal mit weitreichenden Programmen (New Deal) in das Leben der Bürger ein, um ihnen und dem Land aus der Wirtschaftskrise zu helfen. Und schließlich nahm die Außenpolitik und ihre Bedeutung während des Zweiten Weltkriegs in der dritten Amtsperiode von FDR den Stellenwert ein, der seither den Charakter der modernen Präsidentschaft mitformt.

Während der 50er und 60er Jahre, kulminierend in der Amtszeit von Präsident Richard Nixon, wuchs die Macht des Präsidenten zur »imperia-

US-Präsidenten

1.	George Washington	1789-1797
2.	John Adams	1797-1801
3.	Thomas Jefferson	1801-1809
4.	James Madison	1809-1817
5.	James Monroe	1817-1825
6.	John Quincy Adams	1825-1829
7.	Andrew Jackson	1829-1837
8.	Martin Van Buren	1837-1841
9.	William H. Harrison	1841
10.	John Tyler	1841-1845
11.	James K. Polk	1845-1849
12.	Zachary Taylor	1849-1850
13.	Millard Fillmore	1850-1853
14.	Franklin Pierce	1853-1857
15.	James Buchanan	1857-1861
16.	Abraham Lincoln	1861-1865
17.	Andrew Johnson	1865-1869
18.	Ulysses S. Grant	1869-1877
19.	Rutherford B. Hayes	1877-1881
20.	James A. Garfield	1881
21.	Chester A. Arthur	1881-1885
22.	Grover Cleveland	1885-1889
23.	Benjamin Harrison	1889-1893
24.	Grover Cleveland	1893-1897
25.	William McKinley	1897-1901
26.	Theodore Roosevelt	1901-1909
27.	William H. Taft	1909-1913
28.	Woodrow Wilson	1913-1921
29.	Warren G. Harding	1921-1923
30.	Calvin Coolidge	1923-1929
31.	Herbert C. Hoover	1929-1933
32.	Franklin D. Roosevelt	1933-1945
33.	Harry S. Truman	1945-1953
34.	Dwight D. Eisenhower	1953-1961
35.	John F. Kennedy	1961-1963
36.	Lyndon B. Johnson	1963-1969
37.	Richard M. Nixon	1969-1974
38.	Gerald R. Ford	1974-1977
39.	James E. Carter	1977-1981
40.	Ronald Reagan	1981-1989
41.	George Bush	1989-

Mehr als 300 000 Menschen demonstrierten am 24. 4. 1971 vor dem Kapitol in der Hauptstadt gegen den Vietnam-Krieg

len Präsidentschaft« an, wie der Historiker Arthur Schlesinger 1973 schrieb. Er folgerte, die Machtfülle sei außer Kontrolle geraten und müsse dringend begrenzt werden. Die Machtbalance war Richtung 1600 Pennsylvania Ave. verrutscht, vor allem durch den Vietnam-Krieg. Nach der Verfassung besitzt der Kongreß das Recht, Krieg zu erklären, unter Nixon aber wurde ein unerklärter Krieg geführt, der Präsident schuf Tatsachen, der Kongreß folgte mehr oder weniger zähneknirschend.

Schließlich schlugen die Volksvertreter zurück. Sie verabschiedeten gegen das Veto von Nixon mit der War Power-Resolution ein Gesetz, durch das Präsidenten gezwungen werden sollen, den Kongreß in ihre Entscheidungen einzubeziehen, sofern der Einsatz von US-Truppen länger als 60 Tage dauert. Das Gesetz wurde von allen Nachfolgern Nixons als verfassungswidrig bezeichnet, aber es ist da, und wie stumpf es als Waffe gegen präsidiale Allmacht auch sein mag, es zeigt, daß der Kongreß nicht daran denkt, sich zum Zaungast der Exekutive machen zu lassen.

Innenpolitisch bewies der Kongreß dies während der Watergate-Affäre. Er demonstrierte seine in der Verfassung festgelegte Macht, die gegenüber dem Präsidenten, solange er keine Gesetze verletzt, sonst eher gering ist. Der Präsident muß niemandem Rede und Antwort stehen, er nimmt an keinen Parlamentsdebatten teil, ein Mißtrauensvotum muß er nicht fürchten. Kein anderes Symbol zeigt seine Allmacht deutlicher als der *football*, den ein Gehilfe hinter dem Präsidenten herträgt. Der schwarze Aktenkoffer enthält die Kodes, durch die der Präsident als Herr über mehr als 10 000 atomare Sprengköpfe auf Raketen und in Bombern den nuklearen Weltuntergang auslösen kann.

Aber wehe, er überschreitet die Grenzen der Gesetze, dann verweist der Kongreß den allmächtigen Präsidenten in die Schranken der Verfassung. Artikel 2, Absatz 4 der US-Verfassung besagt: »Der Präsident, der Vizepräsident und alle Amtsträger der USA können ihres Amtes enthoben werden, sollten sie des Verrats, der Bestechung oder anderer hoher Straftaten und Vergehen überführt sein.« Während der Debatte um die Verfassung meinte 1787 ein Delegierter zu Benjamin Franklin: »Es darf nicht möglich sein, den Präsidenten seines Amtes zu entheben.« Franklin antwortete darauf trocken: »Entweder er ist absetzbar oder er wird ermordet«, woraufhin der Delegierte Morris antwortete: »Ich habe meine Ansicht geändert.«

Nur zweimal kam es in der US-Geschichte zu einem Amtsenthebungsverfahren gegen den Präsidenten, das in den Justizausschüssen des Senats und des Repräsentantenhauses beginnt und entsprechend deren Empfehlungen anschließend in den beiden Häusern zur Abstimmung gestellt wird. Zwei Drittel der Repräsentanten und Senatoren müssen für die Amtsenthebung votieren. 1868 entging Präsident Andrew Johnson mit nur einer Stimme dem Schicksal der Amtsenthebung.

Im Jahre 1974, am Ende der Watergate-Affäre, die zeigte, daß Präsident Richard Nixon selbst in den Einbruch in die Büroräume des Vorstands der Demokratischen Partei verwickelt war, kam es nicht mehr zur Abstimmung in beiden Häusern. Nach zwei quälend langen Jahren der Enthüllungen und dem formellen Amtsenthebungsverfahren, das am 30. 10. 1973 begonnen hatte, unterrichteten die republikanischen Parteiführer Nixon von den überwältigenden Mehrheiten gegen ihn in beiden Häusern. Nixon trat daraufhin am 9. 8. 1974 zurück.

Die Macht, sie geht die Pennsylvania Ave. auf und ab, zwischen den Mächtigen auf dem Hill und dem Weißen Haus. Daß sie dabei nicht abirrt, verführt oder festgehalten wird, dafür sorgt der Oberste Gerichtshof der USA, besetzt

Durch seine Rücktrittserklärung entging Präsident Nixon 1974 der Amtsenthebung

SKANDALE UND AFFÄREN

Eine Rundfahrt

Sicher, das Weiße Haus ist schön anzusehen. Das Washington Monument ist äußerst eindrucksvoll und natürlich sind die Kunstschätze der Smithsonian Institution bewegend. Aber jetzt mal ehrlich: Wer will schon all den kalten Stein und all die toten Kunstwerke sehen, wenn man auch das wirkliche Washington erleben kann? Das pralle Leben, das aus Fleisch und Blut, aus Skandalen und Fehltritten, aus Sünde und Machtverfall?

Kaum bewegt sich der Bus, da ist auch schon klar, daß dies keine gewöhnliche Sightseeing-Tour wird. »Legen Sie die Hand aufs Herz und sprechen Sie mir nach«, fordert ein Mann mit auffallender Ähnlichkeit zu George Bush die Mitfahrenden auf, »ich gelobe Treue der Flagge der USA und den Republikanern, für die sie steht, eine Nation unter George . . .«. Neben ihm flötet eine furchtbar blonde Marilyn Monroe-Kopie in engem Kleid und falschem Pelz, wie schön es doch sei, daß es noch Menschen mit Sinn für Geschichte gebe, und George Bush schaut ihr tief in die Augen und seufzt: »So lange ich im White House bin, wird dort kein Sex stattfinden.«

Willkommen zu Scandal Tours, der Hauptstadtrundfahrt ins Delikate, zu Geschichtchen statt Geschichte – *Welcome to Sin City.* In den nächsten 90 Minuten werden Sie die dunkle Seite der Hauptstadt besuchen, vorbei an der Anlage, an welcher der Watergate-Skandal begann, zum Stadthaus, wo Gary Harts Hoffnungen auf die Präsidentschaft durch die Ritze zwischen den Matratzen fiel, zum Regierungsgebäude, wo Oliver North den Reißwolf fütterte, und zum Hotel, wo Bürgermeister Marion Barry erwischt wurde, als er an der Crack-Pfeife zog. »Am Steuer haben wir heute Joseph Hazelwood, ehemals Kapitän des Tankers Exxon Valdez«, beginnt Tour-Präsident Bush seine Rundfahrt, »hier rechts von mir – und so wenige Dinge sind rechts von mir – sehen Sie die Büros der Nationalen Schußwaffen-Gesellschaft, für die Charlton Heston Reklame macht.« – *Guns and Moses.*

So geht es los, jeden Samstag und Sonntag um 13 und 15 Uhr, im Skandal-Bus vom Hotel Washington Hilton, und natürlich ist das Ganze eigentlich keine Stadtrundfahrt oder Untergrundfahrt durch die Niederungen von Macht und Politik, sondern Kabarett auf Rädern – Kabarett, gespielt von Schauspielern im Mittelgang des Busses, vor dauernd wechselnder Skandal-Kulisse.

Vorbei am Tidal Basin, das Touristen nur von der Kirschblüte kennen, wo aber, wirklich wichtig, einst die Karriere des Kongreßabgeordneten Wilbur Mills ertrank, als er gemeinsam mit der Stripperin Fanne Fox die Kleider zum nächtlichen Bade ablegte. Hinauf zum Kapitol, dem Wohnort der »einzigen eingeborenen Klasse von Kriminellen

mit neun Richterinnen und Richtern, die über die Verfassung wachen, Gesetze der Regierung in den Papierkorb werfen oder zur Korrektur zurückgeben und als letzte Instanz des gesamten Rechtssystems der USA wirken.

Der Präsident schlägt die Kandidatinnen und Kandidaten für das Oberste Gericht vor, und obwohl man es wortreich zu verbergen sucht, wird natürlich nach politischen Prioritäten ausgewählt. Der Senat aber muß die Kandidaten

in Amerika«, wie Mark Twain den Kongreß nannte. Auf seinen Stufen – die dritte von unten ist die breiteste – wurde der Abgeordnete John Jenrette mit seiner Frau Rita, die später beim »Playboy«-Magazin Karriere machte, von FBI-Agenten in eindeutiger Position überrascht. Und natürlich darf auch eine Ortsbesichtigung nicht fehlen. Vor dem Haus Nr. 517 in der 6th St. S.E. hält der Bus, und Donna Rice selbst führt in den Hinterhof der Zimmer, wo Gary Harts Höhenflug zur Präsidentschaft abstürzte. Faßt man die Mülltonne an, verspricht die Pseudo-Donna, »spürt man noch die Vibrationen des Skandals.«

Routen und Schauplätze der Tour wechseln häufig und je nach Anlaß. Zwangsläufig reichen viele der Skandale tief in die Geschichte der US-Hauptstadt zurück. Bei Bauarbeiten, wie im Sommer 1990 im Federal Triangel unweit vom Weißen Haus an der Pennsylvania Ave., wo neue Regierungsgebäude entstehen, wurde ein Red Light-Distrikt aus der Zeit des Bürgerkriegs ausgegraben. Hier campten die Soldaten des General Joseph Hooker in Sichtweite von Präsident Abraham Lincoln und zogen so viele leichte Mädchen an, daß diese bald *hookers* genannt wurden, eine Bezeichnung, die sich im Gewerbe bis heute erhalten hat.

Aber so richtig schön wird es erst, wenn die Skandale noch frisch sind, wenn man sie noch riechen kann und sie sich gut mischen mit dem Voyeurismus aus dem Busfenster. »Was für ein schöner Tag für Skandale«, flötet Marilyn, nachdem sie ein unwiderstehliches »Happy Birthday Mr. President« gehaucht hat, als der Bus das Kennedy Center passiert und übergibt das Mikrofon Fawn Hall, die kleine Tüten mit Papierschnipseln verteilt. »In Liebe, Fawn« steht darauf, und sie verspricht, sie kämen geradewegs aus dem Reißwolf, den sie gemeinsam mit Oliver North im Old Executive Building neben dem Weißen Haus bediente. Und dann geht's zum Vista-Hotel, wo der ehemalige Bürgermeister von Washington, Marion Barry, verhaftet wurde, als er beim Koksen und Fummeln war.

Wie so viele gute Ideen, wurden auch die Scandal Tours aus Langeweile geboren. »Mir fiel immer wieder auf, wie gelangweilt und schlechter Laune meine Freunde waren, wenn sie zu Besuch kamen und ich mit ihnen eine Besichtigungstour durch Washington machte«, erzählt Richard London, der zusammen mit John Simmons die Theatergruppe Gross National Product, GNP gründete, wobei das *gross* in diesem Fall nicht ›brutto‹ sondern ›unanständig‹ bedeutet.

Ihre Idee, das Kabarett über Washingtons Mischung aus Macht und Skandal in einen Bus zu verfrachten, hat sich glänzend bewährt. London als dankbares Pflaster für ein explosives Hauptstadtgemisch verfügt nun auch über die zweite Scandal Tour und vielleicht wird's ja auch mal was in Berlin. Bonn? »Nee, Bonn nicht«, schüttelt Rick London den Kopf, »genügend Skandale aber keine Touristen« (Start der Stadtrundfahrt: Washington Hilton Hotel, 1919 Connecticut Ave., Terrace Level; Buchungen über ✆ 202-387-2253).

bestätigen, fühlt ihren politischen und juristischen Philosophien auf den Zahn, und diese Machtteilung führt dazu, daß das Gericht von extremer politischer Parteinahme frei bleibt. Schon mancher Präsident hat sich in seinen Kandidaten getäuscht, die, wenn sie einmal vom Senat bestätigt sind, dem Obersten Gericht auf Lebenszeit angehören und Unabhängigkeit sowie ihren eigenen Kopf beweisen. Auf dem Weg zur Arbeit werden Abgeordnete und

Senatoren immer an die dritte Macht im Staate erinnert. Das einem korinthischen Tempel ähnelnde Gebäude des Obersten Gerichts liegt dem Kapitol gleich gegenüber, so als wollte man schon durch die Anordnung der Gebäude verdeutlichen, daß den Volksvertretern jemand auf die Finger sieht.

Nur scheinbar zu den Mächtigen gehört der Vizepräsident, er ist sozusagen ein Mächtiger im Wartestand. Ein »schlicht blödsinniges Amt« nannte es Benjamin Franklin, und wenn es denn schon sein müsse, werde er den Vize mit ›Eure überflüssige Exzellenz‹ anreden. Wirkliche Pflichten hat der Vizepräsident nicht, außer als Präsident des Senats, wo er bei einem Abstimmungspatt von 50 zu 50 den Ausschlag gibt. Ansonsten aber erinnert er den Präsidenten an seinen Tod, denn für die Nachfolge ist er ja überhaupt nur da. Thomas Marshall, Vize von 1913 bis 1921, schrieb: »Es waren einmal zwei Brüder, einer lief weg und fuhr zur See, der andere wurde zum Vizepräsidenten gewählt. Von beiden hat man nie wieder gehört.« Erst seit 1974 hat der Vizepräsident eine eigene Residenz an der Massachusetts Ave. Wie böse Zungen behaupten, hat der damalige Vize Nelson Rockefeller sie überhaupt nur bekommen, weil er sich bereit erklärte, die Innenausstattung aus eigener Tasche zu bezahlen.

Das Kapitol

Über dem Kapitol triumphiert die Freiheit. Fast 6 m ragt die Freiheits-Bronzefigur auf – Schwert im Schaft, Schild gehoben – Kuppel und Laterne des Kapitols. Zu ihren Füßen steht: *E Pluribus Unum*, aus dem vielen Eines. Genau das macht das Gebäude unter ihr, wo die Vielheit der Rassen und Menschen der USA von Maine bis Hawaii von 535 Abgeordneten und Senatoren im Kongreß der USA repräsentiert wird.

Falls es so aussieht, als wäre Triumphant Freedom eine Indianerin – sie ist es nicht. Vielmehr hatte Thomas Crawford, der die Statue schuf, ihr eine phrygische Mütze aufgesetzt, das Symbol befreiter Sklaven. Südstaatler sahen darin eine Anspielung der Yankees auf die Sklaverei, und Crawford mußte auf einen Helmkranz mit Federn ausweichen, der wie ein Indianerschmuck aussieht.

Am meisten beeindruckt das Gebäude, wenn man von der Mall auf den Hill zugeht (vgl. Farbabb. 2, 4). Die repräsentative Westfront und der Garten waren allerdings nicht als Eingang zum Kapitol vorgesehen. Der liegt auf der Ostseite, wohin auch Freedom schaut und der Stadt den Rücken zuwendet, so wie den Bürgern von Washington, die bis heute nicht im Kongreß repräsentiert sind. Die Westseite des Kapitols wurde in den 80er Jahren gründlich renoviert, aber nicht verändert, während die Ostseite 1959/60 um 10 m verlängert wurde, was mehr als 100 neue Räume ergab. Die korinthischen Säulen, durch die man zuvor das Kapitol betrat, brachte man ins National Arboretum, einen herrlichen Botanischen Garten im Nordosten von Washington.

So steht das Kapitol heute 90 m hoch, 250 m lang und gut 100 m tief auf dem Podest, das L'Enfant in Jenkins Hill erkannte, und dominiert die Hauptstadt mit seiner leuchtend weißen Kuppel. Legt man ein Fadenkreuz auf den District of Columbia mit dem Nullpunkt auf dem Kapitol, dann teilen die beiden Achsen die Hauptstadt in ihre vier Quadranten. Das ist alles andere als nebensächlich, wenn man erst einmal in der richtigen Straße und vor der

»Landing of Columbus«, Fries in der Rotunde des Kapitols

richtigen Hausnummer steht und trotzdem nicht da ist, wo man hinmöchte, weil man in N.E. *(Northeast)* und nicht N.W. *(Northwest)* angelangt ist.

Seit dem Jahre 1900, als das Kapitol vom Kongreß übernommen wurde, hat das Gebäude zahlreiche Veränderungen erlebt. Es ist heute mehr als zweimal so groß wie der ursprüngliche Entwurf. Neun Architekten haben am Kapitol gebaut, seitdem William Thornton 1792 seinen Entwurf einreichte, den Jefferson »einfach, nobel, schön und ausgewogen« nannte, ein Anblick, der »das Auge und den Geist gefangen nimmt«. Ein Jahr später legte George Washington den Grundstein auf eine silberne Markierung, und der Bau begann.

Rechtzeitig im November 1800 war der Nordflügel fertig, um den Kongreß aufzunehmen, allerdings in drangvoller Enge. 36 Senatoren, 106 Abgeordnete, das Oberste Gericht und die Bibliothek des Kongresses zogen in den wie eine Schuhschachtel dastehenden Nordflügel. 1801 wurde Thomas Jefferson als erster Präsident in der Senatskammer vereidigt. Seitdem legten alle US-Präsidenten im oder vor dem Kapitol ihren Amtseid ab.

Im Jahre 1803 beauftragte Jefferson den Architekten Benjamin Latrobe, den Flügel des Repräsentantenhauses zu bauen. Latrobe verband die beiden Gebäudeteile mit einem überdachten Gang und entwarf eine Kuppel über dem Mittelteil des Baus. Bevor er aber den Entwurf fertigstellen konnte, mußten die Hauptstadt, der Kongreß und das Kapitol erst noch einen schweren Rückschlag einstecken.

Am 24.8.1814, während des englisch-amerikanischen Krieges, besetzte der britische Admiral Sir George Cockburn Washington, und seine Truppen brannten fast alle öffentlichen Gebäude nieder. Der Überlieferung zufolge stand der Admiral auf dem Stuhl des *Speaker*, die Kammer voller Rotröcke,

und ließ nach der rhetorischen Frage: »Soll dieser Hort der Yankee-Demokratie brennen?« seine Soldaten abstimmen, bevor die Fackel an die Bibliothek des Kongresses gelegt wurde. Ein schwerer Regen löschte das Feuer in der darauffolgenden Nacht und so blieben wenigstens die Mauern des ersten Kapitols erhalten. Immerhin dauerte es fünf Jahre, bis der Kongreß wieder ins Kapitol einziehen konnte. Der Bostoner Charles Bulfinch hatte nun als Architekt die Verantwortung, und unter seiner Leitung entstand eine erste Kuppel als Verbindung zwischen Senats- und Repräsentantenhausflügel.

Aber die USA wuchsen förmlich aus ihrem Parlament heraus. Im Jahre 1850 galt es, bereits 62 Senatoren aus 31 Staaten und 232 Abgeordnete unterzubringen – Zeit anzubauen. Unter der Führung von Jefferson Davis, der zehn Jahre später Präsident der abfallenden Südstaaten werden sollte, beschloß der Kongreß die Erweiterung um die beiden Flügel, in denen bis heute Senat und Repräsentantenhaus tagen. Dadurch verdoppelte sich die Größe des Baus, und um die neue Länge zu kompensieren, plante Architekt Thomas Walter die heutige Kuppel aus doppelschaligem Gußeisen, an die 4000 t schwer, 130 m im Durchmesser an der Basis. Als Vorbilder dienten der Invalidendom in Paris und die Isaaks-Kathedrale in Leningrad, der erste große Gußeisendom in Europa. Die Kuppel ruht auf 36 korinthischen Säulen und trägt auf der Spitze eine Laterne mit zwölf Säulen.

Führer erzählen der Symbolik wegen gerne, die 36 Säulen repräsentierten die Zahl der Staaten zur Zeit des Baus und die Laterne habe 13 Säulen für die 13 Gründerstaaten – tatsächlich jedoch hatten die USA 32 Staaten, als der Bau fertiggestellt wurde. Heute besuchen bis zu 30 000 Touristen pro Tag das Kapitol, mehr als 30 Führer sind pausenlos auf einstündiger Rundtour, welche die wichtigsten Säle und Räume des Baus einschließt.

Man betritt das Kapitol von der Ostseite durch das Kolumbus-Portal, eine massive zweiflügelige Bronzetür, deren Reliefs Szenen aus Kolumbus Leben zeigen. Die Tür wurde 1850 von dem in Rom lebenden amerikanischen Künstler Randolph Rodgers entworfen und in München gegossen. Dahinter erstreckt sich gut 30 m im Durchmesser und 60 m hoch, die **Rotunde** (1), der Mittelpunkt des Kapitols und, wenn man so will, der Stadt, denn hier laufen die Washington viertelnden Achsen zusammen.

Die Wände der Rotunde werden von acht Gemälden ausgefüllt. Die vier auf der Westseite zeigen Szenen aus dem Revolutionskrieg und wurden von John Trumbull gemalt, der in Washingtons Kontinentalarmee diente und viele der dargestellten Personen persönlich kannte. Ihnen gegenüber an der Ostseite hängen Robert Weirs »Embarkation of the Pilgrims«, John Vanderlyns »Landing of Columbus«, W. H. Powells »Discovery of the Mississippi« und John Chapmans »Baptism of Pocahontas«. Über den vier Zugängen der Rotunde zeigen Reliefs Szenen des Zusammentreffens von Indianern und Weißen.

Die Kuppel der Rotunde wird von Constantino Brumidis »Apotheose von George Washington« beherrscht, einem monumentalen Barockgemälde, das den ersten Präsidenten gemeinsam mit den Göttinnen Liberty und Victory zeigt, inmitten von 13 Frauenfiguren, welche die Gründerstaaten repräsentieren. Sie werden von sechs allegorischen Gruppen umgeben, die Krieg, Landwirtschaft, Ingenieurskunst, Handel, Schiffahrt sowie Kunst und Wissenschaft symbolisieren. Brumidi wurde 1805 in Rom geboren, wo er Kunst studierte und sich im Vatikan einen Namen als Restaurateur machte. Als glühender Verehrer von Demokratie und Freiheit arbeitete er 25 Jahre im Kapitol, um »das Kapitol des einzigen Landes auf der Welt, wo es Freiheit gibt, zu verschönen«.

Das Kapitol 1 Rotunde 2 Statuary Hall 3 Senats-Rotunde 4 Alte Senatskammer 5 Neue Senatskammer 6 Repräsentantenhaus

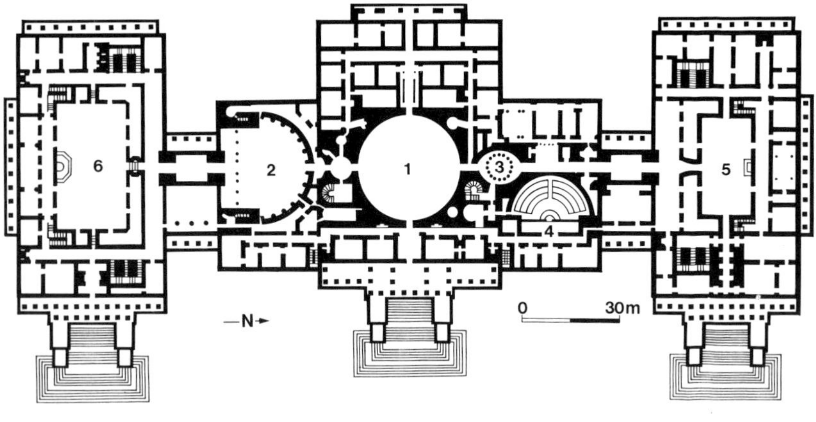

Der Italiener muß geradezu von einer Schaffenswut besessen gewesen sein. Außer der Rotundenkuppel malte er einen Flur im Senatsflügel, den Brumidi-Corridor, mit Portraits, Blumen, Pflanzen, Erfindungen und Naturszenen aus und schuf den größten Teil der Fresken, die unterhalb der Kuppel die Rotunde umlaufen. Nicht jedermann begrüßte seine Arbeit. Mark Twain sprach vom »Delirium tremens der Kunst«, das er im Kapitol gesehen habe.

Brumidi starb bei der Arbeit. Er stürzte gut 20 m auf den Boden der Rotunde, als er 1879 an Fresken arbeitete, die Szenen aus der Geschichte der USA zeigen. Penns Vertrag mit Indianern ist das letzte Brumidi-Fresko, Filippo Costaggini setzte die erst 1953 von Allyn Cox fertiggestellten Arbeiten fort. In der Rotunde betrauerten die Amerikaner 17 Tote, denen ein Staatsakt zuteil wurde, darunter vier Präsidenten: Lincoln, Garfield, McKinley und Kennedy. Als John F. Kennedy hier aufgebahrt lag, reichte die Menschenschlange 40 Blocks weit. Auch den Unbekannten Soldaten des Ersten und Zweiten Weltkriegs sowie des Korea-Kriegs wurde hier gedacht.

Südlich der Rotunde liegt die **Statuary Hall** (2). Hier tagte das Repräsentantenhaus von 1807 bis 1857. Im Jahre 1864 forderte der Kongreß die Staaten auf, jeweils zwei Statuen von berühmten oder bemerkenswerten Bürgern zu schicken. Das Ergebnis ist eine kuriose Sammlung von Plastiken. Missionare, Pioniere, Lehrer und Staatsmänner in Stein und Bronze erreichten Washington. Francis Willard, Universitäts-Präsidentin und Antialkoholikerin aus Illinois war 1905 die erste Frau, die in der Statuary Hall mit einer Büste geehrt wurde. Colorado schickte eine Statue von Florence Sabin, der ersten Frau in der Nationalen Akademie der Wissenschaften, Oklahoma die Statue des Humoristen Will Rogers, der Washington als Witz-Fabrik bezeichnete und sagte: »Immer wenn die Politiker in diese immense Halle gehen und ernst werden, produzieren sie so amüsante Dinge.«

Im Jahre 1934 waren so viele Statuen angekommen, daß ihr Gewicht drohte, den Fußboden der Halle einzudrücken. Seitdem wurden einige ausgelagert und entlang von Gängen und Fluren aufgestellt, so daß heute jeder Staat mit mindestens einer Statue in der Statuary Hall vertreten ist. Abgesehen von den 100 Statuen der 50 Staaten sind an die 500 weitere Büsten und Plastiken über das gesamte Gebäude verteilt, so daß der Philosoph und Dichter Ralph Waldo Emerson nach einem Besuch bemerkte: »Hier gibt es keine Geschichte – nur Biographien.«

Im Jahre 1848 brach der ehemalige Präsident John Quincy Adams in der Statuary Hall mit einem Hirnschlag zusammen. Die Stelle ist durch eine Plakette gekennzeichnet und enthüllt zugleich ein akustisches Geheimnis des halbrunden Raums, das einst die Abgeordneten zur Verzweiflung brachte. Man kann nämlich an einer Seite der Halle flüstern und wird am anderen Ende verstanden, während man wenige Meter entfernt nur Schweigen vernimmt. Erwähnenswert ist weiter die Wagenuhr »Car of History« über der Südtür der Halle, in dem die Muse Clio die Geschehnisse der Zeit notiert.

Nördlich der Rotunde liegt die kleinere **Senats-Rotunde** (3), bemerkenswert wegen ihres Mosaikfußbodens und der Säulenkapitelle. Hier, wie an anderen Säulen des Kapitols, wandelten die Baumeister korinthische Kapitelle ab und verzierten sie mit einheimischen amerikanischen Blättern und Pflanzen. In der Senats-Rotunde beispielsweise mit Tabakblättern und Maiskolben oder in der Galerie vor der alten Senatskammer mit blühenden Baumwollzweigen.

Die sich an die Senats-Rotunde anschließende **alte Senatskammer** (4) ist einer der schönsten Räume des Kapitols. Der halbrunde Saal sah die dramatischen und hitzigen Debatten um die Sklaverei und die Rechte der einzelnen Staaten vor dem Bürgerkrieg, und hier kam es zur einzig überlieferten Handgreiflichkeit in einer der beiden Kammern des Kongresses, als 1857 der Abgeordnete Preston Brooks aus South Carolina mit seinem Gehstock auf Senator Charles Sumner aus Massachusetts einprügelte. Im Jahre 1859 zog der Senat in seine **neue Kammer** (5) im Senatsflügel um. Der Oberste Gerichtshof, der seit 1819 in einem identischen Raum unmittelbar unter der alten Senatskammer getagt hatte, saß nun hier zu Gericht, bis er 1935 in sein eigenes Gebäude in Sichtweite an der 1st St. umzog.

Im Erdgeschoß des Kapitols, ein Stockwerk unter der Rotunde, liegt die Krypta, durch 40 dorische Säulen aus Sandstein in konzentrische Kreise geteilt. In Richtung zum ersten Sitzungssaal des Obersten Gerichts steht eine Skulptur, die ihrer Form wegen »drei Frauen in der Badewanne« genannt wird. Sie stellt die Frauenrechtlerinnen Lucretia Bust, Susan Anthony und Elizabeth Cady Stanton dar, die unter anderem für das Frauenwahlrecht stritten. Unter der Krypta war das Grab für George Washington vorgesehen. Die Familie aber entschied 1832, der erste Präsident solle auf seiner Plantage Mount Vernon beerdigt bleiben. In dem Grab steht der Katafalk, auf dem unter anderem Lincoln aufgebahrt war.

Wehen die Stars and Stripes über den beiden Flügeln des Kapitols, dann bedeutet das, die Volksvertreter sind an der Arbeit, und mit ein wenig Geduld und Glück kann man sie dabei beobachten. Von der Ostseite betritt man den Senat (Nordflügel) oder das **Repräsentantenhaus** (6, Südflügel) über breite Treppen und fährt mit dem Fahrstuhl – nicht mit dem für Abgeordnete und Senatoren – hinauf zur Besuchertribüne *(Visitors gallery)*. Entweder hinauf oder hinunter lohnt allerdings auch der Fußweg durch die mit zahlreichen Gemälden und reicher Steinmetzarbeit geschmückten Treppenhäuser.

Als ausländischer Besucher muß man seinen Paß bereithalten, dann bekommt man einen Besucherausweis für die Tribüne des Senats oder des Repräsentantenhauses von dem Doorkeeper's Office. Falls Amerikaner mit Ihnen den Besuch planen, können sie über ihren Abgeordneten oder Senator Besucherkarten erhalten und auch Familienführungen verabreden. Das Gebäude ist täglich von 9–16.30 Uhr geöffnet. Die letzte Tour ist um 15.45 Uhr. Ob der Kongreß tagt und was die beiden Häuser behandeln, kann man erfragen unter ✆ 202-224-3121 oder täglich in der »Washington Post« nachlesen, Kolumne: Activities in Congress.

Dabei stößt man auf zahlreiche Ausschußanhörungen, die nicht im Kapitol stattfinden. Zu beiden Häusern des Kongresses gehören riesige Bürogebäude,

Das Gedächtnis der Nation

Die Library of Congress

Die Library of Congress ist die größte Bibliothek der Welt. An die 90 Mio. Bücher, Schriften, Dokumente, Manuskripte, Photographien, Filme und Drucke werden dort verwahrt und täglich kommen rund 8000 dazu. Die Länge der Regale nähert sich der 1000 Kilometer-Marke. Moderne Computertechnologie hilft, oben auf der papiernen Flutwelle zu bleiben, und Laserdisks lagern mittlerweile 10 000 Buchseiten ein, nach wie vor kann aber jedermann den achteckigen, von Marmor und Holz beherrschten Lesesaal der Bibliothek betreten und mit etwas Geduld – manchmal ziemlich viel – schließlich eine Erstausgabe von »Huckleberry Finn« in den Händen halten. Ausleihen kann man indes nur als Kongreßmitglied, und so kam es in Washington zu einem kleinen Volksaufstand, als die Öffnungszeiten der Bibliothek von täglich 8.30–21.30, Sa 8.30–17, So 13–17 Uhr verkürzt werden sollten – die Washingtoner kennen ihre Schätze in den Regalen dieser Bibliothek.

Eingerichtet wurde die Library of Congress im Jahre 1800, um Kongreßmitglieder auf dem laufenden zu halten. »Es gibt keinen Gegenstand«, schrieb Thomas Jefferson, »über den sich ein Mitglied des Kongresses nicht informieren könnte.« Das mag bei einem Anfangsbestand von 3000 Büchern etwas übertrieben gewesen sein, aber der Congressional Research Service, der aus diesen Anfängen gewachsen ist und mit nahezu 1000 Fachleuten den wichtigsten Zweig der Bibliothek ausmacht, läßt in der Tat keinen Abgeordneten oder Senator im dunkeln. Sei es die Entstehung eines Gesetzes, statistische Daten oder Fragen wie »woher stammt der Begriff der schweigenden Mehrheit?« – die Forscher der Bibliothek graben es aus. (Der Begriff wurde zum ersten Mal 1874 in einem »Harpers Magazine«-Artikel über Beerdigungspraktiken gebraucht).

Eine Reihe von Spezialbibliotheken gehört zur Library of Congress, wie eine Juristische Bibliothek, eine Geographie- und Kartenabteilung, eine Film- und Rundfunkabteilung, die einige der ersten ›laufenden‹ Bilder besitzt und regelmäßig alte Filme zeigt (Programminformation ✆ 2 02–7 07–56 77), ein Volkskunstzentrum, das beispielsweise die mündlich überlieferten Erzählungen und Traditionen der Indianer aufgezeichnet hat, und eine Nationale Bibliothek für Blinde und Behinderte, die Zeitschriften und Bücher auf Tonbänder überträgt und über Büchereien quer durch die USA zugänglich macht.

Trotz alledem und trotz mehrfacher Anstrengungen ist die Library of Congress nicht *die* nationale Bibliothek wie etwa die Bibliothek des British Museum in London oder die Bibliothèque Nationale in Paris. Vielmehr liegen in und um Washington vier Institutionen, die zusammen eine Nationale Bibliothek ausmachen. Dazu gehören neben der Library of Congress die National Archives an der Constitution Ave., wo die offiziellen Staatsdokumente lagern, die Nationale Medizinische Bibliothek, die auf dem Gelände des National Institute of Health im Vorort Bethesda steht, und die Nationale Landwirtschaftliche Bibliothek, die im Vorort Beltsville neben der Landwirtschaftlichen Fakultät der University of Maryland zu Hause ist.

Fast 100 Jahre führte die Library of Congress ein beengtes Dasein im Kapitol im ständigen Wettbewerb um mehr Räume, die Kongreßmitglieder nicht aufgeben wollten. Wie verzweifelt die Bibliothekare gewesen sein müssen, zeigt der Vorschlag, die Kuppel des Kapitols um 15 m anzuheben, und rundum Regale einzubauen. Die Bücher brauchten ein eigenes Haus, die Planungen begannen 1873, und 1897 schließlich konnte die Bibliothek in ihr neues Gebäude an der 1st St. und Independence Ave. einziehen.

Der Bau, dem Stil italienischer Renaissance nachempfunden, oder wie andere sagen ›viktorianisches Rokoko‹, wurde heftig als ›pompös‹ von ›falscher Großartigkeit‹ oder als ›schrecklicher Mischmasch der Verschwendung und weinerlichen Vielfalt‹ kritisiert, und erst gegen Mitte dieses Jahrhunderts fanden sich auch positive Kommentare über die Bibliothek, die wohl das ausgeprägteste Beispiel von Regierungsgebäuden im viktorianischen Stil in Washington ist. Einer der Architekten der Library bestand darauf, ausschließlich amerikanische Künstler und Handwerker zu beschäftigen. Wie ein begeisterter Verehrer des Gebäudes schrieb, entstand so das »Innere eines viereckigen Fabergé-Eis oder das Innere eines Alaska-Soufflés mit Pistazien und Baisers, ausgeführt in Marmor und Bronze«.

In der Tat sind die Grenzen visueller Aufnahmefähigkeit annähernd erreicht, wenn man die Große Halle der Bibliothek betritt. Wandgemälde, Mosaiken, Statuen, Friese, Reliefs, Giebelfelder und medaillonförmige Ornamente schmücken die Halle mit ihren aufragenden Säulen und ihrem enormen Dom. Verworfene Modelle der Statue of Liberty stehen an den Treppenaufgängen. Der andere außergewöhnliche Raum der Bibliothek ist der Lesesaal. Von der Besuchergalerie hat man einen guten Überblick über seinen achteckigen Grundriß und die die 50 m hohe Kuppel tragenden Säulen, zwischen denen die Gänge zu den Registern und Karteien führen. Der Raum ist ein Fest aus Marmor und Holz.

Die Gänge und Hallen der Bibliothek beherbergen ständige und wechselnde Ausstellungen. So liegt in der Großen Halle eine der drei Gutenberg-Bibeln unter Glas und die Große Bibel von Mainz. In dem hinter der Bibliothek (Thomas Jefferson Building) gelegenen John Adams Building und dem gegenüber an der Independence Ave. gelegenen James Madison Building finden laufend Ausstellungen statt – von der Sammlung alter Musikinstrumente (Stradivarius) über die jährliche Photoausstellung des Weißen Hauses und spezielle Photoausstellungen aus der US-Geschichte bis zu einem Blick hinter die Kulissen der Disney-Zeichentrickproduktionen. Von Oktober bis Juni werden im Coolidge Auditorium kostenlos Konzerte aufgeführt (Auskunft: ✆ 2 02-7 07-55 02), außerdem kann man Dichterlesungen und Vorträge über amerikanische Folk-Music besuchen. Einen monatlichen Veranstaltungskalender gibt es am Informationsstand im Untergeschoß, wo zudem eine 18minütige Dia-Show über die Bibliothek zu sehen ist und die 45minütigen Touren durch die Bibliothek beginnen.

für den Senat jenseits der Constitution Ave., für das Repräsentantenhaus jenseits der Independence Ave. Sie heißen nach berühmten Senatoren, Russell, Dirksen und Hart Senate Office Building und nach ehemaligen Sprechern des Repräsentantenhauses Cannon, Longworth und Rayburn House Office Building. Die Gebäude sind mit dem Kapitol durch eine Mini-U-Bahn verbunden. Die Fahrt lohnt, um in den Cafeterias des Kapitols oder der Dirksen,

Rayburn und Longworth Office Buildings einen Happen zu essen, bevor man sich daran macht, das Kapitolsgelände zu erforschen oder zu einem Spaziergang durch Capitol Hill (vgl. S. 134ff.) aufbricht.

Mit seinem alten, wunderschönen Baumbestand und den Gartenanlagen ist der über 20 ha große Park ums Kapitol eine wahre Oase in der Großstadt. Zwar sind die Zeiten lange vorbei, als unter den heute ausladenden Ulmen und Eichen Krocket gespielt wurde und die Gärtner wütend streunende Kühe verscheuchten, aber noch immer hat der Park seine idyllischen Plätze.

Von der Terrasse des Kapitols auf der Westseite geht der Blick hinunter zu einigen der über 3000 Bäume, die um das Kapitol, die Bibliothek des Kongresses und den Obersten Gerichtshof gepflanzt wurden. Fünf verschiedene Magnoliensorten aus den Südstaaten, ein Giant Sequoia von der Westküste, europäische Ulmen und asiatische Ginkjos – von den ersten japanischen Kirschen im Frühjahr bis spät in den Herbst blüht es immer ums Kapitol.

Frederick Law Olmsted legte den Park in den 70er und 80er Jahren des vergangenen Jahrhunderts an. »Diese Anlage ist ein Teil des Kapitols«, schrieb der Landschaftsarchitekt des Central Park in New York und zahlreicher Universitäten, »er muß sich dem zentralen Gebäude unterordnen und es hervorbringen.« Olmsted begann damit, die Bäume des Parks zu kennzeichnen, eine Tradition, die zum Nutzen der Besucher bis heute fortlebt. Über die Jahrzehnte haben zahlreiche Senatoren und Abgeordnete Bäume für berühmte Kollegen oder Bürger ihrer Staaten gepflanzt, so daß der Park heute auch eine lebende Gedenkstätte für zahllose Menschen ist. Lady Bird Johnson, die Frau von Präsident Johnson, die sich vor allem um die Pflege von wilden Blumen in den USA verdient machte, pflanzte in den 60er Jahren im großen Stil blühende Büsche und Bäume.

Der Park des Kapitols wie das Kapitol selbst wird von einer eigenen Polizeitruppe des Kongresses mit über 1000 Beamten kontrolliert und von einer Gärtnerei in Ordnung gehalten, die auch den Botanischen Garten südwestlich des Kapitols an der Independence Ave. betreut. Der Botanische Garten ist ein häufig übersehener Schatz am Beginn der Mall. Anfang des 19. Jh. begonnen, beherbergt er heute eine ausgedehnte Sammlung von einheimischen und exotischen Pflanzen und den Jahreszeiten entsprechenden Ausstellungen. Zum Botanischen Garten gehörend, liegt gegenüber an der Independence Ave. ein Brunnen, den Frederic Auguste Bartholdi, der Baumeister der Freiheitsstatue in New York, entwarf. Im Sommer werden hier Bananen gezogen, die bis zum Herbst reifen. Südlich des Senatsflügels, ebenfalls auf der Westseite des Kapitols, lädt eine Grotte mit sprudelnder Quelle zur Ruhepause ein.

Während der Sommermonate finden auf der Westseite des Kapitols zahlreiche kostenlose Abendkonzerte statt. Das National Symphony Orchestra gibt Konzerte am Memorial Day, am 4. 7. und am Labor Day. Jeden Montag spielt die Navy Concert Band, dienstags die Air Force Band, mittwochs die US-Marine Band und freitags die US-Army Band. Die Konzerte beginnen um 20 Uhr, und da sich auch Traditionen einmal ändern können, lohnt ein Blick in die Tageszeitung, ob alles seine gewohnte Ordnung hat.

Der Supreme Court

Dem Bau oder treffender gesagt dem Tempel des Supreme Court gegenüber dem Kapitol an der 1st St. N.E. sagt man nach, das größte Marmorgebäude der Welt zu sein. Wie immer es um diesen Ausspruch stehen mag, der griechischen Tempeln nachempfundene Supreme Court hat etwas Ehrfurchtgebietendes und ist wohl zu Recht Heim des Obersten Gerichts der USA, von dem Alexis de Tocqueville sagte: »Eine eindrucksvollere Macht der Rechtsprechung ist noch von keinem Volk eingerichtet worden.«

Ein Besuch des Supreme Court kann ein ausgesprochen spannendes Ereignis werden, währenddessen man einer der politischen Gewalten des US-Systems bei der Arbeit zusehen kann. Beginnend am ersten Montag im Oktober bis Ende April, hören die neun Richter des Gerichts montags, dienstags und mittwochs für zwei Wochen des Monats die mündlichen Vorträge zu Fällen an, die das Gericht selbst ausgesucht hat.

Das US-Recht *(case law)* entwickelt sich im Gegensatz zum – beispielsweise – deutschen Recht vor allem aus der täglichen Rechtsprechung der Gerichte in den Bundesstaaten oder von Bundesgerichten. Der Oberste Gerichtshof überprüft, wenn er angerufen wird, ob die Rechtsprechung eines Staats- oder Bundesgerichts gegen die US-Verfassung oder bestehende Bundesgesetze verstößt und sucht sich solche Fälle aus, in denen er eine entscheidende Rechtsentwicklung erkennt. Das Gericht überprüft beispielsweise auch, ob Gesetze einzelner Staaten verfassungsgemäß sind.

Dabei kann die Rechtsentwicklung durchaus gegensätzliche Verläufe nehmen. So erkannte der Oberste Gerichtshof 1973 im Fall »Roe gegen Vade« in der Verfassung ein Recht des Bürgers auf Privatsphäre, woraus das Recht der Frauen auf Abtreibung hergeleitet wurde. Seitdem ist dieses Urteil umstritten, und der Oberste Gerichtshof hat in mehreren Entscheidungen seine Rechtsprechung von 1973 eingeschränkt – er kann sie möglicherweise auch ganz umkehren. Oft führen derartige Widersprüche oder Urteile des Obersten Gerichts, die auf klare Mängel der bestehenden Gesetze aufmerksam machen, dazu, daß der US-Kongreß neue Gesetze verabschiedet und sozusagen neue Wegsteine in die sich dauernd vor Gericht weiterentwickelnde Rechtsprechung in den USA setzt.

Zwei Fälle werden gehört, jeweils eine Stunde lang von 10–12 und zwei weitere von 13–15 Uhr. Die Tribüne im Gerichtssaal ist für 200 Besucher konzipiert, man sollte also gegen 9 Uhr vor dem Gericht sein, wo sich zwei Schlangen bilden. Eine ist die *three minute line* für Kurzbesucher, die andere für die Zuschauer, die sich eine oder zwei Stunden die Arbeit des Gerichts ansehen wollen. Da es sich nicht um irgendwelche bedeutungslosen Fälle handelt, kommt es in der Regel zu sehr interessanten intellektuellen Auseinandersetzungen zwischen den Richtern und den Anwälten der beiden Parteien. Es ist sinnvoll, sich keine in der Presse als besonders wichtig eingestuften Fälle auszusuchen, denn der Ansturm ist garantiert gewaltig. Die »Washington Post« druckt den Arbeitskalender des Gerichts ab, und außerdem kann man unter ✆ 202-479-3030 ein Tonband erreichen, über das man die Tagesordnung erfährt, oder unter ✆ 202-479-3211 genauere Informationen erhalten.

Von April bis Juni tritt das Gericht nur zusammen, um Urteile zu verkünden, und etwa vom 4. 7. bis Anfang Oktober ist Sitzungspause. Während der tagungsfreien Zeit informiert täglich von 9.30–15.30 Uhr stündlich zur halben Stunde im Gerichtssaal ein kurzer Vortrag über Geschichte und Arbeit des Obersten Gerichts. Im Erdgeschoß des Gebäudes wird neben Ausstellungen ein etwa halbstündiger Film gezeigt, in dem der Chief Justice und seine Richter ihre Arbeit erklären. Öffentliche Führungen durch das Gebäude gibt es nicht, es sei denn mit US-Freunden, die über ihren Kongreßabgeordneten eine 45minütige Tour organisieren lassen können.

Statue vor dem Supreme Court

Die Zeiten sind lang, lang dahin, als 1795 der erste Chief Justice des Gerichts, John Jay, zurücktrat, um Gouverneur im Staate New York zu werden, da er bezweifelte, das Gericht würde jemals zu Einfluß gelangen. Heute repräsentieren die neun Richter des Supreme Court Macht im Sinne des Wortes, als letzte Instanz des US-Rechtssystems. Und obwohl die Macht des Obersten Gerichts nirgends schriftlich festgelegt ist und das Gericht über keine Mittel verfügt, die Vollstreckung seiner Urteile durchzusetzen, ist seine Autorität doch unumstritten.

Natürlich schimpfen Politiker über das Gericht, wenn ihre Auffassung von Gesetzen, ihre Interpretation der Verfassung höchstrichterlich als falsch erklärt wird, aber niemand macht dieser letzten Instanz ihr Urteil streitig. Das geschah nur ein einziges Mal, vor dem Bürgerkrieg, als das Gericht die Ausdehnung der Sklaverei auf die neuen Staaten im Westen für rechtens erklärte. Vier Jahre später brach darüber der Bürgerkrieg aus.

Natürlich ist das Gericht genausowenig unfehlbar wie alle anderen Institutionen. 1896 hielt das Oberste Gericht die Rassentrennungsgesetze des Staates Louisiana für rechtens. 1954 widerrief das Gericht seine Entscheidung und befand, daß die Doktrin des ›getrennt aber gleich‹ verfassungswidrig sei. In den frühen 90er Jahren werden die Amerikaner Zeugen, wie das Oberste Gericht seine Entscheidung über die Rechtmäßigkeit der Abtreibung an die Bundesstaaten zurückgibt und nun in einigen Staaten die Abtreibung größeren Einschränkungen unterliegt als in anderen.

Hinter den Entscheidungen stehen neun Individuen. Die Richter werden vom Präsidenten auf Lebenszeit ernannt und müssen vom Senat bestätigt werden. Die Ernennung auf Lebenszeit gibt dem Gericht einen langen Atem. Im Jahre 1991 regierte der 41. Präsident der USA, es präsidierte aber erst der 16. Chief Justice des Obersten Gerichts. Präsidenten wählen ihre Kandidaten für das Gericht auch nach politischen Gesichtspunkten aus, und so geschieht es, daß die politische Linie eines Präsidenten noch lange nach seiner Amtszeit fortwirkt. Präsident Jimmy Carter war der erste Regierungschef, der während seiner Amtszeit keine Chance erhielt, einen Richter zu nominieren. Franklin D. Roosevelt wechselte mit acht Nominierungen während seiner drei Präsidentschaften fast den gesamten Supreme Court aus.

Jahrzehntelang führte der Oberste Gerichtshof ein Nomadendasein. Er tagte in Manhattan, in Philadelphia in einer Taverne an der Pennsylvania Ave., im Erdgeschoß des Kapitols und schließlich in der alten Senatskammer im Kapitol, bis schließlich William Howard Taft (der einzige, der als Chief Justice und als Präsident der USA diente) die Initiative ergriff und Pläne für ein Supreme Court-Gebäude gemacht wurden.

Im Jahre 1935 war es soweit, und die neun Richter zogen über die Straße um in ihren Tempel, den der Architekt Cass Gilbert entworfen hatte. Mit dem Gebäude erreichte die klassizistische Architektur der 30er Jahre in Washington ihren Höhepunkt. Vor dem weltlichen Tempel mit seinen 16 korinthischen Säulen aus weißem Vermont-Marmor, deren Kapitelle mit Maisblättern verziert sind, repräsentieren zwei riesige sitzende Statuen die beiden

Seiten des Rechts. Die meditierende Frauenfigur steht für die Nachdenklichkeit und Philosophie der Jurisprudenz, die wachende Männerfigur auf der Südseite symbolisiert die Ausführung des Rechts.

In den Fries des Gerichtstempels ist der Leitspruch *Equal Justice under Law* eingemeißelt. In dem darüberliegenden Giebel sitzt die Göttin der Freiheit mit dem Gesetzbuch auf ihrem Schoß, flankiert von zwei antiken Soldaten, die Ordnung und Autorität darstellen. Links und rechts davon sind Ratgeber gezeigt. Der Steinmetz Robert Aitken gab den Figuren Gesichtszüge von Präsidenten, Richtern und dem Architekten Gilbert. Dieses Detail hat immer wieder Stirnrunzeln hervorgerufen und die Frage, ob es sich dabei um Humor oder schlicht um Geschmacklosigkeit handelt.

Der Supreme Court

Das Weiße Haus

An der Pennsylvania Avenue 1600 stehen drei Häuser unter einem Dach: Das White House, das People's House und das President's House. Nach des Wählers Willen übt hier der Präsident der USA seine Amtsgeschäfte aus und repräsentiert. Durch das Haus des Volkes strömen täglich an die 6000 Besucher, die mit eigenen Augen ansehen können, wohin sie ihren Präsidenten entsandt haben. Schließlich ist das strahlend weiße zweistöckige Gebäude das Zuhause des Präsidenten, zumindest für einige Jahre.

Das Weiße Haus in Washington (s. Farbabb. 3) muß wohl nur mit der Freiheitsstatue in New York um den Preis des bekanntesten historischen Bauwerks in den USA konkurrieren. Es ist das Symbol der politischen Kraft und Stetigkeit dieses Landes, und es gibt wohl keinen Fernsehjournalisten, der nicht die Kulisse des Weißen Hauses nutzt, um seinem Bericht Autorität zu verleihen. Das Weiße Haus spiegelt zudem amerikanische Geschichte in der Größenordnung eines Haushalts wider. Obwohl das Gebäude zerstört und mehrfach renoviert wurde, enthält es doch noch Spuren all jener Präsidenten und ihrer Familien, die hier lebten.

George Washington wählte den Standort dieses ältesten öffentlichen Gebäudes in der Hauptstadt und geriet dabei über Kreuz mit seinem Hauptstadtarchitekten Pierre L'Enfant, der von einem President's Palace träumte.

Washington legte schließlich den Grundstein am 13. 10. 1792, auf den Tag 300 Jahre nach der Entdeckung der Neuen Welt durch Kolumbus. Aber der erste Präsident konnte das Haus nicht mehr beziehen. Drei Jahre nach seinem Tod zog der zweite Präsident, John Adams, am 1.11.1800 in das noch unfertige Gebäude ein, das President's House oder Executive Mansion genannt wurde. Tatsächlich wurde die volkstümliche Bezeichnung White House erst gut 100 Jahre später offiziell, nachdem auf Initiative von Präsident Theodore Roosevelt der Kongreß 1902 eine entsprechende Verordnung verabschiedet hatte. Seitdem heißt es auf dem Briefkopf ohne weitere Zusätze: The White House, Washington.

James Hoban, ein Architekt irischer Abstammung, der den Wettbewerb für das Weiße Haus gewann (Preisgeld: 500 $), legte den Entwurf für ein einfaches Gebäude mit klaren Linien vor. Seine aus dem 18. Jh. stammenden Vorbilder standen in oder bei Dublin. Am meisten ähnelt der Entwurf dem Leinster House nahe Dublin.

Thomas Jefferson, der unter dem Pseudonym A.Z. einen an die norditalienischen Villen Palladios angelehnten Entwurf einreichte, scheiterte. Er war ebensowenig ein Hoban-Fan wie der erste berühmte Architekt der USA, Benjamin Latrobe, der 1806 folgendes vernichtende Urteil über das Weiße Haus abgab: »George Washington wußte, wie man dem Land die Freiheit gibt, aber er hatte keine Ahnung von Kunst. Es kann deshalb nicht verwundern, daß der Entwurf eines Schreiners für das President's House nicht einmal original ist, sondern die verunstaltete Kopie eines schlechten Originals nahe Dublin.« Unbeschadet solcher Kritik hat sich Hobans Entwurf über die Jahrhunderte eindrucksvoll bestätigt. Aus Virginia-Sandstein errichtet, der so weich ist, daß er unmittelbar weiß getüncht werden mußte, besticht das zeitlos schlichte Gebäude durch seine Symmetrie bis heute.

Hoban selbst nahm noch die ersten Veränderungen an seinem ursprünglich ohne jede Vorbauten oder Terrassen konzipierten Entwurf vor. Zunächst aber mußte er das Weiße Haus wieder aufbauen, nachdem englische Truppen es 1814 während des englisch-amerikanischen Kriegs in Brand gesteckt hatten. Im Jahre 1824 baute Hoban den südlichen halbrunden Portikus an. 1829 bekam Präsident Andrew Jackson vom Kongreß die Mittel, um die nördliche, der Pennsylvania Ave. gegenüberliegende Wagenauffahrt anzubauen, über der vier ionische Säulen das Schutzdach vor dem offiziellen Eingang des Weißen Hauses tragen.

Seitdem wurde der Regierungssitz oft verändert und zweimal völlig umgebaut, ohne daß im äußeren Erscheinungsbild der ursprüngliche Hoban-Entwurf verloren gegangen wäre. Kaum ein Präsident und seine Familie scheuten davor zurück, dem Haus ihren persönlichen Stempel aufzudrücken. Viele Änderungen dienten dem Komfort und zeigten den jeweiligen Stand der Technik. Thomas Jefferson baute zwei Wassertoiletten im ersten Stock ein, Andrew Jackson ließ Leitungen für fließendes Wasser verlegen, James Polk baute Gaslichter ein und Martin Van Buren eine Zentralheizung, James Garfield bestellte den ersten Aufzug, und Benjamin Harrison ließ die Leitungen

Historische Ansicht des White House aus dem Jahre 1900

für elektrisches Licht verlegen. Unter Herbert Hoover schließlich wurden Klimaanlagen installiert.

Alle Präsidenten des 19. und 20. Jh. brachten neue Möbel mit, ließen Leuchter und Bilder aufhängen, und was dem Nachfolger nicht gefiel, wurde rausgeräumt und verschwand. Erst seit 1961 müssen die First Ladies alles, was ihnen nicht gefällt, der Smithsonian Institution zur Aufbewahrung übergeben.

All die Veränderungen konnten nicht verbergen, daß das Weiße Haus, Heim und Büro des Präsidenten zugleich, um die Jahrhundertwende eng geworden war. Vorschläge wurden unterbreitet, es abzureißen und einen großzügigeren Bau zu errichten. Theodore Roosevelt jedoch machte dieser Diskussion 1901 ein für alle Mal ein Ende, indem er befand: »Der Präsident sollte nirgendwo anders als im historischen White House leben.« Um den Platzmangel zu beheben, beauftragte er ein Architektenbüro, einen Treppenaufgang herauszunehmen und so den State Dining Room auf der Ostseite zu vergrößern. Außerdem ließ er die Gewächshäuser auf der Westseite abreißen und den Westflügel anbauen, der bis heute die Amtsräume des Präsidenten beherbergt. Auf der Ostseite, gegenüber dem Schatzministerium, ließ Roosevelt ebenfalls einen Eingang und eine Wagenauffahrt anlegen.

All das änderte aber nichts daran, daß die wiederholten Modernisierungen der Struktur des Baus erheblich zugesetzt hatten, und 1923 warnte das Armee-Ingenieurkorps Präsident Coolidge, das Dach des Weißen Hauses könne jederzeit einstürzen. Coolidge, von dem der Satz überliefert ist »Architektur? Ich bin sehr dafür«, antwortete den Ingenieuren: »Wenn es so schlimm ist, wie Sie sagen, warum stürzt es nicht jetzt ein«, und weigerte sich, eine halbe Million Dollar zur Renovierung auszugeben.

Die Zeche für dieses Versäumnis zahlten 1948 Präsident Harry Truman und seine Familie, die von 1948 bis 1952 in das Blair House auf der anderen Straßenseite umziehen mußten. Dem White House stand eine Renovierung bevor, die außer den Außenwänden vom ursprünglichen Bau nichts übrig ließ. Die alten Fundamente versah man mit Stahl- und Betonkorsetten, zwei Kellergeschosse wurden ausgehoben und anschließend baute man das Innere nach alten Plänen Stück für Stück wieder zusammen – mit gewissen Veränderungen, vor allem bei den Treppenaufgängen. Nach dem Umbau verfügte das Weiße Haus über 54 statt wie früher 48 Zimmer.

Wenig vom alten Innenleben blieb erhalten. Noch 1966 verkauften Baufirmen Türen aus dem alten White House. Alte Kamineinfassungen kamen abhanden, Steine wurden nach Mount Vernon gebracht, andere verschwanden, und 1950 verkauften fliegende Händler Souvenirkoffer auf den Straßen der Hauptstadt mit Holzstückchen und Steinbrocken des originalen Weißen Hauses.

Die offiziellen Räume des Weißen Hauses verdanken heute ihre Eleganz und ihre mit zahllosen Kunstschätzen angereicherte Ausstattung dem Engagement von vier First Ladies: Jacqueline Kennedy, Lady Bird Johnson, Pat Nixon und Rosalynn Carter. Jacqueline Kennedy verschrieb sich der Idee, das Innere des Weißen Hauses nach historischen Vorbildern zu dekorieren und zu möblieren, und Lady Bird Johnson verfolgte diesen Gedanken weiter. Zudem schuf ihr Mann ein Komitee zur Erhaltung des Weißen Hauses sowie die Position eines Kurators. Rosalynn Carter gründete eine Stiftung für das Dekor des Gebäudes. All diese Einrichtungen kümmern sich gemeinsam mit der White House Historical Association, die gegenüber am Lafayette Square ihre Büros hat (740 Jackson Place), wo liebevoll zusammengetragenes Material über das Weiße Haus angeboten wird, um Geschichte und Gegenwart des Regierungssitzes der US-Präsidenten.

Bis zum Zweiten Weltkrieg konnte jeder Bürger die Auffahrt zum Weißen Haus hinaufgehen, seine Karte an der Tür abgeben und wurde, wenn nicht vom Präsidenten, dann doch von einem seiner Mitarbeiter empfangen. So begrüßte am 1.1.1930 Präsident Herbert Hoover 6348 Bürger und schüttelte ihre Hände. Solche Zeiten sind leider vorbei. Spätestens seit dem Mordanschlag auf Präsident Ronald Reagan hat sich das Weiße Haus zunehmend in eine Festung verwandelt – unauffällig versteht sich. In den letzten Jahren wurde eine Reihe tief verankerter Betonpoller rund um das 7 ha große Areal installiert, verbunden durch dicke Eisenketten. Zwischen denen und dem reich verzierten Zaun geht man um die Parkanlage des Weißen Hauses.

The President's Park, wie das hufeisenförmig geschnittene Gelände genannt wird, beherbergt einige der schönsten alten Bäume in dieser an alten Bäumen reichen Stadt. Die riesige amerikanische Ulme auf dem Rasen südlich des White House wurde 1826 von John Quincy Adams gepflanzt. Andrew Jackson brachte die Magnolien an der Südmauer des Hauses aus seinem Heimatstaat Tennessee mit, und Benjamin Harrison pflanzte die Eiche gleich neben dem östlichen Auffahrtstor an der Pennsylvania Ave. Kein Präsident

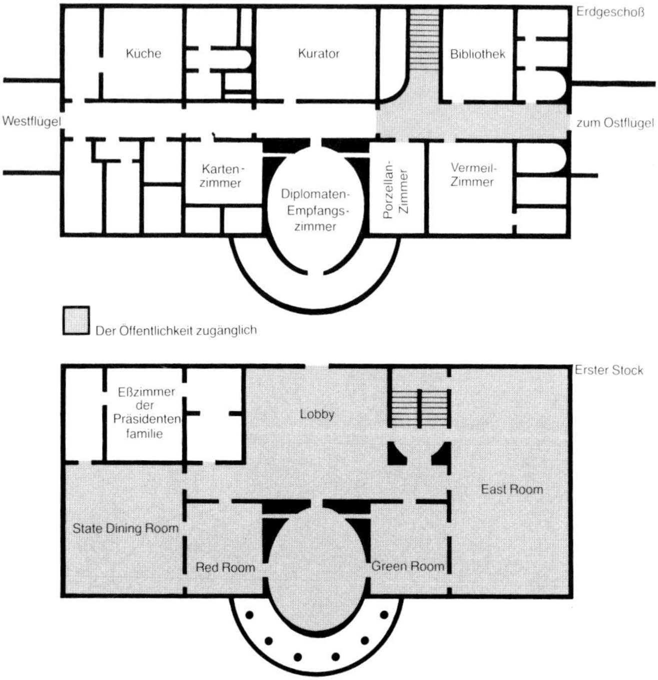

Das Weiße Haus

und keine First Lady versäumte es, einen Beitrag zum President's Park zu leisten. Die über 80 so zusammengekommenen verschiedenen Bäume und Büsche bilden einen herrlichen, vom National Park Service gepflegten Anschluß an die Mall und Ellipse.

Geht man entlang Pennsylvania Ave. am White House vorbei, sieht man zu jeder Jahres- und Tageszeit aufgebaute Fernsehkameras, bereit Berichte der über 1500 Fernsehkorrespondenten und schreibenden Journalisten zu übertragen, die täglich die Regierungsgeschäfte verfolgen. Im Verbindungstrakt zum Westflügel des Weißen Hauses haben sie in drangvoller Enge ihre Arbeitsräume. Hier informiert täglich der Regierungssprecher und, unregelmäßig, der Präsident selbst über seine Arbeit. Die Presseräume liegen unmittelbar neben der Machtzentrale des Weißen Hauses, dem Westflügel. Dort regiert der Präsident aus dem Oval Office, umgeben von seinen engsten Mitarbeitern, dem Chef des Stabes und dem Nationalen Sicherheitsberater. Im **Westflügel** liegt zudem der Kabinettsraum, wohin der Präsident seine Minister zusammenruft und der Roosevelt-Raum, mit Portraits und Memorabilia der Präsidenten Theodore und Franklin D. Roosevelt. Der Raum dient als Besprechungszimmer, falls es im Oval Office zu eng wird.

Der Haupteingang des Weißen Hauses liegt zwar an der Wagenauffahrt im Haupthaus, aber die tägliche Aufmerksamkeit der Reporter und Kameraleute richtet sich auf den kleineren Eingang im Westflügel, durch den ausländische

Gäste und Senatoren oder Abgeordnete gehen, um den Präsidenten zu sehen. Hier sind ständig Mikrofone aufgebaut, bereit die letzten Neuigkeiten aus dem ersten Kreis der Macht aufzunehmen. Nur einige Schritte sind es vom Westflügel hinüber zum Old Executive Building, wo die meisten der mehr als 3000 Mitarbeiter des Weißen Hauses ihre Büros haben. Hier und nicht etwa ›im Keller des Weißen Hauses‹ werden die Geheimsachen des Nationalen Sicherheitsrats erledigt.

Zweimal nach dem Zweiten Weltkrieg haben Präsidentenpaare die Öffentlichkeit mittels Fernsehkameras in den ersten Stock des Weißen Hauses, in ihre Familienräume, gelassen. Die Kennedys taten es Anfang der 60er Jahre, 1989 führten Barbara und George Bush durch Wohnzimmer, Arbeitszimmer und das Lincoln-Schlafzimmer (zu dessen Lebzeiten sein Arbeitszimmer), das als Gästezimmer dient.

Trotz aller Sicherheitsmaßnahmen hat die Öffentlichkeit bis heute weiter Zugang zum Weißen Haus. Dienstags bis samstags von 10–12 Uhr ist das Erdgeschoß mit seinen Repräsentationsräumen für Besucher geöffnet. Während der Sommermonate (vom Memorial Day-Wochenende im Mai bis zum Labor Day-Wochenende im September) gilt es, zunächst ab 8 Uhr morgens eine Eintrittskarte an einem Stand am Südende der Ellipse abzuholen. Die Ellipse ist das große Oval im südlichen Anschluß an das Weiße Haus bis zur Constitution Ave. Es gibt lediglich Karten für den selben Tag und nur eine Karte pro Person. Während der Wintermonate entfällt das Kartenabholen, und man kann sich direkt am Besuchereingang des Ostflügels anstellen, wo der in der Regel 20–30 Minuten lange Rundgang beginnt. Auf jeden Fall ist es sinnvoll, vorher unter ✆ 2 02-4 56-70 41 das Weiße Haus anzurufen, um etwaige Veränderungen dieser Regelungen zu erfahren und zu hören, ob ein Staatsempfang oder ein Essen geplant ist, denn an solchen Tagen wird die Besuchszeit gestrichen.

Zusätzlich gibt es eine VIP-Tour um 8 und 9 Uhr, für die man aber mindestens sechs Monate im voraus über amerikanische Freunde Karten besorgen muß. Jeder US-Bürger kann über seinen Kongreßabgeordneten oder Senator solche Karten anfragen. Die VIP-Tour führt zusätzlich durch einige Räume des Untergeschosses, wie die **Bibliothek,** das **Porzellan-Zimmer** und das **Diplomaten-Empfangszimmer,** wo Botschafter ihre Akkreditierungen übergeben.

Schaut der Besucher aus den Glas-Kolonnaden des Gartenzimmers, nachdem er den Ostflügel betreten hat, fällt der Blick in den Jacqueline Kennedy Garden, den Lady Bird Johnson anlegte und nach ihrer Vorgängerin benannte. Auf der Westseite des Weißen Hauses hat er sein Pendant im Rose Garden, den Jacqueline Kennedy für ihren Mann vor den Fenstern des Oval Office einrichtete. Beide Gärten werden häufig für Zeremonien und bei Einladungen benutzt.

Der **East Room** ist das größte und sicher geschichtsträchtigste Zimmer des Weißen Hauses. Bevor der Raum fertig wurde, hängte Abigail Adams hier die Wäsche zum Trocknen auf, Meriwether Lewis, Jeffersons Sekretär und

Präsident Kennedy mit seinem Sohn John jr. im Oval Office

späterer Führer der berühmten Lewis und Clark-Expedition in den Nordwesten des Landes, benutzte das Zimmer, bis die Decke einfiel. Theodore Roosevelt ließ hier Schauringkämpfe veranstalten, und seine Kinder fuhren dort mit Rollschuhen.

Der Raum sah aber auch die dunkelsten und traurigsten Tage der US-Geschichte. Abraham Lincoln, John F. Kennedy und fünf weitere Präsidenten lagen dort aufgebahrt; Richard Nixon gab hier seinen Rücktritt bekannt. Im East Room wurden wichtige Verträge unterzeichnet, wie 1987 der Abrüstungsvertrag über atomare Mittelstreckenwaffen, und Präsidenten benutzen ihn regelmäßig für vom Fernsehen übertragene Pressekonferenzen. Das auffallendste Möbelstück des Raums ist ein von vergoldeten Adlern getragener Art deco Steinweg-Flügel aus dem Jahre 1938. Nach Staatsbanketten finden hier oft Unterhaltungsprogramme statt. Ein berühmtes Portrait Roosevelts von John Singer hängt hier ebenso wie Gilbert Stuarts Bildnis von George Washington, das der damaligen Präsidentengattin Dolley Madison fast das Leben kostete, als sie 1812 versuchte, das Bild zu retten, bevor die Briten das Gebäude ansteckten. Sie mußte es schließlich aus dem Rahmen brechen lassen, um eilig zu fliehen.

Der **Green Room** hat seinen Namen seit den Tagen von Thomas Jefferson, der den Boden grün auslegen ließ und hier seine ›pell-mell‹-, seine nehmen-Sie-Platz-wo-Sie-wollen-Abendessen gab. Das Zimmer zeigt ein Bild von Benjamin Franklin, die Möbel (Duncan Phyfe) stammen aus dem New York des frühen 19. Jh., und die marmorne Kamineinfassung wurde ursprünglich von Präsident Monroe für den State Dining Room ausgesucht.

Den daneben liegenden **Blue Room** ließ George Washington als ovales Zimmer anlegen, da er Besucher gerne in einem großen Halbkreis vor sich stehen hatte. Der Raum, von dem man durch eines der aufschiebbaren Fenster zu den Treppen hinunter in den Garten gelangen kann, wird als Empfangszimmer genutzt. Er ist im Empire-Stil dekoriert, um an die 1817 von Präsident Monroe bestellten französischen Möbel zu erinnern, die sein Nachfolger Buchanan 1860 verkaufte.

Der **Red Room** hat seinen Namen von dem roten Stuhl in dem Portrait von Dolley Madison, das den Raum schmückt und an die First Lady erinnert, die hier mittwochs Empfänge und Musikabende gab. Die in New York hergestellten Möbel sind im amerikanischen Empire-Stil gehalten.

Der **State Dining-Room** erhielt seine heutige Größe während der Umbauten von 1902 und faßt bis zu 140 Gäste, die an runden Tischen sitzen. Der Stil des Raums ist vornehmlich neoklassizistisch, außer der Kamineinfassung, an der Präsident Theodore Roosevelt zwei Löwenhäupter durch Bisonköpfe ersetzen ließ. Das düstere Portrait von Abraham Lincoln wurde vier Jahre nach seinem Tod von George Healey gemalt. Eingraviert in die Kamineinfassung des State Dining Room ist ein Satz, den der zweite Präsident John Adams während seiner zweiten Nacht im Weißen Haus in einem Brief niederschrieb: »Ich bete zum Himmel um Segen für dieses Haus und alle, die hier wohnen werden. Mögen immer nur ehrenwerte und weise Männer unter diesem Dach regieren.«

Camp David

Nach einer Woche anstrengender Amtsgeschäfte flieht der US-Präsident am Wochenende gerne die Hauptstadt und zieht sich in die Einsamkeit der Berge zurück. Knapp zwei Autostunden von Washington oder einen kurzen Hubschrauberflug entfernt liegt Camp David. Das Wochenendhaus der Präsidenten wurde in den letzten Jahrzehnten zunehmend der Weltöffentlichkeit bekannt, nutzen doch die Präsidenten die Idylle der Catoctin-Berge, um delikate diplomatische Aufgaben zu lösen oder um Regierungschefs zu einem informellen Gedankenaustausch am Kamin zu begrüßen.

Nach dem Eintritt der USA in den Zweiten Weltkrieg ließ Präsident Franklin D. Roosevelt nach einem Ort suchen, nicht zu weit von der Hauptstadt, sicher und in gutem Klima, um seine leidende Gesundheit zu schonen. Das Innenministerium hatte einige Jahre zuvor 40 000 ha für einen Nationalpark in den Catoctin Mountains nordwestlich von Washington gekauft. Roosevelt wählte das Hi-Catoctin Camp für das Wochenend-White House, wo eine rustikale Lodge mit Nebengebäuden gebaut wurde. Er nannte das Weiße Haus in den Bergen sein ›Shangri-La‹, besuchte es oft und hielt hier geheime Treffen mit Winston Churchill ab. Sein Nachfolger Harry Truman war wenig an dem Wochenendhaus interessiert, ließ es aber winterfest machen und erlaubte seinen Mitarbeitern, es zu nutzen.

Dwight D. Eisenhower, der nach seiner Pensionierung nicht weit von ›Shangri-La‹ am Rande des Schlachtfelds von Gettysburg auf einer Farm lebte (vgl. S. 247), fuhr häufig zum Haus in den Bergen und benannte es nach seinem Enkel David Eisenhower Camp David. Eisenhower begann auch die Tradition, Camp David für politische Zwecke zu nutzen. Er konferierte dort mit Nikita Chruschtschow; der seither häufig zitierte Geist von Camp David wurde in jener Zeit geboren.

Seitdem haben alle Präsidenten im Camp familiäre und politische Treffen abgehalten, und es ist eine Selbstverständlichkeit geworden, den Präsidenten und seine Frau am Freitagnachmittag vom Weißen Haus mit Ziel Catoctin Mountains abfliegen zu sehen. Das Camp, von hohen Zäunen umschlossen und von Marines bewacht, ist der Öffentlichkeit nicht zugänglich. Ein Bild von der Natur und Landschaft aber kann man sich machen, wenn man die Straße 15 bei Thurmont verläßt, auf der Straße 77 nach Westen fährt, und den Hinweisschildern nach links zum Misty Mountain Camp folgt.

Die Hauptstadt als Schaustück

Architektur in Washington

Washington, die imperiale Stadt; Washington, das Rom am Potomac; Washington, die horizontale Stadt; Washington, die grüne Stadt ... die Liste von Etiketten, die der US-Hauptstadt umgehängt wurden, ließe sich noch eine Weile fortsetzen, und in der Tat erfüllt die Stadt eine Reihe von Ansprüchen.

In historischer Reihenfolge wurde sie Sitz der drei Staatsgewalten und dann die Bürgerstadt Washington, die Stadt der Menschen, die mit und für die Staatsgewalten arbeiten oder sich im Umfeld der Regierungsmetropole niedergelassen haben. Und sie ist ein Schaustück geworden, eine Stadt der nationalen Erinnerungen, der nationalen Kunstschätze, ein Identifikationspunkt der Nation, wie jährlich über 20 Mio. Besucher dokumentieren.

Wer das Glück hat, an einem Sommerabend auf der linken Seite eines Washington anfliegenden Flugzeuges einen Fensterplatz zu haben, dem bietet sich ein großartiger Ausblick, während die Maschine den Potomac hinunter zum National Airport kurvt. Begrünte Wohnviertel und die National Cathedral schieben sich ins Bild, kein Hochhaus verdeckt die strahlenförmig auseinanderlaufenden Avenues, bis man auf einen Blick das Lincoln Memorial in seinem grünen Rund, die stille Wasserfläche des Reflecting Pool, die aufragende Nadel des Washington Monument und hinter alldem auf dem Hügel die den Blick fassende weiße Kuppel des Kapitols sieht.

Die Schönheit der Szene erzählt vom Stolz der Republik auf ihre gut 200jährige Geschichte, auf ihre Ideale und ihre Hoffnungen, die schwierige Jahre überdauerten. Das Ensemble der Mall wie auch der Gesamtblick auf die grüne, niedrig bebaute Stadt zeigt, daß in Washington der Plan einer ganzen Stadt und nicht einzelne Bauten am Anfang standen. Dabei ist Rom, die Ewige Stadt, Washington wie so vielen anderen Städten der westlichen Welt ein Vorbild gewesen. Rom, das konnte für republikanische Gesinnung stehen, es spiegelt imperiale Macht wider und verspricht nicht zuletzt eine Erneuerung des christlichen Glaubens. »Rom«, schrieb einmal Wolfgang Pehnt in der »Frankfurter Allgemeinen«, »Rom lag wie die Spinne im Netz seiner Überlandstraßen« und »das ewige Rom war Wirklichkeit, Bestätigung, Gegenwart«.

Das muß Pierre Charles L'Enfant durch den Kopf gegangen sein, als er seinen Plan für das Rom der Neuen Welt zeichnete, an einem Platz, wo ein Flüßchen Tyber und Stück Land unter dem Kongreßhügel tatsächlich Rome hieß und sich für das Haus der Volksvertreter rasch der Begriff Kapitol einbürgerte. So zeichnete er auf seinem Reißbrett auch nicht die geraden Linien einer für andere US-Städte typischen Rasteranlage, sondern legte Punkte fest und zog Diagonalen, die den Blick öffnen sollten zwischen Denkmälern und öffentlichen Bauten. L'Enfant hatte Rom nie besucht, aber das römische Achsensystem war fester Bestandteil der Stadtplanungen in Europa, die er als Kind in Paris kennengelernt hatte.

Die Dimensionen seiner Vision zwischen den Punkten, die zur künftigen Stadt zusammenwachsen sollten, sind auch heute noch enorm. 2,5 km trennen das Kapitol vom Weißen Haus. Kein Wunder, daß kaum jemand die Großartigkeit des Plans erkannte, als im Jahre 1800 Präsident und Kongreß von Philadelphia umzogen und statt der verheißenen Pracht und Weite nichts als einige durch den Wald gehauene Schneisen vorfanden, an denen hier und da wenige Häuser standen.

Fast ein Jahrhundert lang ging viel von L'Enfants Plan verloren, fauchten Lokomotiven in einem Bahnhof, wo eigentlich die Mall sein sollte. Einzelne Bauwerke wurden aber weiter nach römischen Vorbildern gebaut, wie die Kuppel des Kapitols zum Beispiel, die Assoziationen an den Petersdom weckt, oder das Pension Building (5th und G St. N.W.), das heute das Architekturmuseum beherbergt, und dem Palazzo Farnese, der Cancelleria und dem Vatikan entlehnt ist.

L'Enfant terrible
Der Architekt der Hauptstadt

Der Architekt von Washington wurde 1754 in Paris geboren und erhielt dort auch seine Ausbildung an der Königlichen Akademie für Malerei und Skulptur. Als Freigeist und Idealist war er begeistert von der amerikanischen Unabhängigkeitsbewegung, trat den französischen Kolonialtruppen bei und segelte 1777 als Leutnant in die Neue Welt.

Im schlimmsten Winter des Unabhängigkeitskriegs 1777/78 lernte er im Lager Valley Forge George Washington kennen, der Jahre später sein Förderer werden sollte. Am Ende des Kriegs wurde der gefangene Hauptmann L'Enfant gegen einen hessischen Offizier gleichen Rangs ausgetauscht. Nach einem letzten Besuch in seinem Heimatland 1783 ließ sich L'Enfant in New York nieder, wo er als Architekt einen hervorragenden Ruf erwarb.

Im Jahre 1791 benannte Washington L'Enfant als Planer der neuen Hauptstadt, eine Aufgabe, die der Franzose sich sehnlichst gewünscht hatte. Ende des Jahres legte er seinen Entwurf vor, im März 1792 wurde er mit einem Brief, den der erste Finanzminister der USA, George Hamilton, geschrieben und Thomas Jefferson sowie George Washington signiert hatten, entlassen. Verarmt und weitgehend vergessen, starb er 1825 in der Stadt, die er entworfen hatte. Er wurde auf einer Plantage in Maryland beerdigt.

Soweit die nackten Fakten. Sie erzählen aber nichts von dem brillanten, ja genialen Architekten, der sich durch seine hochfahrende, oft arrogante Art im Leben mehr Feinde als Freunde schuf. L'Enfant sah die Dinge *en grand,* wie der ehemalige französische Botschafter in Washington J. J. Jusserand es einmal beschrieb.

Spekulanten an seinen Fersen, von Neidern umgeben, sah er in der teils sumpfigen Wildnis zwischen Rock Creek und Anacostia, zwischen Florida Ave. und Potomac, die zukünftige Hauptstadt, brachte seine Vision in wenigen Monaten zu Papier und überreichte sie dem Präsidenten – er und der Präsident. Mit jemand anderem würde er gar nicht mehr sprechen. Die von Washington eingesetzten Baukommissare ignorierte er, weigerte sich, ihnen den Plan der Stadt auszuhändigen und nicht genug damit, ließ er ohne jede Rechtfertigung Gebäude abreißen, die seinem Plan im Weg standen.

Der Kunstsammler und Philantrop W. W. Corcoran schilderte L'Enfant als einen »über 1,80 m großen Mann mit aufrechter Haltung, mit feinen Proportionen und prominenter Nase. Ein Mann mit höflichen Manieren, meist in einen weiten Umhang gehüllt, jemand, der in jeder Versammlung die Aufmerksamkeit auf sich zieht.«

Neben dem Plan von Washington war sein berühmtester Bau die Federal Hall in New York, die er aus dem alten Rathaus der Stadt konstruierte. Der erste gewählte US-Kongreß trat dort 1789 zusammen, George Washington legte in der Federal Hall seinen Amtseid als Präsident ab. Von Dauer war L'Enfants Ruhm dort ebenfalls nicht. Im Jahre 1812 wurde die Federal Hall für 425 Dollar versteigert und abgerissen. In Washington war L'Enfant lange vergessen. Erst 1909 wurden seine sterblichen Überreste exhumiert und auf dem Heldenfriedhof Arlington beerdigt. Eine Urne wurde in einem Staatsbegräbnis unter der Rotunde des Kapitols beerdigt. L'Enfant ist der einzige nicht in den USA geborene, dem diese Ehre zuteil wurde.

Um die Jahrhundertwende, dank des einflußreichen Senators James McMillan, wurde auch die Stadtplanung wieder im Sinne des römischen Vorbilds betrieben. Die Architekten Daniel Burnham, Charles McKim und Frederick Olmsted reisten zu Studienzwecken nach Rom, und ihr Schriftführer notierte: »Einiges schien sich von selber zu verstehen: Daß die Probleme in Washington im römischen und nicht im Pariser Sinne zu bearbeiten waren.« Das bedeutete, um Wolfgang Pehnt erneut zu zitieren: »Einfachheit und Unterwerfung des Ornaments unter die großen Linien der Architektur«.

Dabei ist es bis heute geblieben, wie die Beispiele des rechteckigen Lincoln Memorial, der flachen Pantheonskuppeln des Jefferson Memorial und des West Building der National Gallery of Art zeigen oder auch das monumentale Eingangsgebäude des Bahnhofs Union Station, das sein Vorbild in den Thermen Roms hat. Selbst die kassettierten Gewölbe der in den 70er Jahren gebauten U-Bahnstationen bleiben dem Vorbild treu. Klassizistische Fassaden werden seit den 70er Jahren erhalten, wo es nur geht. Meist in einem für Washington typischen Kompromiß, bei dem man hinter der Fassade alles abreißt und einen Neubau hinstellt, der aber immerhin noch ein Frontstück der Washingtoner Architekturgeschichte in die Zukunft trägt.

Zu Recht wird bis heute die Frage gestellt, warum die Hauptstadt der USA unbedingt an den sumpfigen Ufern eines Flusses gebaut werden mußte, mit einem während vieler Monate schwer erträglichen Klima. Ohne darauf eine wirklich zufriedenstellende Antwort zu finden, muß man sagen, daß die Entscheidung einen Vorteil hat: Das sumpfige, meist flache Land ist von Hügeln umgeben, von denen sich großartige Blicke auf die Stadt, ihre Anlage und ihre Bauwerke bieten. Drei seien hier genannt:

– Der Blick von Cedar Hill, dem Haus von Frederick Douglass in Anacostia (1411 W St. S.E., vgl. S. 120), zum Dom des Kapitols
– Der Blick von L'Enfants Grab oder der Front des Custis-Lee-Hauses im Heldenfriedhof von Arlington
– Der Blick von der Observation Gallery der National Cathedral, Wisconsin Ave. und Woodley Rd. N.W., ✆ 202-537-6200

Ein Architekturdetail der Hauptstadt, das leicht in der Fülle öffentlicher Bauten und Denkmäler sowie den weitläufigen Wohnvierteln mit Einfamilienhäusern untergehen kann, sind die Apartmenthäuser. Besucher und selbst viele Einwohner Washingtons wissen nicht um die große Tradition der Hauptstädter, in derartigen Anlagen zu wohnen. Lediglich New York und Chicago haben unter den US-Großstädten einen größeren Prozentsatz von Apartmentbewohnern als Washington. Fast 70% aller Einwohner der Hauptstadt leben in Apartments, was vor allem durch die große Mobilität der Bevölkerung bedingt ist. Als Sitz des Parlaments und der Regierung wird die Wohndauer hier oft in Legislaturperioden gemessen. So entwickelte sich in Washington eine ›Apartmentkultur‹, während Nachbarstädte wie Baltimore oder Philadelphia eine ›Reihenhauskultur‹ haben.

Der Unterschied zwischen den Anlagen in Washington und denen anderer US-Großstädte liegt in dem Baurecht von 1894 begründet, das die Höhe auf 30 m, damals sieben Stockwerke limitierte. ›Schuld‹ daran waren die Bauherren des Cairo-Hauses, Nr. 1615 Q St. N.W., einer Stahlträgerkonstruktion, die 1894 zwölf Stockwerke aufragte und die Stadtplaner veranlaßte, die bis heute gültige Höhe für Privathäuser von 30 m und für Geschäftshäuser von 36,5 m vorzuschreiben. Von wenigen Ausnahmen abgesehen, ist es bis heute dabei geblieben, und das macht Washington zur einzigen US-Großstadt mit einer niedrigen Skyline.

Apartmenthäuser in New York und Chicago bezogen ihr Prestige zumeist aus ihrer Höhe. Um diese Ausdrucksform beraubt, wandten sich die Architekten in Washington den Fassaden ihrer Gebäude zu und schufen prächtige Bauten mit reich verzierten Eingängen und Foyers. Ein Spaziergang entlang Connecticut Ave. zwischen Rock Creek Park und California St. bietet einige Beispiele aus der Goldenen Zeit der Apartmenthäuser von 1897 bis zum Ersten Weltkrieg. Ein prächtiges Exemplar ist das Woodward-Haus, Nr. 2311 Connecticut Ave. N.W., von Samuel Woodward gebaut, dem Gründer der Boston Dryfood Stores, heute Woodward and Lothrop. Vom Eingang im spanischen Kolonialstil bis zu einem Sommerpavillon auf dem Dach fehlt es an nichts.

In der Nähe des Zoos, 3133 Connecticut Ave., liegt das in den 30er Jahren fertiggestellte Kennedy-Warren-Haus, dessen Rückwände in das Tal des Rock Creek hinuntergezogen wurden. Durch Luftschächte gelangt im Sommer die kühle Luft des Tals in den Komplex – ein früher Vorläufer der Klimaanlagen.

Das ebenfalls in den 30er Jahren gebaut Shoreham-Gebäude, Nr. 2500 Calvert St. N.W. – einen Block westlich der Connecticut Ave. –, ist ein gutes Beispiel für die ursprüngliche Kombination von Apartmenthaus und Hotel. Nach seiner Eröffnung hatte das Shoreham 132 Wohnungen und 250 Hotelzimmer. Zwischen 1950 und 1955 wurden alle Apartments in Hotelzimmer umgewandelt, das Omni-Shoreham bietet heute die Chance, die großzügigen Serviceräume des alten Shoreham zu sehen.

Moderne Beispiele für Apartmenthäuser in Washington sind der Watergate-Komplex und Washington Harbour in Georgetown. Watergate ist ohne Zweifel eine der berühmtesten Anlagen in der Hauptstadt. Hier wurde 1972 während des Präsidentschaftswahlkampfs in die Büros des Democratic National Committee eingebrochen, eine Tat, deren Spuren ins Weiße Haus führten und Präsident Richard Nixon 1974 zum Rücktritt zwangen. Der Name Watergate stammt vom unweit gelegenen, halbrunden Aufgang zur Memorial Bridge – dem Tor zur Stadt vom Fluß Potomac. Seine Stufen bilden eine Art Amphitheater, das von 1935 bis in die späten 60er Jahre für Freiluftkonzerte genutzt wurde, bis der Lärm der anfliegenden Jets das National Symphony Orchestra zum Verstummen brachte.

Die niedrig gelegenen, halbrunden Bauten des Watergate durften ausnahmsweise 43 m hoch errichtet werden. In den Jahren 1965, 1968 und 1971 wurden nach und nach die Eigentumswohnungen, Büros, Geschäfte und das von deutschen Politikern geschätzte Watergate Hotel bezogen. Das Watergate zeigt den Trend für Apartmenthäuser auf, die nicht mehr als reine Wohnhäuser geplant wurden, sondern als Wohn- und Geschäftshäuser.

Jüngstes Beispiel für eine derartige Konzeption ist Washington Harbour am Ufer des Potomac zwischen 30th und 31st St. N.W. Das auffälligste postmoderne Gebäude in Washington wurde 1986 mit viel Diskussionen eröffnet. Zahllose Architekturdetails sind klassischen Baustilen entlehnt. Der aus vier Einzelbauten bestehende, zum Potomac ausgerichtete Komplex umschließt im Halbkreis mehrere Brunnen und einen postmodernen Leuchtturm. Lediglich das westliche, an der Flußseite gelegene Gebäude beherbergt Apartments, die bei der Eröffnung zwischen 250 000 und 1,8 Mio. Dollar kosteten. Der Rest der Anlage wurde für Büroräume sowie Geschäfte und Restaurants konzipiert.

Die exponierte Lage am Fluß machte verschiedene Sicherheitseinrichtungen notwendig. So können die unteren Tiefgaragengeschosse geflutet werden, um den Gebäuden mehr Halt und Stabilität zu geben. Außerdem wurden vor dem Leuchtturm und Brunnen Schleusentore im Boden versenkt, die zwischen Betonpfeilern 5 m hochgezogen werden können, um die Fluten des Potomac abzuhalten. Einen ersten Test bestand die Anlage noch vor ihrer Eröffnung, als der Potomac, angeschwollen von den Regenfluten eines späten Hurrikan, mehr als 3 m über die normale Hochwassermarke anstieg.

Eine Apartmentanlage, die Geschichte machte – Watergate

Dreimal Mall

Die Krönung von Pierre L'Enfants Plan für die Hauptstadt sollte die Grand Avenue, eine 170 m breite, parkartige und von Privathäusern gesäumte Prachtallee vom Kapitol nach Westen sein. Der Architekt von Washington dachte so auch einer Forderung des Kongresses nachzukommen, der 1783 per Gesetz beschlossen hatte, am zukünftigen Tagungsort der Legislative müsse eine Reiterstatue von General Washington errichtet werden. L'Enfant sah dafür die Schnittlinie zweier vom Kapitol nach Westen und vom Weißen Haus nach Süden verlaufenden Achsen vor, womit seine Grand Avenue einen angemessenen Abschluß erhalten hätte. Grundsätzlich wurde etwas aus dem Plan, wenn sich auch das Reiterdenkmal letztlich als 185 m hoher Obelisk entpuppte und die Entstehungsgeschichte der Mall, des schattigen Promenadenwegs, wie die Übersetzung des Wortes genau lautet, ausgesprochen lang und mühsam war.

Noch 80 Jahre nach L'Enfants Plan war seine Grand Avenue ein übelriechender Sumpf, der am Wasser des Potomac unweit des Washington Monument endete. Der Untergrund war so morastig, daß das Washington Monument nicht am vorbestimmten Ort begonnen werden konnte, später ragte 20 Jahre lang ein 50 m hoher, unfertiger Stumpf des Monuments in den Him-

mel. Als in den 70er Jahren des 19. Jh. ein Memorial für Präsident Abraham Lincoln vorgeschlagen wurde, knurrte der *Speaker* des Repräsentantenhauses nur: »Das würde in einem verdammten Sumpf stehen.«

Erst um die Jahrhundertwende wurde aus dem Sumpf Zug um Zug die heutige Mall. Senator James McMillan aus Michigan, zuständig für die Senatsbeziehungen zum District, ließ durch ein Architektenteam die alten L'Enfant-Pläne erneuern. Kohle- und Müllberge verschwanden, Eisenbahngleise wurden samt Bahnhof entfernt und bis zur heutigen Union Station verlängert, der Botanische Garten in die Südostecke der Mall verlegt. Nach Westen wurde die Mall trockengelegt, und die Ufer des Potomac wurden um eine Meile verschoben, so daß die Mall heute 3,2 km vom Fuße des Kapitols bis zum Lincoln Memorial reicht. Verlängert man diese Linie über die Memorial Bridge hinweg bis zum Heldenfriedhof von Arlington, umfaßt der Einzugsbereich dieser Achse den repräsentativen Kern der US-Hauptstadt mit ihren Memorials und Monuments, den Museen der Smithsonian Institution sowie den Regierungsgebäuden und Archiven entlang Constitution und Independence Aves.

Memorials, Monumente und Denkmäler

Einen schönen und guten Überblick über die Mall bekommt man von der Westterrasse des Kapitols. Der Blick geht hinunter zum Memorial für Ulysses S. Grant, den siegreichen Bürgerkriegsgeneral und 18. Präsidenten der USA, entlang der Museen der Smithsonian Institution zum Washington Monument, dem Smithsonian Castle, dem Lincoln Memorial und schließlich den Hochhäusern von Rosslyn, die heute entgegen der ursprünglichen Absicht der Architekten den Blick verstellen.

Auf dem Weg nach Westen erreicht man zunächst das Ulysses S. **Grant Memorial**. Das gut 80 m breite, 1922 am 100. Geburtstag von Grant enthüllte Denkmal erinnert an den siegreichen Bürgerkriegsgeneral der Unionstruppen (s. Farbabb. 4). Es zeigt Grant hoch zu Roß in der Mitte, umgeben von zwei Gruppen von Pferden und Reitern in der Schlacht – Kavallerie rechts, Artillerie links.

Als das Memorial 1901 vom Kongreß genehmigt wurde, entbrannte sofort ein Streit, denn die Abgeordneten wollten es auf der Ellipse südlich des Weißen Hauses plazieren, wogegen Präsident Theodore Roosevelt heftig protestierte. Sein erfolgreicher Einspruch war in mehrfacher Hinsicht vorausschauend, denn das gut 13 m hohe Denkmal hätte den Blick vom Weißen Haus zum Potomac verstellt. Außerdem bilden der General am Ostende der Mall und sein Kommandeur, Präsident Lincoln, am Westende einen Rahmen für die geschichtsträchtigen zwei Meilen zwischen ihnen.

Der unbekannte Künstler Henry Merwin Schrady war 31 Jahre alt, als er den Zuschlag für seinen Entwurf bekam. Die 21 Jahre bis zur Fertigstellung des Memorial mit all dem Streit, Geldknappheit und Herstellungsproblemen nahmen ihn so mit, daß er, zwei Wochen bevor das Denkmal enthüllt wurde, verstarb. Bis heute wird sein Entwurf als realistische und ernüchternde Darstellung der Schrecken des Kriegs gepriesen, anders als das Iwo Jima-Denkmal am nördlichen Rand des Heldenfriedhofs von Arlington, das Heroismus verklärt.

Obelisken, hohe, schlanke, viereckige nach oben in einem Punkt oder einer Pyramide zusammenlaufende Monolithen, wurden zuerst im alten Ägypten geschaffen. Ihre Höhe entsprach zehnmal ihrer Basisbreite. Mehrere Exemplare überdauerten die Zeiten, andere wurden von den Kolonialmächten mitgenommen und stehen heute an der Place de la Concorde in Paris, am Themse-Ufer in London oder im Central Park von New York.

Das **Washington Monument** folgt dem Vorbild ägyptischer Obelisken. Seine Basis mißt knapp 17 m^2 und damit ein Zehntel seiner Höhe von 169 m. Ein echter Obelisk ist das Monument indes nicht, da es aus vielen Steinen zusammengesetzt wurde. Das ändert freilich nichts daran, daß das Denkmal das höchste Steinbauwerk der Welt ist und seine Silhouette das Bild der US-Hauptstadt beherrscht.

Die Idee, den ersten Präsidenten durch ein Denkmal zu ehren, kam unmittelbar nach dessen Tod im Jahre 1799 auf. Der Kongreß jedoch bewilligte keine Mittel, obwohl Washingtons Witwe zustimmte, Teile der sterblichen Überreste ihres Gatten unter dem Memorial zu beerdigen. 1832, am 100. Geburtstag von Washington, wurden die Pläne erneut aufgegriffen, aber seine Erben und das Parlament von Virginia verweigerten nun die Herausgabe der sterblichen Überreste, und so bleibt der Staatsgründer bis zum heutigen Tag auf seiner Farm Mount Vernon südlich der Hauptstadt beerdigt.

Unter Führung des Obersten Richters John Marshall wurde 1833 eine private Gesellschaft mit dem Ziel gegründet, einen Wettbewerb für das Denkmal auszuschreiben und die Mittel für den Bau zu beschaffen. Unter den Plänen waren eine gigantische Pyramide, ein gotischer Turm, ein Dom und eine schlichte Säule. Die Gesellschaft entschied sich für den Entwurf des bekannten Architekten Robert Mills, der einen 200 m hohen Obelisken vorschlug mit einem 30 m hohen Pantheon rund um die Basis, zwischen dessen Säulen Statuen der Verfassungsväter stehen sollten.

Im Jahre 1848 begann der Bau, der Grundstein wurde mit derselben Kelle gelegt, die Washington für das Kapitol benutzt hatte. Bald jedoch stockten die Arbeiten. Spenden blieben aus, Alabama bot an, statt Geld einen Granitblock zu schicken, und es dauerte nicht lange, bis der umfangreiche Mills-Entwurf auf einen einfachen Monolithen ohne Basisumbau reduziert war.

Vollends zum Erliegen kamen die Arbeiten im Jahre 1854. Die Spenden waren aufgebraucht, und lange Jahre sollte nun ein Stumpf auf der Mall stehen, über den Mark Twain spottete, er sehe wie »ein abgebrochener Schornstein« aus. Eine besondere

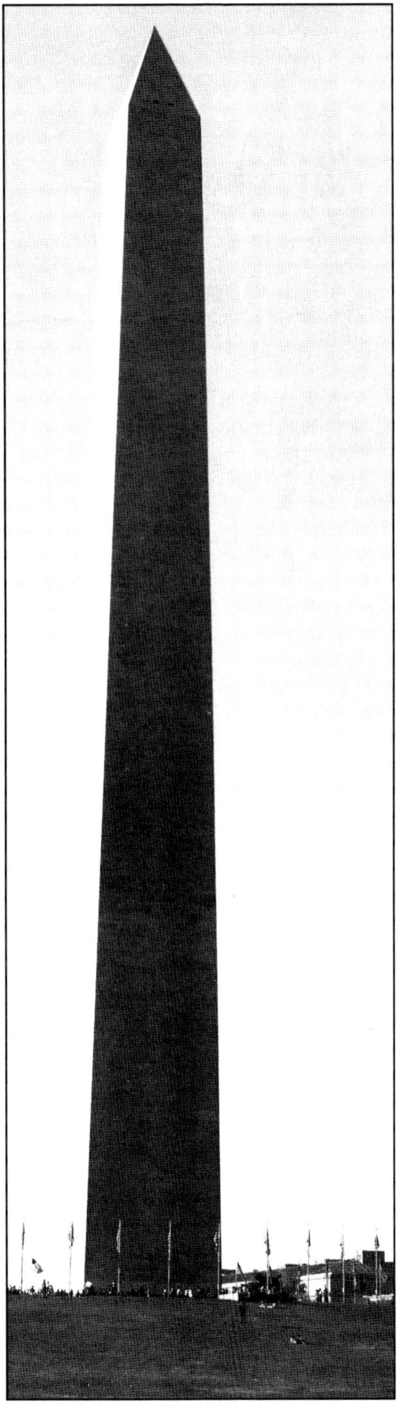

Entehrung erfuhr der Bau, als 1855 eine Anti-Katholikengruppe, genannt Know Nothing, einen Marmorblock entwendete, den Papst Pius IX. geschickt hatte. Der Block, einer von 190 aus aller Welt, die in das Denkmal eingesetzt werden sollten, tauchte nie wieder auf.

Schließlich beschloß der Kongreß 1876 den ›abgebrochenen Schornstein‹ zu vollenden, bewilligte 200 000 Dollar und beauftragte das Ingenieurskorps der Armee, den Bau abzuschließen. Aufgrund der geringfügig unterschiedlichen Gesteinsfarbe des ersten und zweiten Bauabschnitts ist bis heute erkennbar, wo die Arbeit an dem Denkmal wieder aufgenommen wurde. Im Jahre 1884 schließlich war es soweit. Eine mit Stein verkleidete Aluminiumpyramide wurde am 6. 12. unter großem Jubel aufgesetzt, der Obelisk hielt fünf Jahre lang den Rekord des welthöchsten Gebäudes, bevor Gustave Eiffel in Paris seinen stählernen Turm vollendete.

898 Stufen führen zu den Aussichtsfenstern am Fuße der Pyramidenspitze. Um die Jahrhundertwende gab es einen dampfbetriebenen Aufzug, der, als reichlich unsicher eingestuft, allerdings nur von Männern benutzt werden durfte, während Frauen die sichere Treppe erklimmen mußten. Heute reichen 70 Sekunden, um mit dem Fahrstuhl hinaufzugelangen (geöffnet: im Winter tägl. 9–17, im Sommer 8 Uhr bis Mitternacht). Viele Besucher laufen hinab und können dabei einige Inschriften der gestifteten Bausteine

◁ Das Washington Monument

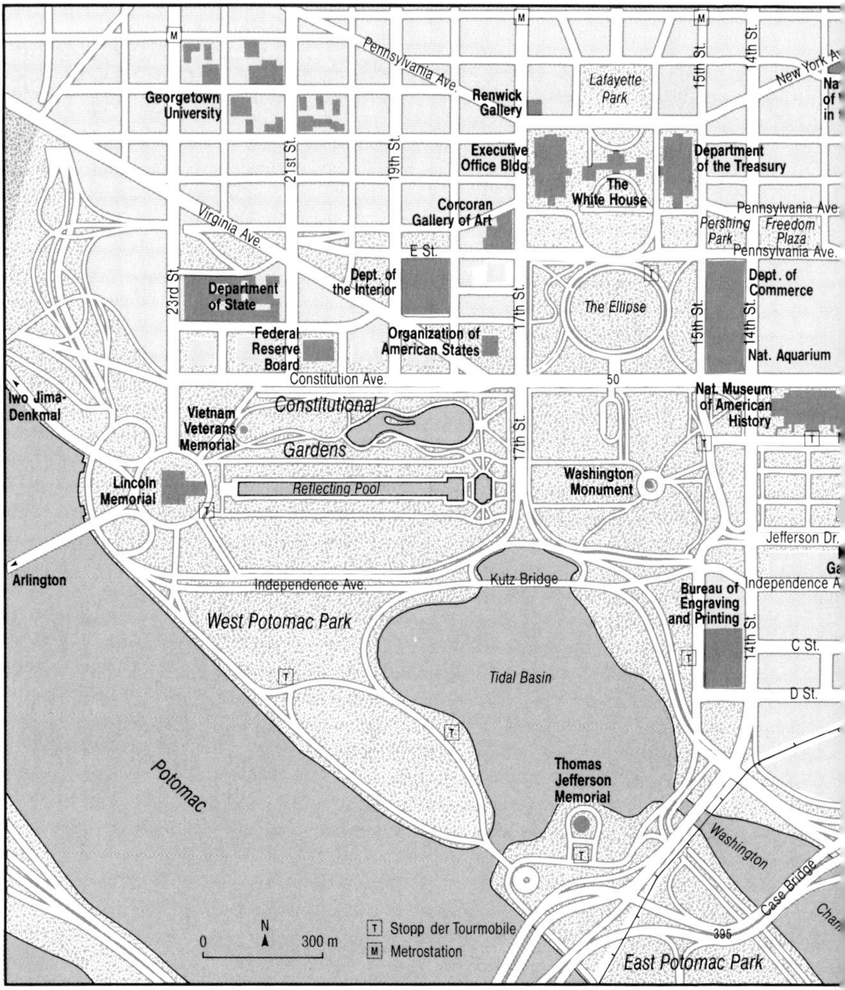

Die Mall

lesen, wie etwa: »California [...] Youngest Sister of the Nation«; »The Cherokee Nation, 1850«; »The Citizens of the U. S. Residing in Foo Chow Foo, China«; »The Island of Paros And Naxos, Grecian Archipelago« oder »Indiana Knows No North, No South, Nothing But The Union«.

Bis heute dient das Monument als Maßstab für die erlaubte Bauhöhe in Washington, die ein Fünftel des Obelisken, also etwa 40 m nicht übersteigen darf. Der Blick hinüber nach Rosslyn oder Chrystal City, den in Virginia gelegenen Vororten, zeigt aber, daß die Grenzen des District auch die Wirkungsgrenzen dieser Auflage sind.

Seit 1959 wehen um die Basis des Monuments 50 US-Flaggen für die 50 Staaten der Union. Im Jahre 1893

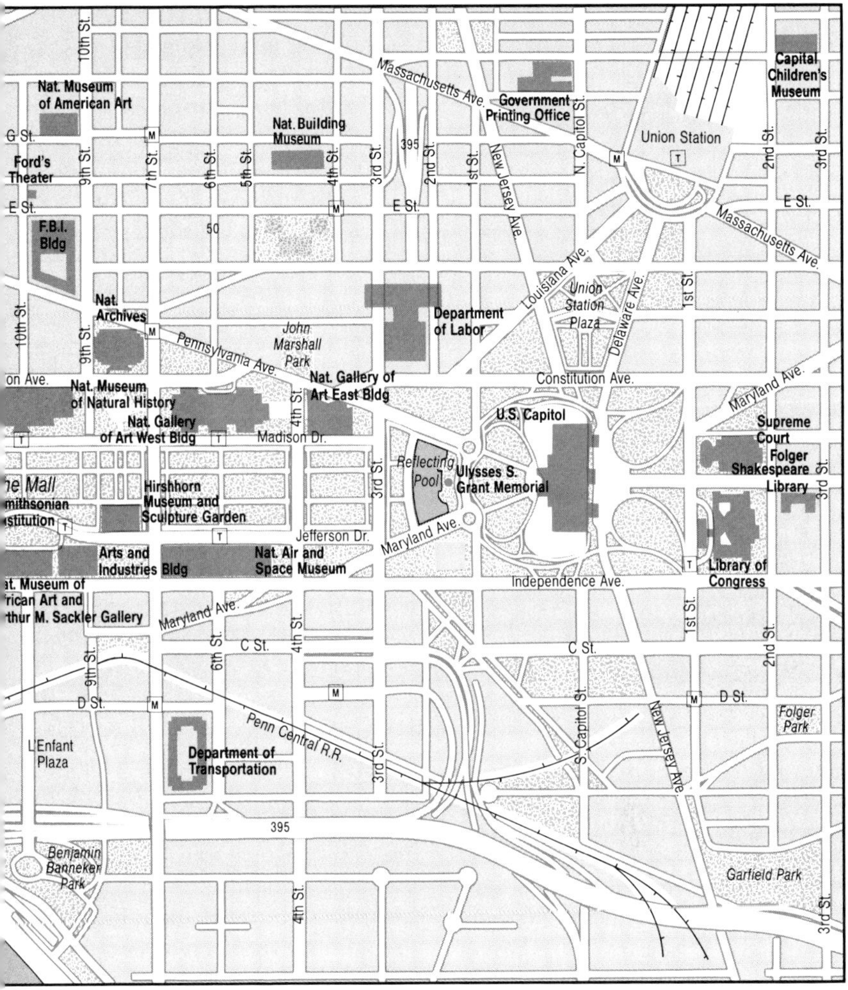

wurde zwischen dem Monument und der Independence Ave. ein deutsch-amerikanischer Freundschaftsgarten eröffnet, der nicht nur die politischen, sondern auch die engen menschlichen Bande zwischen der Bundesrepublik und den USA symbolisieren soll.

Der Park Service plant, in den kommenden Jahren die Wege um den Obelisken neu anzulegen, den Asphaltring um seine Basis durch Rasen zu ersetzen und ein Besucherzentrum neben dem Sylvan Theater einzurichten. In dem Freilufttheater südlich des Obelisken spielen während der Sommermonate um 20 Uhr die Kapellen der Streitkräfte auf. Sonntags das Marinekorps, dienstags die Armee, donnerstags die Marine und freitags die Luftwaffe (vgl. S. 41).

Die Errichtung des Washington Monument

Die festlichsten Stunden erlebt das Washington Monument jährlich am 4. Juli, dem amerikanischen Nationalfeiertag. Nach Einbruch der Dunkelheit und nachdem das National Symphony Orchestra sein kostenloses Konzert vor der Westfront des Kapitols beendet hat (weitere Konzerte am Memorial und am Labor Day, Auskunft: ✆ 202-416-8100), beginnt ein großartiges Feuerwerk, das rund um den Obelisken abgebrannt wird und in allen Farben den Nachthimmel erleuchtet. Hunderttausende drängeln sich in der meist heißfeuchten Nacht auf der Mall, den weitaus schöneren und erholsameren Blick auf das Feuerwerk hat man freilich von Arlington rund um das Iwo Jima-Denkmal, wohin die Bewohner von Washington schon am Nachmittag mit Picknickkörben pilgern.

Was geschah nun eigentlich mit dem Reiterstandbild von Washington, das der Kongreß ursprünglich geplant hatte? Washington hoch zu Roß wurde es nicht, sondern ein sitzender halbnackter George Washington, und prompt entflammte denn auch ein heftiger Streit um die Statue. Um sie zu sehen, muß man einen kleinen Umweg in das National Museum of American History Ecke 14th St. und Constitution Ave. machen (geöffnet: tägl. außer Weihnachten 10–17.30 Uhr). Da steht sie also, die 3,5 m hohe Statue aus Carrara-Marmor, ganz im Stil klassischer griechischer Kultur, die Rechte zeigt gen Himmel, die Linke hält ein Schwert.

»Wenn der Baum im Weg ist, dann werden wir ihn wegschaffen und mit ihm die Dame samt ihren Ketten und werden sie woanders zusammen wieder einpflanzen.« Die flapsige Drohung gegen eine frühe Umweltschützerin, mit der sich Präsident Franklin D. Roosevelt Ende der 30er Jahre Luft machte, fiel mitten in heftige Auseinandersetzungen darüber, wo ein Memorial für Thomas Jefferson, den dritten Präsidenten der USA und Autor der Unabhängigkeitserklärung, an der Mall plaziert werden sollte. Roosevelt hatte sich für einen Punkt südlich des Weißen Hauses ausgesprochen, jenseits des Washington Monument und unmittelbar am durch Landaufschüttungen und Drainage zurückgedrängten Potomac. Architekten und Bürger wehrten sich gegen den Standort des **Jefferson Memorial** (s. Farbabb. 7) mit ästhetischen Argumenten und um zu verhindern, daß Kirschbäume gefällt würden.

Rückblickend muß man Roosevelt und seiner Standortwahl zustimmen. Obwohl das Denkmal heute vor dem Hintergrund von Eisenbahn- und Autobrücken bestehen muß, ist sein Platz auf einer Achse mit dem Weißen Haus außergewöhnlich malerisch. Die Anlage um das Memorial mit dem unregelmäßigen See, Tidal Basin genannt, und den Hunderten von Kirschbäumen gehört zu den beliebtesten und schönsten Plätzen der Hauptstadt.

Das von dem Architekten John Russell Pope entworfene und 1943 zum 200. Geburtstag von Jefferson eingeweihte Memorial ist eine von 54 ionischen Säulen getragene Nachahmung eines römischen Tempels mit einer Kuppel. Der Mall zugewandt ist ein ebenfalls von ionischen Säulen getragener Giebel, vor dem Stufen hinunter zum Wasser führen. In der Mitte des runden Denkmals steht eine fast 6 m hohe Bronzestatue von Jefferson, die Wände rundherum zeigen Ausschnitte aus den beiden Schriften, für die das Multitalent erinnert werden wollte: Die Unabhängigkeitserklärung der USA und die Gründungsurkunde der University of Virginia.

Die Kuppel des Baus ist innen mit Kalkstein aus Indiana verkleidet, die Wände bestehen aus Marmor aus dem Bundesstaat Georgia und der Fußboden aus rosa und grauem Marmor aus Tennessee. Jede der das luftige, offene und wohlproportionierte Memorial stützenden Säulen wiegt

Das Jefferson Memorial während der Kirschblüte

45 t. Um die Last des Baus zu tragen, wurden Dutzende von zementgefüllten Zylindern 40 m tief in den Grund getrieben. Als Präsident Roosevelt das Memorial einweihte, stand an Stelle der heutigen Statue ein Abbild aus Gips, da während des Zweiten Weltkriegs das Verbot bestand, Metall einzuschmelzen. Unter dem immer geöffneten Memorial gibt es einen Buchladen und Andenkenstand, der Bilder und Material über das Denkmal und seinen Bau anbietet.

Statue des dritten Präsidenten der USA, Thomas Jefferson

Kirschblüte

Jefferson war nicht nur Staatsmann und Architekt sondern auch ein begeisterter Gärtner. Sein Denkmal an einem Ort zu haben, der jährlich von weißen und rosa Kirschblüten dominiert wird, ist eine passende Fügung. Die Pracht der Kirschblüten in Washington begann während der Präsidentschaft von William Howard Taft. Seine Frau Helen Herron wollte den East Potomac Park, der das Tidal Basin einschließt, verschönen und bestellte 1909 die ersten 90 Setzlinge in Japan. Nach ihrer Ankunft erklärte das Landwirtschaftsministerium die Bäume für krank, und sie wurden verbrannt.

Tokios Bürgermeister schickte 1912 als »Sinnbild der nationalen Freundschaft zwischen Japan und den USA« 3000 neue Setzlinge nach Washington. Sie bildeten den Grundstock für die seitdem strahlende Blütenpracht. Lady Bird Johnson ließ 1965 3800 weitere Kirschbäume pflanzen. Sie war es auch, die Tausende von Ablegern der prächtig gedeihenden Bäume zurück nach Tokio schicken ließ, wo Bauboom und Luftverschmutzung die heimischen Kirschen dezimiert hatten.

An die 700 Kirschbäume stehen um das Jefferson Memorial und das Tidal Basin. Rund 90% sind Yoshino-Bäume mit hell rosafarbenen Knospen, die sich zu reinen weißen Blüten öffnen. Akebono-Bäume haben dunkelrosa, lila Knospen, die sich zu rosa Blüten öffnen. Diese wenigen Tage abzupassen, ist nicht ganz einfach. Der Park Service hat den 7. 4. als durchschnittliches Datum für den Höhepunkt der Blüte errechnet, die aber jederzeit zwischen Mitte März und Mitte April sein kann. Insgesamt dauert sie bestenfalls zehn Tage, drei davon zeigen die Bäume in ihrer vollsten Pracht. Die Ecological Services Library, 1100 Ohio Dr. S.W., Washington D.C. 20242, ✆ 202-426-6796, gibt etwa zwei Wochen vor der Blüte den von Biologen und Meteorologen geschätzten Höhepunkt der Baumblüte bekannt.

Leider führt die Blüte stets zu einem Verkehrschaos, so daß man sich am besten zu Fuß zum Tidal Basin begibt. Etwa 3000 Kirschbäume stehen rund um das Washington Monument und weitere 2000, meist rosa blühende Akebono-Bäume, im East Potomac Park. Diese Bäume blühen zumeist zehn Tage später als ihre Verwandten am Tidal Basin. Weniger überlaufen ist der kleine Ort Kenwood, sechs Meilen nordöstlich von Washington in Maryland, dessen Straßen von weiß und rosa blühenden Bäumen gesäumt sind.

Seit 1935 findet anläßlich der Blüte das Cherry Blossom Festival statt. Ein Ball, auf dem die Kirschblüten-Königin gewählt wird, und eine Parade entlang der Constitution Ave. zählen zu den Höhepunkten. Nachdem man lange versucht hat, das Festival mit der Baumblüte zeitlich in Übereinstimmung zu bringen, findet es nun in der ersten Aprilwoche statt.

Im Jahre 1954 überreichte der japanische Botschafter den USA eine japanische Laterne, die aus einem 20 t schweren Granitblock gehauen ist und einst den Ueno Park in Tokio schmückte. Sie steht an der Independence Ave. praktisch gegenüber dem Jefferson Memorial und wird zu Beginn des Festivals als Symbol für das beginnende Frühjahr angezündet.

In Washington nannte man Gebäude, die aus dringender Notwendigkeit errichtet wurden und, nachdem sie ausgedient hatten, bald wieder verschwinden sollten, Temporary Office Buildings. So waren beispielsweise während des Zweiten Weltkriegs große Teile der Mall mit Baracken und Bungalows bebaut, die Planungs- und Organisationsstäbe beherbergten. Manche dieser behelfsmäßigen Bauten entwickelten ein zähes Leben. Erst in den 70er Jahren wurden die Gebäude des Marineministeriums auf der Mall, zwischen 17th St. und Lincoln Memorial, abgerissen. An ihrer Stelle liegt heute der **Constitutional Garden.**

Den Mittelpunkt des Parks bildet ein künstlicher See, um den sich Bäume und Hügel gruppieren, durchzogen von zahlreichen Fußwegen. Über eine Holzbrücke gelangt man auf eine kleine 1983 aufgeschüttete Insel, auf der in schlichtem Halbrund den 56 Unterzeichnern der Unabhängigkeitserklärung der USA gedacht wird. Auf flach liegenden Granitsteinen sind ihre Unterschriften eingraviert.

»Ich habe viele Kämpfe in meinem Leben durchgestanden«, räumte in seinen letzten Lebensjahren der legendäre *Speaker* des Repräsentantenhauses, Joseph Cannon, gegenüber einem Opponenten ein, »und ich bin froh, daß ich den gegen das Lincoln Memorial verloren habe.« Es erscheint heute schwer nachvollziehbar, daß um den Standort des strahlend weißen Denkmals am Ufer des Potomac Streit entstehen konnte, bildet es dort doch einen idealen Kontrapunkt zum Kapitol am anderen Ende der Mall.

Schon 1901 hatte ein Senatsausschuß vorgeschlagen, das sumpfige Ufer des Potomac weiter aufzufüllen, und 1911 sprach sich Präsident Taft für ein **Lincoln Memorial** (s. Farbabb. 5, 8) am Ende der Aufschüttungen aus. Eine Pyramide als Denkmal wurde ebenso verworfen wie ein zweiter Obelisk und eine mehr als 100 km lange Parkallee von Washington nach Gettysburg. Vielmehr sollte das Denkmal für »den einen Mann in der Geschichte unserer Nation, der es wert ist mit George Washington in einem Atemzug genannt zu werden – Abraham Lincoln« das neue Ende der Mall schmücken.

Von dort blickt Lincoln nicht nur auf den Obelisken Washingtons, dessen Denkmal sich im Wasser des Reflecting Pool spiegelt, sondern auch hinüber zu den Volksvertretern. Könnte er sich umdrehen, würde er zum Haus seines Gegners im Bürgerkrieg, General Robert E. Lee, und zum Heldenfriedhof von Arlington schauen, dessen Geschichte während des Bürgerkriegs begann.

Nach achtjähriger Bauzeit wurde das Lincoln Memorial am Memorial Day 1922 eingeweiht. Entworfen von Henry Bacon, ist es einem klassischen griechischen Tempel nachempfunden, wenn auch der Aufgang auf der Breitseite des Baus liegt und sein Dach römischen Stils ist. Das Memorial ruht auf einer 5 m hohen Granitbasis, über der 36 dorische Säulen den Bau tragen. Sie symbolisieren die 36 Staaten der Union zum Zeitpunkt von Lincolns Tod. Ihre Namen sind in den Fries über den Säulen eingraviert, während der Fries des Daches die Namen der 48 Staaten trägt, die bei der Einweihung des Denkmals die USA bildeten.

Das Innere des Denkmals beherrscht, flankiert von Auszügen aus der Gettysburg-Rede (vgl. S. 248) und seiner zweiten Antrittsrede so-

Das Lincoln Memorial

wie von zwei Wandgemälden des französischen Künstlers Jules Guerin, eine kolossale Statue des 16. Präsidenten. Vier Jahre arbeiteten die Gebrüder Piccarilli nach Entwürfen von Daniel Chester French, bis die aus 28 Marmorblöcken gemeißelte Statue fertig war. Sie thront auf einem 4 m hohen Sitz, überzeugend realistisch mit der widerspenstigen Haarlocke, den tiefliegenden Augen und vorspringenden Backenknochen sowie den nahezu lebendig erscheinenden Händen.

Vor dem Entwurf des Lincoln-Denkmals hatte French eine Statue des berühmten Taubstummenlehrers Albert Gallaudet geschaffen, und es heißt, wenn man die Phantasie schweifen ließe, würden Lincolns

Hände die Zeichen für die Buchstaben A und L formen. Die Hände ruhen auf Fasces, Rutenbündeln, die seit den Tagen Roms die Staatsmacht symbolisieren.

Die Größe der Statue, die Höhe des thronartigen Sitzes und die Pose des Dargestellten lassen den Präsidenten bei allem Realismus zugleich entrückt erscheinen, passend zu den schlichten Zeilen hinter ihm: »In diesem Tempel, wie in den Herzen des Volkes, für das er die Union rettete, ist das Andenken Abraham Lincolns für immer bewahrt.« Die Decke des Memorial wurde aus hauchdünnen, mit Wachs versiegelten Marmortafeln gefertigt, die das Tageslicht durchscheinen lassen. Doch erwies sich der durch die Säulenfront eindringende Sonnenschein als so stark, daß Lincolns Gesichtszüge Schatten nach oben warfen. Durch ein ausgeklügeltes Flutlicht wurden diese Verzerrungen korrigiert.

Die Einweihung seines Denkmals wäre sicher nicht nach Lincolns Sinn gewesen. Das Publikum wurde strikt nach Rassen getrennt, schwarze Sprecher wie Booker T. Washington und Robert Morton mußten Absperrseile überwinden, um zum Rednerpult zu gelangen. In den folgenden Jahrzehnten freilich wurde das Memorial Schauplatz zahlreicher Bürgerrechtsveranstaltungen. So sang hier 1939 die schwarze Opernsängerin Marian Anderson vor 75 000 Zuschauern, nachdem die Daughters of the American Revolution ihren Auftritt in der Constitution Hall verhindert hatte. Im Jahre 1963 hielt von den Stufen des Memorial Martin Luther King jr. vor 250 000 Menschen seine berühmte »I had a dream«-Rede.

In dem das ganze Jahr über geöffneten Memorial geben Park Ranger zu unregelmäßigen Zeitpunkten kurze Führungen. In den Kellerräumen des Memorial sind über die Jahrzehnte regelrechte Tropfsteinhöhlen entstanden. Sie sind von Okt. bis Dez. und März bis Juli zugänglich (✆ 2 02-4 26-68 41).

Schon lange vor dem Bürgerkrieg, als lediglich die Old Aqueduct Bridge in Georgetown an der Stelle der heutigen Key Bridge lag, einer merkwürdigen Doppelkonstruktion, auf der sowohl Lastkähne in einem Kanal als auch Fußgänger und Kutschen auf einem Deck darüber den Potomac überquerten, bestand der Wunsch,

Washington enger mit dem Virginia-Ufer zu verbinden. Präsident Andrew Jackson verwies 1851 auf die Bedeutung »diesen breiten und schönen Fluß zu überqueren, mit Bogen aus immerwährendem Granit, symbolisch für die enge Union zwischen Nord und Süd«.

Wie man weiß, kam es anders, und erst Jahre nach dem Bürgerkrieg wurde die Brückenidee wieder aufgeworfen – ohne Resultate. Es bedurfte eines ausgewachsenen Verkehrsstaus an einem Jahrestag zur Feier des Ende des Bürgerkriegs 1921, in dem Präsident Harding auf seinem Weg zum Heldenfriedhof von Arlington über eine Stunde lang festsaß, um schließlich die notwendigen Gelder locker zu machen.

Wie schon der Ort für das Lincoln Memorial war auch die Lage der Memorial Bridge 1901 von einem Senatsausschuß vorgeschlagen worden. Die wegen des nahen Flughafens flache, aus neun Bögen konstruierte und mit Granitblöcken verkleidete Betonbrücke verbindet das Lincoln Memorial mit dem Eingang zum **Heldenfriedhof von Arlington** (s. Farbabb. 9) und dem Custis-Lee-Haus. Die mit Adlerreliefs und Reiterstandbildern geschmückte Brücke bildet eine Einheit mit der Water-Gate genannten Auffahrt am Lincoln Memorial. Riverside Dr. und die Auffahrt zum Rock Creek Pkwy säumen die Stufen des Water-Gate hinunter zum Fluß.

Ein Spaziergang über die Memorial Bridge zum Heldenfriedhof von Arlington führt zunächst über eine weitere Brücke, die den Grenzkanal des Potomac überspannt, bevor man auf den Memorial Parkway kommt, der links und rechts von einzelnen Gedenkstätten gesäumt ist. Hier gibt es auch eine Haltestelle der Metro (Blue Line). Der Parkway führt bis zum Memorial Gate, wo in einer halbrunden Krypta die Wappen der USA und der Streitkräfte eingelassen sind. Zu beiden Seiten führen Auffahrten in das Friedhofsgelände. Autofahrende Besucher müssen freilich schon früher abbiegen, entweder in die neugebauten Parkdecks oder zum Besucherzentrum. Während des gesamten Anmarschs blickt man auf das deutlich exponierte Custis-Lee-Haus hoch über dem Eingang zum Friedhof.

Arlington Cemetery

Die Geschichte weißer Besiedlung der Gegend begann 1669, als die englische Krone dem Kapitän Robert Howsen als Anerkennung für seine

Dienste 2500 ha Land am Potomac vermachte. Die Alexander-Familie, nach der Alexandria benannt wurde, kaufte das Land später für sechs Fässer Tabak. Im Jahre 1776 erwarb John Parke Custis, der Sohn aus Martha Washingtons erster Ehe, ein gut 400 ha großes Stück dieses Lands und nannte es Arlington nach dem Besitz der Familie auf der östlichen Seite der Chesapeake Bay.

John Parke Custis, den George Washington als Sohn adoptiert hatte, starb während des Unabhängigkeitskriegs und hinterließ den Besitz seinem sechs Monate alten Sohn George Washington Parke Custis. Custis ließ 1802 auf einem Hügel seines Lands eine Villa bauen, von der er einen Flügel seinem Adoptivgroßvater George Washington als Gedenkstätte widmen wollte. Die Räume stattete Custis mit Bildern und Gegenständen aus dem Leben des ersten Präsidenten der Vereinigten Staaten aus.

Aber die Geschichte nahm eine andere Wendung, als Custis einzige Tochter, Mary Anna, einen Armeeleutnant namens Robert Edward Lee heiratete. Die Lees betrachteten Arlington House mit dem mächtigen, von acht Säulen getragenen Portikus als ihr Heim. Dort lebten sie bis zum Ausbruch des Bürgerkriegs, als Lee sich zwischen seiner Karriere als Offizier der Union und der als Offizier seines Staates Virginia und damit der Konföderation entscheiden mußte. Lee entschloß sich für die Südstaaten und verließ Arlington House, um in Richmond das Kommando über die Virginia-Armee des Südens zu übernehmen. Er sollte sein Haus nie wieder betreten.

Truppen der Nordstaaten besetzten Lees Land, bereiteten die Verteidigung von Washington vor und benutzten 1864 einen steuertechnischen Trick, um das Anwesen zu konfiszieren. Falls Lee nicht 92,07 Dollar Grundsteuer zahlte, würde sein Eigentum an die Bundesregierung übergehen. Im Kleingedruckten stand dann noch, er müsse dic Zahlung persönlich vornehmen. Ein Bote mit dem Geld wurde abgewiesen, und 1864 fiel der Custis-Lee-Besitz an den Bund.

Zwölf Jahre nach Ende des Bürgerkriegs verklagte der Erbe, George Washington Custis Lee, die Regierung und bekam schließlich vor dem Obersten Gerichtshof recht. Die Bundesregierung geriet in Schwierigkeiten. Nicht nur war sie nun höchstrichterlich als unrechtmäßiger Eigen-

General Robert E. Lee, der einstige Besitzer des Arlington House

tümer gebrandmarkt, sie hatte inzwischen auch 16 000 Soldaten des Nordens in Lees Grund und Boden beerdigt, einige davon in unmittelbarer Nähe des Arlington House. Exhumierung war undenkbar, und so mußte der Kongreß schließlich die Schatulle öffnen und Lee 150 000 Dollar für das Land zahlen, das bereits zum Friedhof der Nation geworden war.

Ein Besuch des Arlington House lohnt nicht nur wegen des großartigen Blicks auf Washington, sondern auch, weil die Möblierung und die Sammlung von Washington-Bildern einen Einblick in den Wohn- und Lebensstil zweier der bedeutendsten Familien des Alten Südens erlauben. Robert E. Lee starb 1870, seine Frau machte noch einen kurzen Besuch vor ihrem alten Haus, ohne die Kutsche zu verlassen.

»Nach dem Tod von John F. Kennedy wollte jeder hier beerdigt werden«, erinnert sich Thurman Higginbotham, der seit 1965 über 20 000 Beerdigungen in Arlington organisierte, »dann kamen die Gefallenen des Vietnam-Kriegs, und plötzlich bestatteten wir hier täglich über 35 Tote. Etwas mußte passieren, sonst hätten wir bald keinen Platz mehr gehabt.« Der Heldenfriedhof umfaßt zwar 250 ha, aber um das Jahr 2000 wird es keinen Platz für Grabstätten mehr geben. Dann soll der Friedhof eine nationale Gedenkstätte werden.

Die Voraussetzungen, um in Arlington beerdigt zu werden, sind streng gefaßt – beispielsweise 20 Jahre aktiver Dienst und hohe Dekorationen. Neue Grabstätten wurden durch eine Urnenwand geschaffen – 15 bis 20% aller Beerdigungen sind mittlerweile Feuerbestattungen.

Der Friedhof von Arlington wird heute als ein Heldenfriedhof betrachtet, ein Ruheplatz der Ehre. Das war nicht immer so. Bis nach dem Ersten Weltkrieg wurde Arlington als eine Art Armenfriedhof für Familien angesehen, die kein Geld hatten, woanders eine Grabstätte zu kaufen. Drei Denkmäler änderten dieses Image. Im Jahre 1912 wurde das US Maine Monument mit dem Mast des Schlachtschiffs »Maine« geschaffen, das 1898 nach einer geheimnisvollen Explosion mit 229 Mann im Hafen von Havanna sank und Auslöser für den Krieg zwischen Spanien und den USA wurde.

Im Jahre 1914 enthüllte Präsident Woodrow Wilson das Denkmal für die Gefallenen der Südstaaten im Bürgerkrieg, ein Akt, der viele Wunden der Nation heilte, und 1921 schließlich wurde das Grab des Unbekannten Soldaten eingeweiht. Dort gedenken die USA der Gefallenen beider Weltkriege, des Korea- und des Vietnam-Kriegs. Durch die drei Denkmäler wurde der Friedhof zur Gedenkstätte, auf der heute mehr als 215 000 Gräber liegen.

Täglich finden etwa 15 Beerdigungen statt. Private William Christman der G-Kompany des 67. Pennsylvania Infanterieregiments war der erste Soldat, der am 13. 5. 1864 in Arlington bestattet wurde. Sein Grab ist eines von vielen und zählt nicht zu den Stopps, welche die Tourmobile auf ihren Rundfahrten machen. Die führen zum Arlington House, zum Kennedy-Grab und zum Grab des Unbekannten Soldaten, wo 365 Tage im Jahr die Ehrengarde Wache hält.

Stündlich von Okt. bis März und alle 30 Minuten von März bis Okt.

Wachablösung auf dem Friedhof Arlington

wechselt die Wache mit einer kurzen Zeremonie. Danach nimmt der Soldat wieder seinen exakten 90-Schritt-pro-Minute-Gang vor dem 50 t schweren Grabstein auf. 21 Schritte von einer Seite zur anderen werden unterbrochen durch Kehrtwende, Gewehrwechsel auf die dem Grab abgelegene Schulter und 21 Sekunden bewegungsloser Stille, bevor die nächsten 21 Schritte folgen. Schrittzahl und Stille symbolisieren 21 Schuß Salut.

Um den Friedhof auf sich wirken zu lassen, muß man die Hauptwege verlassen, was man nach einem Besuch am Grab des Unbekannten Soldaten, dem Grab von Präsident John F. Kennedy und dem schlichten Grabstein seines Bruders Robert in unmittelbarer Nähe tun sollte.

Arlington beherbergt allerdings nicht nur im Krieg Gefallene. Außer John F. Kennedy ist noch ein weiterer Präsident, William Howard Taft, dort beerdigt. Auch der Architekt von Washington, Pierre L'Enfant fand dort seine letzte Ruhestätte – sein Plan der Stadt wurde auf dem Grabstein eingraviert. Astronauten der Challenger-Katastrophe von 1985 wurden dort ebenso bestattet wie die 241 Marines, die 1983 in Beirut umkamen, als ihre Kaserne durch eine Bombe zerstört wurde (der Friedhof ist im Sommer von 8–19, im Winter von 8–17 Uhr geöffnet, Tourmobile sind die einzigen im Friedhof erlaubten Fahrzeuge. Es werden mehrere Rundfahrten angeboten, aber auch eine Expreßtour, die direkt zum Grab des Unbekannten Soldaten führt. Eine Karte mit Wegen und Grabstätten erhält man am Besucherzentrum).

Unmittelbar am Nordrand des Friedhofs liegt das **Iwo Jima-Denkmal,** welches das US-Marinekoprs ehrt (s. Farbabb. 22). Es zeigt eine Gruppe von Soldaten, die auf dem Gipfel von Mount Suribachi auf der Pazifikinsel Iwo Jima die US-Flagge aufrichten. Das 1954 eingeweihte Denkmal ist der Photographie des Associated Press-Mitarbeiters Joe Rosenthal nachempfunden, das er am 23. 2. 1945 auf Iwo Jima machte und wofür er einen Pulitzer-Preis gewann. Auf der achteckigen Basis des Denkmals aus poliertem schwarzem Granit sind alle Einsätze des Marinekorps seit 1775 eingraviert – ein Streifzug durch die wechselhafte Geschichte amerikanischer Außenpolitik.

In unmittelbarer Nähe des Iwo Jima-Denkmals steht der stählerne Glockenturm Netherlands Carillion. Die 49 Glocken, die im Klang vier Oktaven umfassen, wurden 1960 von holländischen Bürgern den USA zum Dank für deren Hilfe während des Zweiten Weltkriegs geschenkt (Glokkenspiel von April bis Sept. Sa und feiertags um 14 Uhr; Auskunft unter ✆ 7 03–2 85–26 01).

Am Fuße der schwarzen Granitwand des **Vietnam Veterans Memorial** (s. Farbabb. 1) steckt ein kleiner gelber Briefbogen. »An alle G.Is, deren Namen für mich nicht wichtig waren«, steht auf dem Papier, »die mir aber heute alle so wertvoll sind. Ich will Euch sagen, wie sehr es mich schmerzt, was Ihr ertragen mußtet für mich und mein Land. Ich denke an Euch und erst jetzt finde ich endlich Frieden im Herzen.«

Die Zeilen, wie sie so oder ähnlich immer wieder an der Gedenkstätte für die Gefallenen des Vietnam-Kriegs zu finden sind, bescheinigen das Interesse an der Wand mit den 58 000 Namen in der Nordwestecke der Mall. Genau das hatte sich Jan Scruggs erhofft, als er 1979 seiner Frau sagte: »Ich werde ein Memorial für alle bauen, die in Vietnam gedient haben, und es wird die Namen aller Gefallenen tragen.«

Corporal Scruggs war zehn Jahre zuvor aus Vietnam zurückgekehrt, allerdings kaum so, wie John Wayne es versprochen hatte. Wenn die jungen Männer nach zwölfmonatigem Kriegseinsatz wieder in die USA kamen, konnte es sein, daß manche Leute vor ihnen ausspuckten oder »Mörder« riefen. Oder jemand fragte: »Wie konntest du denn so dumm sein, nach Vietnam zu gehen?« Verunsichert, enttäuscht und oft genug verachtet, fanden sich die Veteranen des Vietnam-Kriegs meist mehr schlecht als recht wieder in die Gesellschaft ein. Auch Scruggs schleppte, wie er später in einem Buch schrieb, ein Knäuel von Gefühlen und Gedanken mit sich herum, bis sie sich schließlich entwirrten, als er 1979 den Film »The Deer Hunter« sah.

Als Scruggs seinen Plan, ein Vietnam Memorial zu bauen, während einer Pressekonferenz in Washington verkündete, wurde er weitgehend belächelt, ja sogar angegriffen. Ihre Veteranen mochten die Amerikaner vergessen haben, nicht aber den längsten Krieg ihrer Geschichte, den ersten, den sie verloren hatten und dessen Rechtfertigung immer fragwürdiger geworden war. Er sei ein Egomane, mußte sich Scruggs sagen lassen, er wolle ein Denkmal für sich selbst bauen.

Zwei Vietnam-Veteranen aber nahmen Scruggs ernst. Rechtsanwälte

TIBBETT · WALTER H TRISKO · CHARLES M EARNEST
ANTHONY C SHINE · MICHAEL S McNEILL
WALTER L FERGUSON · JAMES R McELVAIN
RICHARD W COOPER Jr · DONALD A DIX
ARTHUR V McLAUGHLIN Jr
JOHN F STUART · JOEL R BIRCH
DELMA E DICKENS · ROBERT T ELLIOTT
ROBERT S GRAUSTEIN · THOMAS T HART III
JOHN Q WINNINGHAM · HARRY R LAGERWALL
PAUL O MEDER · GEORGE D MacDONALD
FRANCIS A WALSH Jr · DONOVAN K WALTERS
JOSEPH B COPACK Jr · WILLIAM R BALDWIN
GEORGE F SASSER · PHILIP S CLARK Jr
ROBERT J MORRIS Jr · NUTTER J WIMBROW III
DONALD A JOYNER · ROY TOM TABLER
MICHAEL F HAIFLEY · ALLEN L JOHNSON
KENNETH D SCAIFE · STEVEN B JOHNSTON
JOSE JALOCON JAVINES · RICHARD A KNUTSON
ROBERT A CLARK · MICHAEL T McCORMICK
CHARLES L PARKER Jr · RICHARD D WIEHR
GEORGE W MORRIS Jr · WILLIAM B NOLDE
JAMES A DUENSING · ROY E HAVILAND
DALE BRANDENBURG · PETER R CRESSMAN
TODD M MELTON
JAMES L SCROGGINS · JOSEPH GAMBINO
LARRY E LAWSON
FRANCIS E MEADOR
JAMES T ONEILL · SAMUEL W
RICHARD M REES
DENNING C JOHNSON
DONALD T DIONNE Sr
KENNETH E NANCE
MICHAEL J SHEA
BOB W FORD
GREGORY L HANKAMER
DENNIS W LONDON
TOMMY R
ANTONIO RAMOS
LYNN BLESSING
GARY L HALL
DANNY G MARSHALL
ELWOOD E RUMBAUGH
1975
DEVOTION TO
MEMORIAL WAS
ERICAN PEOPLE.
VEMBER 11, 1982

beide, mit guten Verbindungen zu Politik und Gesellschaft, organisierten sie zusammen mit Scruggs den Vietnam Veterans Memorial Fund (VVMF). Sie erstellten einen Zeitplan und warben im Kongreß für ihre Sache. Bald hatten sie 95 der 100 US-Senatoren auf ihrer Seite, denen es gefiel, daß sie nicht um Geld, sondern um ein Stück Land gebeten wurden. Scruggs rief die fehlenden fünf Senatoren an und erzählte jedem von ihnen, er habe 99 Sponsoren für seinen Vietnam Memorial-Gesetzentwurf, und nun wollten die Medien wissen, wer derjenige sei, der den Plan nicht unterstützte. »Innerhalb von Stunden stand der gesamte Senat hinter dem Gesetzentwurf«, erzählte Scruggs seinen Mitstreitern.

Knapp 1 ha Land bekam der Fonds vom Kongreß zugesprochen, nur einige hundert Meter vom Lincoln-Memorial entfernt. Präsident Jimmy Carter unterzeichnete das Gesetz am 1. 7. 1980. Damit stand fest, daß George Washington, Thomas Jefferson und Abraham Lincoln neue Nachbarn erhalten würden, und zwar jeden G.I., der in Amerikas bestgehaßtem Krieg gefallen war.

1421 Entwürfe gingen bis zum April 1981 auf die Ausschreibung für die Gedenkstätte ein. Jeder US-Bürger über 18 Jahren konnte sich beteiligen, einzige Vorgabe war, daß das Monument keine politische Aussage machen sollte. Eine Jury von 18 anerkannten Architekten arbeitete sich durch die Masse der Pläne und stimmte am Ende für die Nummer 1026.

Nahezu jedermann hatte mit einem renommierten Sieger gerechnet, 1026 aber war der Entwurf von Maya Ying Lin, einer 21jährigen Architekturstudentin der Yale University. Von ihrem Professor hatte Lin für ihren Entwurf lediglich die Note zwei erhalten, wahrscheinlich weil er nicht bis ins Detail ausgearbeitet war. Der Jury aber erschien er genial, wie später Architekt Kent Cooper erzählte, der selbst einen Plan eingereicht hatte und den Bau des Entwurfs von Lin leitete.

Die Skizze der schwarzen Granitwand in der aufgerissenen Erde, in einem Winkel angelegt, der das Washington Monument mit dem Lincoln Memorial verbindet, war unbestimmt genug, um jeden Juror im Geiste die Vorlage nach seinen Vorstellungen vollenden zu lassen. Die Reaktionen auf die Auswahl waren denn auch zunächst enthusiastisch. Nun, da Scruggs und der VVMF einen konkreten Entwurf vorzuzeigen hatten, strömten die Spenden. Innerhalb von wenigen Monaten gaben 650 000 Menschen über 5 Mio. Dollar. Damit konnte der Plan des VVMF, das Memorial ohne öffentliche Gelder zu bauen, Realität werden.

Aber es braute sich Unheil zusammen. Ein »orwellianischer Klacks« wurde Lins Entwurf von der lauter werdenden Kritik genannt, ein »öffentliches Pissoir«, und jenseits aller ästhetischen Bedenken wurde die Frage laut, was die schwarze Wand in der Erde, von einer Frau asiatischer Herkunft entworfen, überhaupt noch mit der Zustimmung des Kongresses zu tun habe, auf der Mall eine Gedenkstätte »zur Ehre und Anerkennung der Männer und Frauen der Streitkräfte der USA zu

Namenssuche am Vietnam Veterans Memorial

errichten, die im Vietnam-Krieg dienten«.

Der schwerste Schlag kam, als Tom Carhart, der mit dem VVMF zusammengearbeitet hatte, mit seinen Kriegsauszeichnungen an der Brust vor die Fine Arts Commission von Washington trat und vor laufenden Fernsehkameras erklärte: »Ich glaube, der in offenem Wettbewerb ausgewählte Entwurf ist eine Besudelung aller Opfer, die Vietnam-Veteranen für dieses Land gebracht haben. So soll man sich unserer erinnern: Eine schwarze Spalte der Scham und des Jammers, eingeritzt in das Antlitz der Nation, das die Mall symbolisiert.« Kurz darauf verfügte der Innenminister einen Baustopp. Es wurde deutlich, daß die Schlichtheit des Lin-Entwurfs nicht haltbar war. Ein Kompromiß mußte her.

Über dem V der schwarzen Wand, das manche für eine perfide Wiederholung des Victory-Zeichens der Kriegsgegner hielten, sollte ein Fahnenmast und eine Statue zu Ehren der Gefallenen errichtet werden. Schließlich einigte man sich darauf, den Fahnenmast quasi wie einen Eingang zum Memorial auf dem Weg zum Lincoln Memorial zu positionieren und gegenüber der schwarzen Wand eine Bronzegruppe aufzustellen: Drei Soldaten, die auf Patrouille aus dem Wald treten. Der Streit um den Lin-Entwurf ließ die Spenden noch reichlicher fließen, und als im März 1982 die Bulldozer begannen, die Erde beiseite zu schieben und 140 Betonpfeiler in den Grund gerammt wurden, war die Finanzierung mit über 8 Mio. Dollar ohne einen Cent Steuergelder sichergestellt.

Aus Bangalore in Indien wurde schwarzer Granit nach Barre im Bundesstaat Vermont gebracht und dort in 140 Platten zersägt, 7,6 cm dick, 1 m breit und zwischen 47 cm und 3,2 m hoch. Anschließend transportierte man die Platten nach Memphis in Tennessee, wo die über 58 000 Namen der Gefallenen mit Sandstrahl eingraviert wurden. Aber wie sollte die Reihenfolge sein? Lin hatte vorgeschlagen, die Namen dem Zyklus des Kriegs gemäß einzugravieren, rechts am Fuße des V mit Dale R. Buis zu beginnen, dem ersten am 8. 7. 1959 in Bien Hoa Gefallenen, und mit Richard Vandergeer, der am 25. 5. 1975 bei der Rettung des Schiffs »US Mayaguez« starb, links am Fuße des V zu enden. Name für Name, Jahr für Jahr, kein Dienstgrad.

Dieses Ansinnen wog schwerer als der Gedanke alle Gefallenen in alphabetischer Reihenfolge aufzulisten, schon deshalb, weil über 600 Smiths gefallen waren und 16 James Jones. Namenslisten, die am Memorial ausliegen, erleichtern es, einen bestimmten Namen zu finden. Die Namen aller Vermißten wurden mit einem Kreuz gekennzeichnet, das man mit einem Kreis umgab, falls der Vermißte lebendig zurückkam. Oder das Kreuz wurde in einen Diamanten umgraviert, falls der Tod eines Vermißten festgestellt wurde.

Am 13. 11. 1982, 150 000 Vietnam-Veteranen marschierten entlang Constitution Ave., wurde das Memorial eingeweiht. 56 Stunden lang waren zuvor in einer Kapelle der National Cathedral die 58 000 Namen verlesen worden, von Gerald Aadland bis David Zywicke, jeder Name wie der Schlag einer Glocke, und nun glitten Finger suchend über den glatten Granit, um die Buchstaben zu ertasten. Die ersten Abdrucke wurden aus der Wand gerieben, eine Tradition, die bis heute nicht nachgelassen hat.

Es ist unmöglich zu sagen, wie viele Menschen das Vietnam Memorial in Washington besucht haben, geschätzt wird zwischen 15 und 20 Mio., und es ist geradezu ausgeschlossen, dort allein zu sein, selbst

Wie viele Monumente?

Wie viele Memorials und Monumente verträgt die Mall? Diese Frage stellt sich ständig dem Kongreß, der über den Grund und Boden der Mall verfügt, und der Commission of Fine Arts, die mit Entwürfen für neue Denkmäler und Gedenkstätten bombardiert wird. Denkmäler für Martin Luther King jr. oder Mahatma Gandhi wurden gefordert, Gedenkstätten für die Gefallenen des Korea-Krieges, für die Frauen im Militär, für im Dienst umgekommene Polizisten, für getötete Kriegsberichterstatter und für einzelne Divisionen oder Einheiten aus den Weltkriegen.

All diesen Vorschlägen gegenüber ist der Kongreß äußerst zurückhaltend, gilt es doch den offenen Charakter der zwei Meilen zu erhalten, welche die Geschichte der USA symbolisieren sowie die Kultur des Landes, wie sie in den Museen der Smithsonian Institution gezeigt wird. Absehbar ist derzeit nur ein Memorial für Präsident Franklin D. Roosevelt. Es soll im West Potomac Park, also westlich des Jefferson Memorial, als eine offene Gartenanlage mit Gedenksteinen entstehen.

nachts, wenn das matte, indirekte Licht die schwarze Wand erhellt. 143 Vietnam-Memorials sind in den Staaten und Städten der USA seitdem entstanden, aber keines mit der gewaltigen Wirkung der Wand auf der Mall.

Bald nach der Einweihung des Memorial begannen Besucher Briefe, Stiefel, Abzeichen, Gewehre, gerahmte Photos und Orden an der Wand zurückzulassen. Der Park Service hat Lagerräume nahe Washington eingerichtet, wo mittlerweile weit über 50 000 ›Geschenke an die Mauer‹ verwahrt werden, die eines Tages ein Museum füllen könnten.

Und das Memorial selbst? Kent Cooper glaubt, man sollte es an seinem 50. Geburtstag zuschütten und den Platz den Frisbee-Spielern und Spaziergängern zurückgeben. »Vielleicht ist es das, was man mit konzeptioneller Kunst tun sollte. Es wird niemand mehr leben, der mit den Namen etwas verbindet.« Und die Namen sind es, da stimmt jedermann zu, welche die Wunden des Kriegs heilen.

Bronzedenkmal am Vietnam Veterans Memorial

Die Museen der Smithsonian Institution

Mit ihren Denkmälern und Memorials symbolisiert die Mall in Washington die Staatsgeschichte der USA von ihrer Gründung an. Damit aber nicht genug. Eine unvergleichliche Ansammlung von Museen macht die Mall zugleich zu einer Schatztruhe der US-Kultur- und Kunstgeschichte. Die wegen ihrer ungeheuren Zahl von über 135 Mio. Gegenständen gelegentlich ›Dachboden der Nation‹ genannten Sammlungen werden von der Smithsonian Institution verwaltet und betreut. Eine wahrhaft gigantische Einrichtung mit einer kuriosen Geschichte.

Allein auf der Mall unterhält das Smithsonian, wie die Institution im Volksmund genannt wird, neun Museen – der Bau eines weiteren für indianische Kunst ist beschlossen –, dazu weitere vier im Stadtgebiet, das Cooper-Hewitt-Museum in New York, 14 Büchereien, sechs Forschungszentren, Ausstellungen überall in den USA sowie den National Zoo in Washington und das Kennedy Center mit seinen Theatern.

Hinzu kommt ein volkshochschulartiges Programm für Kultur und Geschichte sowie eine eigene Organisation für die Einwohner von Washington und Umgebung. Das jährliche Budget des Smithsonian hat 300 Mio. Dollar überschritten, 6600 Angestellte mühen sich um den Erhalt der Sammlungen, neue Akquisitionen und weltweite Forschung.

Die schiere Größe des Smithsonian wurde ein Problem, die Kosten für den Erhalt der Sammlungen sind enorm. Obwohl nur etwa 1% der Besitztümer ständig ausgestellt ist, platzen die Museen aus den Nähten. Für Neubauten wie die geplante Erweiterung des Air and Space Museum nahe dem Flughafen Dulles in Virginia sind 300 Mio. Dollar nötig. Zeitgemäße Ausstellungen sind zunehmend von Spenden großer Unternehmen abhängig. So wurde anläßlich einer Ausstellung über das Informationszeitalter, die zu industriehörig sei und nicht den notwendigen Abstand erkennen lasse, auch schon Kritik am Smithsonian geäußert. Es ist jedoch schwer vorstellbar, daß der Kongreß den Geldhahn zudrehen und damit die Hauptstadt der einmaligen Situation berauben würde, über eine beispiellose Museenwelt zu verfügen, zu der Besucher kostenlosen Zutritt haben.

Könnte James Smithson heute sehen, was aus der Smithsonian Institution geworden ist, wüßte er, daß sein Wunsch Realität wurde: »Mein Name wird in der Erinnerung der Menschen bleiben, wenn die Titel der Northumberlands und Percys längst verloren und vergessen sind.« James Smithson wurde 1765 als unehelicher Sohn von Hugh Smithson geboren, dem späteren Hugh Percy und ersten Herzog von Northumberland. Enttäuscht und verbittert über die ihm vorenthaltene Stellung in der englischen Gesellschaft, vermachte der Junggeselle und erfolgreiche Wissenschaftler James Smithson sein Vermögen von über einer halben Million Dollar den USA, ohne das Land jemals besucht zu haben. Dort sollte unter dem Namen Smithsonian Institution eine Einrichtung geschaffen werden, für die »Zunahme und Verbreitung von Wissen unter den Menschen«. Smithson starb 1829, seine sterblichen

Sieht keiner gern – geschlossene Museumstüren

Überreste wurden 1904 nach Washington gebracht und in dem Schloß genannten Hauptgebäude des Smithsonian beerdigt.

Lange Zeit diskutierte der Kongreß, ob er das Geld annehmen sollte und was damit zu tun wäre. Im Jahre 1846 schließlich wurde die Smithsonian Institution gegründet, die Gelder dieser Stiftung wuchsen und die Einrichtung gedieh zur heute größten Museums- und Forschungsinstitution der Welt, deren Aufsichtsrat unter anderem der Oberste Richter und der Vizepräsident des Landes angehören. Die Museen des Smithsonian werden getrennt geführt aber gemeinsam verwaltet. Einzige Ausnahme ist die National Gallery of Art, die zwar unter dem Dach des Smithsonian steht, aber sich selbst verwaltet (Informationen zu Veranstaltungen und Sonderausstellungen des Smithsonian: ✆ 202-337-2020).

Die **National Gallery of Art,** der Juwel in der Krone des Smithsonian, ist untrennbar mit dem Namen Mellon verbunden. In den 20er Jahren dieses Jahrhunderts beschloß Andrew W. Mellon, Mitglied der Pittsburger Banken- und Stahlfamilie und seinerzeit Finanzminister der USA, Kunstschätze zu sammeln. Mellon plante, die Werke einem nationalen Museum zu stiften und forderte andere wohlhabende Amerikaner auf, ebenfalls für eine solche Sammlung Bilder zu kaufen. Bis heute blieb diese Tradition erhalten.

Der Betrieb der National Gallery of Art wird vom Kongreß bezahlt, die Mittel für Ankäufe des Museums stammen aber weiterhin von Privatleuten. Als nach der Oktoberrevolution die Eremitage in Leningrad Bilder zum Verkauf anbot, erwarb Mellon 21 Gemälde, darunter Werke von Botticelli, Jan van

Die National Gallery of Art

Eyck, Tizian, Rembrandt und Frans Hals. Sie bildeten den Kern einer Sammlung, die 1937 offiziell ein Heim bekam, als der Kongreß den Bau der National Gallery genehmigte und zu einem Teil des Smithsonian machte. Vier Jahre später eröffnete das Museum (heute das West Building) mit 121 Gemälden.

Das von John Russell Pope, dem Architekten der National Archives und des Jefferson Memorial, entworfene Gebäude zeigt westliche Kunst vom 12. bis 20. Jh. Als das Museum zu eng wurde, stifteten Mellons Kinder die Mittel für einen Erweiterungsbau, das East Building. Anstatt einen exakten Kostenvoranschlag zu verlangen, erklärten sie sich bereit, das Gebäude, was immer es kosten würde, zu bezahlen – dafür brachten sie schließlich 95 Mio. Dollar auf.

»Vergessen Sie nicht das West Building«, sei Mellons einzige Bedingung gewesen, erzählte später I. M. Pei, der Architekt des neuen 1978 eröffneten Museums, das in der Architekturlandschaft von Washington eine außergewöhnliche Stellung einnimmt. Nicht höher als das West Building und aus dem gleichen Marmor gebaut – wofür der alte Steinbruch in Tennessee wieder eröffnet wurde –, ist es mit seinen Winkeln, geometrischen Linien und präzisen Konfigurationen eine Metapher für die moderne Architektur des ausgehenden 20. Jh. Beide Teile des Museums – das West Building als eines der letzten neoklassizistischen Gebäude – sind selbst Kunstwerke, die eine Unzahl von Schätzen beherbergen. Im East Building wird eine großartige Sammlung der westlichen Kunst des 20. Jh. gezeigt sowie eine reiche Folge von speziellen Sammlungen und Wanderausstellungen.

East Building und West Building sind durch einen unterirdischen Gang verbunden, der eine Cafeteria und einen wohlsortierten Kunstladen beherbergt (geöffnet: Mo–Sa 10–17, So 12–21 Uhr, am 25. 12. und 1. 1. geschlossen; Führungen im West Building: Mo–Sa 11 und 15, So 13 und 17 Uhr, im East Building: Mo–Sa 13, So 14.30 Uhr; im Auditorium des East Building So um 16 Uhr Vorträge zu den Sammlungen des Museums. Ebenfalls So spielt um 19 Uhr das National Gallery Orchestra im East Garden Court des West Building; Auskunft Mo–Sa ✆ 202–737–4215, So ✆ 202–842–6188).

Das 1910 eröffnete **National Museum of Natural History,** an Constitution Ave. und 10th. St. N.W. gelegen, ist eine Schatztruhe der Naturkunde und der Naturwissenschaften. Fast scheint es so, als gäbe es nichts Lebendiges, Totes oder Versteinertes aus der Weltgeschichte, was man hier nicht sehen könnte. Über 100 Mio. Einzelgegenstände, von denen nur Bruchteile ausgestellt sind, bestätigen diesen Verdacht. Fossilien, Meteoriten, Mineralien, Tausende von Edelsteinen, darunter der 45,5 Karat schwere Hope-Diamant, Ausstellungen über alle Lebewesen, eine Gruppe von Dinosauriermodellen und ein Insektenraum mit lebenden Insekten sind nur einige der Attraktionen dieses schier unerschöpflichen Museums. Von besonderem Interesse ist eine Ausstellung über Eskimos und Indianer sowie zahlreiche Räume mit Exponaten pazifischer Kulturen.

Besonders für Kinder jeden Alters ist der Discovery Room interessant (geöffnet: Mo–Do 12–14.30, Fr–So 10.30–15.30 Uhr). Hunderte von Proben und Gegenständen zum Anfassen, Riechen und Schmecken werden angeboten. Eine Attraktion des Museums (geöffnet: tägl. außer am 25. 12. 10–17.30 Uhr, im Sommer länger; Auskunft ✆ 202–357–2700) sind wechselnde Ausstellungen.

Die Sammlungen des an Constitution Ave. und 14th St. gelegenen **National Museum of American History** begannen 1858, als das US-Patentamt dem Smithsonian seine überbordenden Lager von Kuriositäten vermachte. Daraus entstand ein Museum zur politischen, kulturellen und technologischen Geschichte, deren wohl wertvollstes Stück gleich hinter dem Eingang auf der Mall-Seite ausgestellt ist: das originale Star Spangled Banner, das über Fort McHenry in Baltimore wehte, wo Francis Scott Key den Beschuß der Festung miterlebte. Am Morgen danach schrieb Key 1814 das patriotische Lied über die wehende Flagge, das später die Nationalhymne der USA wurde. Um die Flagge zu schützen und zu bewahren wird ein lichtabweisender Vorhang jede Stunde zur halben Stunde zwei Minuten lang abgesenkt und das Star Spangled Banner den Besucherblicken dargeboten.

Das Erdgeschoß des Museums beherbergt Ausstellungen zur Geschichte von Wissenschaft und Technologie, der erste Stock Exponate zur Kultur- und Sozialgeschichte der USA und der zweite Stock Briefmarken- und Münzsammlungen, Ausstellungen von Musikinstrumenten sowie über Photographie und Kommunikation. Eine der bekanntesten Sammlungen des Museums zeigt die Kleider, welche die First Ladies bei der Amtseinführung ihrer Gatten trugen (geöffnet: tägl. 10–17.30 Uhr; Di und Do um 13.30 Uhr Führungen durch die Handarbeitssammlungen, Mi um 12 Uhr spielt die Jazz Band der Marine im East Patio, traditionelle amerikanische Musikinstrumente werden tägl. 11–12 Uhr vorgeführt; Auskunft ✆ 2 02–3 57–13 00).

Ein Schloß im Stil des 12. Jh. auf der Mall? Das **Smithsonian Building,** bekannter als Castle, ist das groteskeste Bauwerk auf der Mall, wenn es auch irgendwie paßt, daß das Smithsonian als Hauptquartier kein ›normales‹ Gebäude hat. Der rote Sandsteinbau in romanischem Stil wurde 1847 von James Renwick entworfen, auf dessen Reißbrett auch die St Patrick's Cathedral in New York sowie die Renwick Gallery in Washington entstand.

Im Jahre 1855 öffnete das Castle seine Tore, diente zunächst als Bürogebäude, Wohnhaus für Wissenschaftler und beherbergte zudem naturwissenschaftliche Labors. Joseph Henry, der erste Direktor des Smithsonian, wohnte mit seiner Familie im Castle.

Als Samuel Morse den von ihm erfundenen Telegraphen hier demonstrierte, erkannte Henry die Möglichkeiten des Apparats für Wetternachrichten und baute ein erstes Netz von 150 Telegraphenstationen auf, deren Nachrichten im Castle einliefen. Es waren die Anfänge des US-Wetterdienstes. Im Castle ist heute die Zentrale des Smithsonian sowie ein Informationszentrum untergebracht, wo ein halbstündiges Programm über Washington und das Smithsonian angeboten wird – ein guter Einstieg für einen Besuch der Hauptstadt.

Betritt man das Castle von der Mall her, stößt man links auf einen kleinen kapellenartigen Raum, der das Grab von James Smithson enthält und eine kleine Ausstellung über sein Leben präsentiert. Ein Informationspaket über das Smithsonian kann hier in Empfang genommen werden, falls man sich nicht vorher an folgende Adresse wendet: Smithsonian Information Center, Smithsonian Institution, Washington D.C. 20560, ✆ 2 02–3 57–27 00.

Selbst auf der großen Mall wird der Platz knapp. Zwischen dem Castle und der Independence Ave. ist daher das Smithsonian in den Untergrund gegangen. Unter der herrlichen Parkanlage des Enid A. Haupt Garden entstanden in den 80er Jahren zwei außergewöhnliche unterirdische Museen. Es galt, sie in dem Viereck zwischen der Renaissance-Fassade der Freer Gallery, den Spitzen und Pyramiden des Arts and Industries Building, dem Castle und der Independence Ave. zu plazieren.

Der Architekt Jean Paul Carlhian entwarf die unterirdischen Museen, von denen lediglich zwei Eingangspavillons mit jeweils drei Kupferdächern zu sehen sind. So wurde keines der bestehenden Gebäude des Smithsonian zugebaut. Die beiden Pavillons sind aus texanischem Granit mit einem leicht rosa Farbton verkleidet, der die Farben des Castle und des Art and Industries Building aufnimmt. Zudem reflektiert der Eingangspavillon zum **National Museum of African Art** mit seinen runden Kuppeln und gebogenen Archi-

Das Smithsonian Castle

tekturdetails von den Fenstern bis zu den Treppengeländern die Bogen der Freer Gallery, während der Pavillon zur **Arthur M. Sackler Gallery** mit quadratischen, rhombenförmigen und viereckigen Motiven die Architektur des Arts and Industries Building widerspiegelt.

Zwischen der Freer Gallery und dem Castle steht – ebenfalls mit einem Kupferdach – ein Kiosk, der den Eingang zum International Center beherbergt. Im Stockwerk unter den beiden Museen untergebracht und nach S. Dillon Ripley benannt, dem Direktor des Smithsonian, der sich um den Bau der gesamten Anlage verdient machte, sind hier Galerien, Kinos und Seminarräume zu finden.

Ripley hatte die Ansicht vertreten, das Smithsonian sollte sich nicht nur um westliche Kunst kümmern, sondern müsse verstärkt Sammlungen aus anderen Teilen der Welt anbieten. Seine Absichten trafen sich mit der Sammlerleidenschaft des ehemaligen US-Diplomaten Warren Robbins, der seit 1964 eine eigene private Sammlung afrikanischer Kunst in einem Haus auf dem Capitol Hill zusammengetragen hatte. Daraus wurde mit Hilfe des Smithsonian die einzige Sammlung von afrikanischer Kunst aus Regionen südlich der Sahara.

Die Arthur M. Sackler Gallery ist eine Ergänzung zur Freer Gallery und ihrer großartigen Sammlung asiatischer Kunst. Charles Lang Freer hatte in seiner Stiftungsurkunde 1906 bestimmt, daß lediglich die permanente Ausstellung des Museums gezeigt werden solle, jedoch keine Gastausstellungen. So konnte das Smithsonian weder neue Funde und Kunstgegenstände asiati-

Museumsgeschmack

Kunst und Geschichte in Hülle und Fülle – die Mall mit ihren Denkmälern, Museen und Galerien läßt keinen ästhetischen oder intellektuellen Hunger ungestillt. Wenn aber nach Stunden des Wanderns und Betrachtens auf einmal die Füße wehtun oder der Magen sein Recht anmeldet, ist es Zeit zu rasten, und auch dafür bieten die Museen der Mall reichlich Gelegenheit.

Wer den Charme der Alten Welt vermißt, der ist richtig im Garden Café der National Gallery of Art, West Building. Kleine Marmortische, Palmen und ein steinerner Brunnen – man fühlt sich nach Paris versetzt. Das Café liegt an dem breiten Gang zwischen Book Shop und Central Gallery (geöffnet: Mo–Sa 11–16.30, ab 16 Uhr nur Getränke und Desserts, So 11–19 Uhr, Eingang nach 17.30 Uhr von der 7th St.).

Ein Buffet-Café in der unterirdischen Verbindung zwischen dem West und dem East Building der National Gallery of Art ist Mo–Sa 10–16, So 11–17.50 Uhr geöffnet. Mit Blick auf Alexander Calders gigantisches Mobile sitzt man im Terrace Café des East Building (geöffnet: Mo–Sa 11–16, So 12–16 Uhr).

Wer ausgesprochenen Heißhunger auf Eis verspürt, sollte das National Museum of American History aufsuchen. Hier findet man im ersten Stock den Victorian Ice Cream Parlour mit der ganzen Palette von US-Eisspezialitäten wie Malts, Shakes, Sodas und Floats (geöffnet: tägl. 11–16 Uhr).

Der größte Andrang herrscht im futuristisch anmutenden Chrystal Palace des Air and Space Museum, einem Anbau an der Ostseite, der die Flight Line Cafeteria und einen Stock höher das elegantere Wright Place Restaurant beherbergt (Cafeteria geöffnet: tägl. 10–17 Uhr; Restaurant tägl. 11.30–15 Uhr).

scher Herkunft zeigen, noch seine Ausstellungen erweitern. Die Lösung war die Sackler Gallery, zu welcher der New Yorker Mediziner und Kunstkenner Arthur M. Sackler 1000 Kunstgegenstände seiner unschätzbaren Sammlungen sowie 4 Mio. Dollar für den Bau beitrug.

Gezeigt werden chinesische Statuen, Bilder und Lackkunst sowie die spektakuläre Vever-Sammlung, die der Pariser Juwelier Henri Vever begann. Seit Anfang dieses Jahrhunderts hatte er islamische und indische Kunst, darunter 500 seltene persische und indische Miniaturen, gesammelt. Vever verstarb 98jährig während des Zweiten Weltkriegs. Die Sammlung wurde während der deutschen Besetzung heimlich aus Paris geschmuggelt und in einem New Yorker Lagerhaus verwahrt. Im Jahre 1986 kaufte das Smithsonian die Sammlung für rund 7 Mio. Dollar (beide Museen geöffnet: tägl. außer 25. 12. 10–17.30 Uhr; Führungen in der Sackler Gallery Mo–Fr 11.30 und 14.30 Uhr, Sa, So 11.30 Uhr; an zwei Samstagen im Monat werden Erzählstunden für Kinder angeboten, Auskunft ✆ 202–357–4886; Information über die Sackler Gallery ✆ 202–357–3200, das Museum of African Art ✆ 202–357–1300).

Die feine Renaissance-Fassade der **Freer Gallery of Art** wie auch ihre ausgezeichnete Sammlung sind Zeugnis des Geschmacks und Kunstverstands von Charles Lang Freer. Freers Leben ist ein Paradebeispiel für den *American Dream* und für die so sehr von Privatleuten abhängige und geförderte Kunstszene in den USA.

Charles Lang Freer wurde 1854 im Staat New York in armen Verhältnissen geboren, verließ die Schule mit 14 als Waise, arbeitete in Zementfabriken und Eisenbahnfirmen, bevor er in Detroit eine Firma für Eisenbahnwaggons gründete und es rasch zu phänomenalem Reichtum brachte. Mit 46 Jahren verkaufte er seine Firmen für Abermillionen und wendete sich seinem eigentlichen Interesse zu: der Kunst. In den 80er Jahren des letzten Jahrhunderts begann Freer, Graphiken zu sammeln, zunehmend von James McNeill Whistler, den er 1890 in London besuchte.

Die beiden Männer wurden enge Freunde, und Whistler lenkte Freers Kunstinteresse zunehmend auf asiatische, insbesondere japanische Kunst. Freer glaubte, daß Whistlers Graphiken und Gemälde westliche und asiatische Kunst auf das beste vereinigten. Im Jahre 1903 starb Whistler, als Freer ihn zu einem Galeriebesuch abholen wollte. 1905 schrieb Freer an Präsident Theodore Roosevelt und bot an, den USA seine Sammlungen zu schenken. Das Smithsonian hatte damals lediglich kleine Kunstsammlungen. Die wenigen Ausstellungen beschränkten sich eher auf historische und ethnische Themen. Das Smithsonian akzeptierte die Freer-Sammlung zu seinen Bedingungen.

Freer gab mehr als 1 Mio. Dollar für den Museumsbau und stiftete zunächst 2250 Kunstobjekte, eine Zahl, die bis zu seinem Lebensende 1919 auf mehr als 9400 anwachsen sollte. Seine Bedingung für die Stiftung war, die Ausstellung nicht zu verändern, nicht zu erweitern, nichts auszuleihen und auch keine Leihgaben hinzuzustellen. So beherbergt das Museum, das im Herbst 1991 nach jahrelangen Renovierungsarbeiten wieder öffnet, eine unvergleichliche geschlossene Sammlung asiatischer Kunst und die größte Whistler-Sammlung in Nordamerika, einschließlich des berühmten Pfauen-Zimmers, das Whistler für einen Reeder in Liverpool gemalt hatte. Die einzige andere umfassende Whistler-Sammlung ist in der Hunterian Art Gallery der Universität von Glasgow zu sehen – und auch deren Stifter hatte verfügt, das keine Ausstellungsstücke ausgeliehen werden dürfen (geöffnet: tägl. außer 25. 12. 10–17.30 Uhr; Führungen Mo–Sa 10.30, 11.30, 13 und 14, So 13 und 14 Uhr; Auskunft ✆ 2 02–3 37–21 04).

Ein Besuch in dem **Arts and Industries Building,** dem zweitältesten Gebäude des Smithsonian, das 1881 eröffnet wurde, ist eine Reise zurück in die viktorianische Ära. Das betrifft nicht nur die Architektur des als Kreuz mit gleicher Seitenlänge angelegten Museums, sondern auch seinen Inhalt.

Im Jahre 1976, rechtzeitig zum 200. Geburtstag der USA, wurde in den vier Museumsflügeln die ›1876 American Centennial Exposition at Philadelphia‹ original wiederaufgebaut. Viktorianischer Lebensstil in Küche,

Wohnzimmer und Mode sind ebenso zu sehen, wie gigantische Maschinen, Schiffe, Eisenbahnen und Pflanzen. Das Museum ist teils von genialer Unordnung im alten, überfüllten Museumsstil. Die »Washington Post« schrieb einmal zu der Ausstellung: »Zweifellos wird eines Tages ein Studierter mit einem Diplom in Museumskunde auftauchen, der die ganze Ausstellung nach modernen Gesichtspunkten umorganisieren wird – und das wird ein echter Verlust werden« (geöffnet: tägl. außer 25. 12. 10–17.30 Uhr, Auskunft ✆ 2 02–3 57–27 00).

Joseph Hirshhorn, energiegeladener Geschäftsmann und Kunstmäzen, sammelte, was kaum jemand sonst sammelte, erkannte Talente, die übersehen wurden. Hirshhorn kaufte Arshile Gorky, als ihn niemand beachtete, ebenso wie Kenneth Noland und Milton Avery. Seine vielseitige und bis heute kontrovers diskutierte Sammlung wurde in den 60er Jahren von Museen in Europa ebenso sehr umworben wie von Nelson Rockefeller, dem Gouverneur des Staates New York. Aber Hirshhorn, der im Alter von sechs Jahren mit seiner Mutter und neun Geschwistern aus Lettland in die USA einwanderte, war zu sehr Patriot, um nicht zu versuchen, seine Sammlung auf der Mall ausgestellt zu sehen. Die Fürsprache von Präsident Johnson und seiner Frau stellte dies schließlich sicher – **Hirshhorn Museum and Sculpture Garden** wurden Realität.

Der durch Aktiengeschäfte und Uranabbau zum Millionär gewordene Hirshhorn spendete 1 Mio. Dollar für den Bau seines Museums, das wie die Sammlung entweder Zustimmung oder Protest auslöst, niemanden jedoch unberührt läßt. Der siebenstöckige Rundbau – im Volksmund *doughnut* genannt, ›schwebt‹ über einem gut 10 000 m^2 großen, mit Skulpturen übersäten Platz, wo man sich im Sommer an Cafétischen erholen kann. Für das Museum stiftete Hirshhorn, der 1981 mit 82 Jahren verstarb, über 6000 Kunstgegenstände. Seitdem ist die im ersten und zweiten Stock des Rundbaus ausgestellte Sammlung moderner Kunst des 19. und 20. Jh. weiter gewachsen (geöffnet: tägl. außer 25. 12. 10–17.30 Uhr, im Sommer längere Öffnungszeiten; Führungen Mo–Sa 10.30, 12 und 13.30, So 12.30, 13.30 und 14.30 Uhr; Auskunft ✆ 2 02–3 37–13 00). Auf der Mall-Seite des Museums wurde ein Skulpturengarten angelegt mit Arbeiten von Henry Moore, Alexander Calder, David Smith, Auguste Rodin und Pablo Picasso.

Das **National Air and Space Museum,** das meistbesuchte Museum der Welt, ist nicht nur ein Schmuckstück unter den Smithsonian-Museen, es zieht den Besucher auch sofort in seinen Bann. Gegenüber den Amtsgebäuden der NASA geht der Besucher mit einem kleinen Schritt in die große Welt der Fliegerei und der Raumfahrt. Hier hängt die Flyer, mit der die Gebrüder Wright den ersten bemannten Flug bestanden, ebenso wie die Spirit of St. Louis, die Charles Lindbergh 1927 nonstop über den Atlantik trug.

Mit nichts als Bewunderung steht man vor den zerbrechlich dünn und provisorisch wirkenden Raumkapseln wie der Friendship 7, mit der John

Das Air and Space Museum

Glenn als erster Amerikaner 1962 um den Globus kreiste, und der Apollo 11-Kapsel, die den ersten ›Mondmenschen‹ Neil Armstrong und seine Crew 1969 sicher zur Erde zurückbrachte. Das 1976 eröffnete Museum aus Glas und Marmor ist in einem drei Straßenblocks langen Gebäude untergebracht. Es zieht jährlich 10 Mio. Menschen an, und an manch einem Sommertag scheint es so, als wären sie alle gleichzeitig da. 25 Einzelausstellungen dokumentieren alle Details der Luftfahrtgeschichte, ein Planetarium erhellt die Himmelskuppel und ein Kino (Eintritt) mit übergroßer Leinwand zeigt laufend Filme vom Traum des Fliegens bis zu spektakulären Aufnahmen der Erde von Bord der Space Shuttle (geöffnet: tägl. außer 25. 12. 10–17.30 Uhr; im Sommer längere Öffnungszeiten; Führungen tägl. 10.15 und 13 Uhr; Auskunft ✆ 202-337-2700).

Obwohl das Museum riesig erscheint, kann es doch mit der Dimension der Fluggeräte nicht Schritt halten. So ist die Spannweite einer Boeing 747 größer als die Breite des Museumsbaus, die Saturn 5, mit der die Apollo-Missionen zum Mond geschossen wurden, ist viermal höher als das Gebäude. Nahe dem Flughafen Dulles in Virginia soll in den kommenden Jahren ein zusätzliches Museum entstehen, um solche Beispiele der Flug- und Raumfahrtgeschichte ebenso aufzunehmen wie etwa die Elona Gay, aus der die erste Atombombe über Hiroshima abgeworfen wurde.

Schon heute ist es möglich, viele Flug- und Raumfahrzeuge zu sehen, die im Air and Space Museum keinen Platz fanden. Eine halbe Autostunde von Washington in Suitland, Maryland, unterhält das Smithsonian die Garber

Facility, wo über 90 Flugzeuge und Raketen aufbewahrt und restauriert werden (Touren: Mo–Fr 10, Sa, So 10 und 13 Uhr; die Hallen sind ungeheizt und ohne Klimaanlage. Reservierungen und Informationen ✆ 202-357-1400).

Im Alten Patentamt, einem wohlproportionierten Bau in griechischem Stil an der 8th St. und G St. N.W., sind das **National Museum of American Art** und die **National Portrait Gallery** untergebracht. Das 1836 vom Kongreß genehmigte Gebäude diente während des Bürgerkriegs als Hospital und erlebte den Amtseinführungsball von Lincolns zweiter Präsidentschaft. Im Jahre 1950 wäre es fast zugunsten eines Parkhauses abgerissen worden. Im kleinen Innenhof kann man – ein gut gehütetes Geheimnis – in einem Café zu Mittag essen oder nur Rast machen.

Das National Museum of American Art, früher National Collection of Fine Arts genannt, änderte 1980 seinen Namen, weil es lediglich Kunstwerke amerikanischer Künstler zeigt und weil, wie ein Kurator des Museums schmunzelnd sagte, nicht alle gezeigten Gegenstände *fine* seien. Das Museum, eines der weniger überrannten in Washington, verschafft einen Überblick über amerikanische Kunst (geöffnet: tägl. außer 25. 12. 10–17.30 Uhr; Führungen tägl. 13.45 Uhr; Auskunft ✆ 202-357-2700).

Der Eingang zur National Portrait Gallery im Alten Patentamt liegt an der F St. Die Bildersammlung von Männern und Frauen, die zur Geschichte, Entwicklung und Kultur der Vereinigten Staaten beigetragen haben, ist enorm. Dieses Pantheon der USA ist nicht in einem Anlauf zu bewältigen, man sollte es gar nicht erst versuchen. 25 Einzelausstellungen versuchen, Ordnung in die Gesichtermasse zu bringen, darunter die Halle der Präsidenten, American Indians und Time Magazine Portait Covers. Im Jahre 1857 genehmigte der Kongreß erstmals Gelder, um US-Präsidenten malen zu lassen, ein Anfang, der 1962 zur heutigen Gallery führte (geöffnet: tägl. außer 25. 12. 10–17.30 Uhr; Führungen Mo–Fr 10 und 15 Uhr, Sa und So 11 und 14 Uhr; Auskunft ✆ 202-357-2700).

Schräg gegenüber dem Weißen Haus und dem Old Executive Office Building gelegen, ist der von James Renwick entworfene und 1874 eingeweihte Bau der **Renwick Gallery** allein schon einen Besuch wert. William Wilson Corcoran, erfolgreicher Geschäftsmann und Mitbegründer der Riggs Bank, war einer der größten Philantropen in Washington. Nach Besuchen in Europa Mitte des 19. Jh. gab er einen ›der Kunst gewidmeten‹ Bau in Auftrag.

Der Architekt entwarf ein Gebäude mit Mansardendach und drei von schmiedeeisernen Gittern gekrönten Pavillons. Nischen in der Außenmauer in Höhe des ersten Stocks (heute Fenster) waren für Statuen vorgesehen. Um das Gebäude zu ›amerikanisieren‹, wählte Renwick roten Backstein und schmückte die Kapitelle der Säulen mit Maisblättern.

Zu Beginn des Bürgerkriegs übernahm die US-Army das Gebäude als Lagerhaus und Büroraum. Corcoran, der mit der Sache des Südens sympathisierte, ging ins Ausland. Als er 1869 zurückkehrte, gelang es ihm, von der

Die Renwick Gallery

Regierung die rückständige Miete zu kassieren, die er verwendete, um seine Galerie fertigzustellen. Im Jahre 1871 wurde diese erste private Kunstsammlung mit einer feierlichen Gala eingeweiht, zu der Präsident Grant und seine Frau aus dem Weißen Haus herüberkamen. 20 Jahre später war die Sammlung zu groß für das Haus geworden, 1897 zog man um in die neue Corcoran Gallery unweit an der 17th St.

In der alten Corcoran Gallery wurden Gerichtsbüros eingerichtet, 1942 wurden die schmückenden Eisenarbeiten abmontiert und für Kanonen eingeschmolzen. Roosevelt ließ auf dem Dach Maschinengewehrattrappen zum Schutz für das Weiße Haus aufstellen. Bevor das Gebäude schließlich während der 60er Jahre renoviert wurde, war gar von Abriß die Rede gewesen.

Heute beherbergt die Renwick Gallery die genau umrissenste Sammlung des Smithsonian. Das Museum zeigt fast ausschließlich amerikanisches Kunsthandwerk des 20. Jh. Wechselnde Ausstellungen machen die Renwick Gallery zu einem stets interessanten Ziel (geöffnet: tägl. außer 25. 12. 10–17.30; Führungen zwischen 10 und 14 Uhr, für Gruppen ab fünf anmelden unter ✆ 202-357-2531; andere Auskünfte ✆ 202-357-2700).

Im Jahre 1967 beschloß das Smithsonian, in den lange vernachlässigten Südosten der Stadt mit seinen vornehmlich schwarzen Einwohnern vorzudringen. Es entstand eine der führenden amerikanischen Institutionen für Geschichte und Kultur der Schwarzen. Die monatlich wechselnden Ausstellungen des **Anacostia Museum** behandeln historische Themen ebenso wie soziale Fragen der Ghettos und Innenstädte, Photoausstellungen und Lesungen. Viele der Ausstellungen werden auch im In- und Ausland gezeigt (1901 Fort Place S. E., ✆ 202-287-3369, geöffnet: tägl. außer 25. 12. 10-17 Uhr). Man erreicht das Anacostia Museum mit der Metrobuslinie B 4 (Auskunft ✆ 202-637-7000). Mit dem Wagen fährt man auf der I-395 in nördlicher Richtung bis zur Martin Luther King jr. Ave., an der dritten Ampel links abbiegen auf die Morris Rd. und zehn Blocks bis zum Museum.

Constitution und Independence Avenues

Mit seinen strahlenförmig von den erhöhten Knotenpunkten der Squares wegstrebenden Avenues gehört Washington zu den Städten, in denen man oft die schönsten Blicke von der Mitte der Fahrbahn aus hätte. So ist man häufig auf rote Ampeln angewiesen, um einen Moment den Blick entlang einer der großen, nach Staaten benannten Avenues zu genießen. Ein schönes Panorama bietet sich vom Capitol Hill die Constitution Ave. hinunter.

Zwischen der Museumsfront der Mall und der ununterbrochenen Fassade von öffentlichen Gebäuden bis zur 14th St. gehört dieser Teil der Constitution Ave. zu den monumentalsten Straßenabschnitten der Hauptstadt. Lange war die 1931 unter dem Namen B St. bekannte Straße wenig mehr als ein halb im Sumpf verlaufender Weg entlang dem Chesapeake-und-Ohio-Kanal, von dem heute nur noch das Wärterhäuschen der Schleuse Nr. 1 an der Ecke 17th St. und Constitution Ave. zeugt.

Das Land westlich davon wurde dem Potomac abgerungen, dort stehen heute die Gebäude des Gesundheitsamts (Public Health Service), der Bundesbank (Federal Reserve) und der Akademie der Wissenschaften (National Academy of Science), im Volksmund auch Healthy, Wealthy and Wise genannt. Der Blick nach Westen zeigt aber auch, wo die Grenzen der Bauordnung von Washington liegen. Jenseits der architektonisch einfaltslosen Roosevelt Bridge stehen die Hochhäuser von Rosslyn, die den einst von der Mall frei nach Westen streifenden Blick enden lassen.

Falls es richtig ist, daß Regierungen auf Papier gebaut sind, dann enthalten die **National Archives** die Grundbausteine der US-Regierung, ja der Nation. Hier (8th St. und Constitution Ave.), hinter 72 wuchtigen korinthischen Säulen, werden die Unabhängigkeitserklärung der USA, die Verfassung des Landes und die ersten zehn Zusätze zur Verfassung, Bill of Rights genannt, verwahrt. Wie die anderen Bauwerke von John Russell Pope – West Building, National Gallery of Art, Jefferson Memorial – haben auch die 1937 fertiggestellten National Archives eine Kuppel, unter der die drei Dokumente einen permanenten Platz fanden.

Schon Thomas Jefferson hatte gewarnt: »Zeit und Unfälle halten täglichen Raubbau unter den Dokumenten unseres Landes«. Dokumente wurden ver-

Die National Archives

legt, als wertlos erachtet oder vergammelten einfach, bis schließlich vor gut 50 Jahren mit den National Archives Ordnung in die Papiere der Vereinigten Staaten kam.

2 bis 3% der Bundesdokumente, die jährlich produziert werden, erachten die Archivare für aufhebenswert und verwahren sie zusammen mit Schätzen der Vergangenheit, wie der Unterschrift von Napoleon unter dem Louisiana-Landankauf, 5 Mio. Photographien aus dem Bürgerkrieg, den Protokollen der Nürnberger Prozesse, der Kapitulationserklärung von Japan und der Rücktrittserklärung von Richard Nixon. Die Erschließung des Westens der USA ist ebenso dokumentiert wie Sklavenschicksale – »Roots« von Alex Haley wurde hier recherchiert – und Einwandererstammbäume. Insgesamt wurden 1990 über 3 Mrd. Textdokumente, 2 Mio. Landkarten, 14 Mio. Photographien, 30 Mio. m Film und an die 150 000 Videobänder aufbewahrt.

Die drei Hauptdokumente sind in Heliumschaukästen ausgestellt, um die Schrift vor weiterem Schaden zu bewahren. Offensichtlich ist der Ausstellungsraum der Verfassung und Unabhängigkeitserklärung nur die Spitze des Sammlungsbergs der Archive, zu denen aber nicht nur Historiker und Journalisten, sondern auch interessierte Bürger Zugang haben.

Der Giebel über dem Eingang der National Archives ist der bei weitem kunstvollste in Washington. In der Mitte erhöht, thront ein Archivar, neben ihm zwei Figuren, die Dokumente empfangen, dahinter geflügelte Pferde. Zwei weitere Gruppen, die weniger wichtige Dokumente zusammentragen, werden von zwei Hundegruppen flankiert, die Wachsamkeit symbolisieren sollen. Der Bildhauer James Earle Fraser gestaltete diese zwischen 13 und 50 t schweren Figuren vor Ort.

Links und rechts des Treppenaufgangs sitzen, Schutz bzw. Wachsamkeit und Tradition darstellend, zwei Figuren. Ein martialisch dreinblickender Mann mit Helm, Schwert und Fasces, den Zeichen der Staatsmacht, symbolisiert den Schutz über den Worten Jeffersons: »Ewige Wachsamkeit ist der Preis der Freiheit«. Ihm gegenüber sitzt eine Frauenfigur, die ein Kind sowie eine Getreidegarbe im Arm hält, und ihre andere Hand auf eine Urne legt. Es sind die Symbole des Heims und seiner Unverletzlichkeit. Darunter steht geschrieben: »Das Erbe der Vergangenheit ist die Saat, aus der die Ernte der Zukunft sprießt«.

Auf der rückwärtigen Seite des Gebäudes an der Pennsylvania Ave. flankieren zwei Statuen, Vergangenheit und Zukunft genannt, den Eingang. Die männliche Figur mit dem geschlossenen Buch symbolisiert die Vergangenheit über einem Konfuzius-Zitat »Lerne die Vergangenheit«, und die Frauenfigur mit dem offenen Buch symbolisiert die Zukunft über dem Shakespeare-Zitat: »Die Vergangenheit ist der Prolog« (geöffnet: Mo–Fr 8.45–17 Uhr, im Sommer länger; ✆ 2 02–5 01–50 00).

Zwischen 12th und 14th St. entlang Constitution Ave. steht einer der großen Regierungstempel von Washington. Hinter dorischen Giebeln, die Abbildungen von Columbia, einem Krieger der Wachsamkeit und einer Frau, die nationalen Reichtum symbolisieren, zeigen, erstreckt sich ein in den 30er Jahren fertiggestelltes Gebäude in unverfälschtem Neoclassic Federal Style. **Departmental Auditorium** heißt der Bau, und selbst alteingesessene Washingtoner wissen manchmal nicht, wo das sein soll. Zwischen dem Zoll und der innerstaatlichen Handelskommission, die heute die beiden Flügel belegt, erhebt sich das hohe viereckige Auditorium, geschmückt mit Säulen, Reliefs und Kristallüstern. Ein zeremonieller Ort, in dem beispielsweise der NATO-Vertrag unterschrieben wurde.

Vor der Ellipse, die heute offiziell President's Park South heißt, endete die Constitution Ave. im Wasser. Das Grün des großen Ovals, auf dem nun Weihnachten der Schmuck des National Christmas Tree erstrahlt und zwei Brunnen in enormen Granitblöcken plätschern, wurde in den 80er Jahren des 19. Jh. von der Armee aufgeschüttet.

Eine Reihe von Denkmälern steht um das Oval der Ellipse. Südlich des Schatzamtes entstand mehr als 100 Jahre nach seiner Amtszeit ein **Denkmal für den ersten Finanzminister der USA, Alexander Hamilton** (1). Die 3 m hohe Bronzestatue zeigt einen Gentleman des 18. Jh., dessen Charme und Lebendigkeit spürbar sind. Hamilton sanierte die Finanzen der USA nach dem ruinösen Unabhängigkeitskrieg, schuf eine nationale Währung, den Dollar, und richtete eine Münzanstalt sowie die Nationalbank ein. Die 1923 enthüllte Statue hat bis heute etwas Mysteriöses, da unbekannt blieb, wer die Mittel dafür stiftete.

Südlich, jenseits des Hamilton Place, steht das monumentale **Denkmal für General William Tecumseh Sherman** (2). Die 1903 enthüllte Reiterstatue erinnert an den erfolgreichen Nordstaatengeneral des Bürgerkriegs, der das Ende der Kämpfe beschleunigte, indem er den Süden spaltete, bis Atlanta vordrang und die Stadt einäscherte.

Auf der Westseite des White House Garden, südlich des Old Executive Building, erhebt sich die geflügelte Siegesgöttin auf einer rosa Marmorsäule. Das 1924 eingeweihte Denkmal ehrt die **Gefallenen der ersten Division des US-Expeditionskorps** (3) im Ersten Weltkrieg. 1957 wurde es auch den Gefallenen der Division im Zweiten Weltkrieg geweiht.

Südlich davon, an der Kreuzung E St. und Ellipse Dr., steht ein kleiner **Brunnen** (4), der an Francis Millet und Archibald Butt erinnert, die 1912 mit der »Titanic« im Atlantik untergingen. Millet war ein anerkannter Maler und Literat, Butt Militärberater der Präsidenten Taft und Roosevelt. Zwei weitere Denkmäler findet man zwischen Ellipse und 15th St. Ein Elternpaar mit ihrem uniformierten Sohn erinnert an die **Pfadfinder der USA** (5). In der Nähe gedenkt man mit einem einfachen Stein der 18 **Landeigentümer,** die ihren Grund und Boden der Bundeshauptstadt vermachten (6).

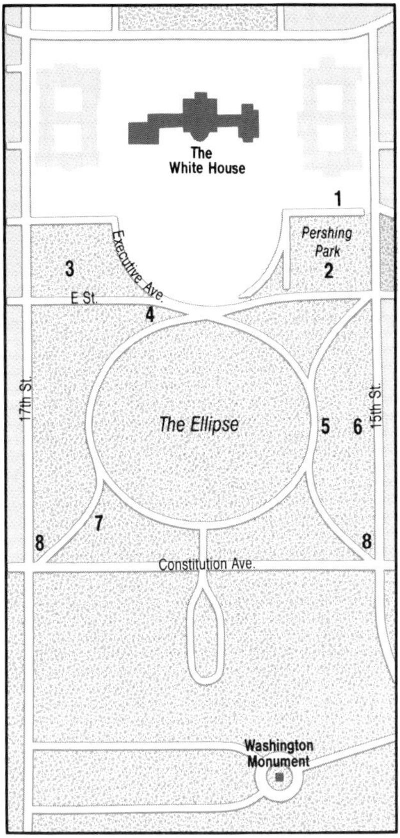

Denkmäler um die Ellipse 1 Denkmal für den ersten Finanzminister Alexander Hamilton 2 Denkmal für den Nordstaaten-General William Tecumseh Sherman 3 Denkmal für die Gefallenen der ersten Division des US-Expeditionskorps 4 Butt-Millet Brunnen 5 Denkmal für die Pfadfinder der USA 6 Denkmal der 18 Landbesitzer, die ihren Grund und Boden der Hauptstadt vermachten 7 Denkmal der Gefallenen der zweiten US-Division 8 Bulfinch Gatehouses

Weithin golden leuchtend, ehrt ein Granitdenkmal, das ein feuriges Schwert umfängt, die **Gefallenen der zweiten US-Division** (7) in den beiden Weltkriegen und dem Korea-Krieg. In den beiden Ecken des President's Park South an der Constitution Ave. öffnen sich zwei Pforten, nach ihrem Architekten **Bulfinch Gatehouses** genannt (8). Sie standen ursprünglich an der Westseite des Kapitolgeländes, wurden aber bei dessen Neuanlage 1874 entfernt und 1880 an der heutigen Stelle wieder aufgebaut.

Trotz der Nähe des Sumpfs war das Grundstück gegenüber der Ellipse, Ecke 17th St. und Constitution Ave., eines der ersten in Washington, das nach der Stadtgründung verkauft wurde. Von dem Van Ness-Anwesen jener Tage steht heute nur noch ein Gartenhaus an der 18th St., der Rest wurde abgerissen und machte dem **Hauptquartier der Organisation Amerikanischer Staaten** (OAS) Platz, das zunächst Pan American Union Building hieß. Das Gebäude mit Stilelementen aus Nord- und Südamerika, vermischt mit etwas italienischer Renaissance, wurde aus weißem Georgia-Granit und schwarzem Granit aus den Anden gebaut. Im Zentrum ist ein tropischer Garten angelegt, in dem Präsident Taft 1910 einen Friedensbaum pflanzte, eine ineinander gepfropfte Mischung aus Feigen- und Gummibaum. Auf der anderen Seite des Gartens, mit Eingang von der 18th St., ist das **Museum of Modern Art of Latin America** untergebracht. Über 800 Kunstwerke aus den letzten 40 Jahren zeigen alle Kunstrichtungen der Hemisphäre (geöffnet: Di–Sa 10–17 Uhr; Auskunft ✆ 2 02–7 89–60 22).

Mit dem OAS-Hauptquartier beginnt eine Parade von niedrigen, im klassizistischen Stil errichteten Bauten auf großzügigen Grundstücken. Die Reihe reicht bis zum American Institute of Pharmacy an der 23rd St. In der Mitte

Standbild des Alexander Hamilton

zwischen 20th und 21th St. liegt die **Bundesbank,** für deren Baustil der Historiker James Goode den Begriff Greco-Deco prägte. Dieser auch Beaux Arts-Allee genannte Teil der Constitution Ave. erscheint etwas absurd, denn die ursprünglich geplanten und großzügig ausgeführten Eingänge zu den Gebäuden sind heute nicht mehr als Fassade – die Stadt entwickelte sich nach Norden, und die Eingänge, auch zur Bundesbank, wurden an die C St. verlegt.

Paul Philippe Cret entwarf den Bau der Bundesbank. Etwas steif steht er auf seinem ausladenden weißen Podest, an Geld hat es nirgends gemangelt, gleichwohl ist die gesamte Anlage von kühlem Understatement. Symmetrie und Proportionen zeigen klassische Einflüsse, während die minimalistische Komponente mit rechteckigen Linien die Brücke zur Moderne schlägt. Die unauffällige Eleganz setzt sich in der Bank fort, die 1937 eingeweiht wurde.

Reiterstandbild des General Sherman

Im Zentrum des H-förmigen Gebäudes liegt ein großes, marmornes Atrium, von dem Treppen zu einer Galerie mit insgesamt zwölf Zimmern führen. Von A bis L gekennzeichnet, stehen sie für die zwölf Mitgliedsbanken der Fed, die in privatem Besitz sind, aber ein Profitlimit von 6% haben. Auf Dollarnoten finden sich auf der linken Seite die Buchstaben A bis L wieder, die für die zwölf Banken stehen (A – Boston; B – New York; C – Philadelphia; D – Cleveland; E – Richmond; F – Atlanta; G – Chicago; H – St. Louis; I – Minneapolis; J – Kansas City; K – Dallas; L – San Francisco). Der Saal, in dem der Vorstand der Bank tagt, ist von fürstlichen Ausmaßen: mit einem Kamin, in dem man jüngere Redwood-Bäume verheizen könnte (geöffnet: Mo–Fr 9.30–3.30 Uhr; Anmeldung für Gruppentouren ✆ 202–452–3149).

Die südliche Einfassung der Mall, Independence Ave., ist weit weniger eindrucksvoll als ihre nördliche Schwester. Ministerien und Behörden reihen sich vom Kapitol bis zur 14th St. Dort verliert sich die gerade Linie der Avenue im Grün der nach Süden ausgreifenden Mall mit ihren Straßen zum Jefferson Memorial. An der 14th St., unweit der Independence Ave., entsteht nach langen Jahren der Planungen und Kontroversen ein Holocaust Museum, das Anfang der 90er Jahre eingeweiht werden soll.

Wenige Schritte davon entfernt liegt der Eingang zum **Bureau of Engraving and Printing,** wo seit 1872 das Papiergeld der USA sowie Briefmarken, Essensmarken und andere Regierungspapiere mit Geldwert gedruckt werden. Die Pressen arbeiten das ganze Jahr meist rund um die Uhr, um den Bedarf von mehr als 6 Mrd. Geldnoten jährlich zu decken.

Das Bureau bietet eine Führung durch die Anlage an, zu der im Sommer der Andrang gewaltig ist. Vom Eingang 14th and C St. geht es durch eine Ausstellung von Druckplatten, Briefmarken und Fälschungen aller Art. Danach erreicht man eine Galerie, von der man die *greenbacks* aus den Druckpressen kommen sieht. Die Tour endet in einem Besucherzentrum mit Souvenirs – unter anderem geschnitzelte Dollars.

Seit 1969 sind 1, 2, 5, 10, 20, 50 und 100 Dollarnoten im Umlauf, größere Denominationen wurden abgeschafft, zunächst weil sie kaum Anklang fanden, heute vor allem, um Drogenschmugglern das Leben schwerer zu machen. Die heutige Größe der Dollarnoten ist seit 1928 unverändert, die Worte »In God we trust« werden seit 1960 aufgedruckt.

Vor dem Bürgerkrieg, als 1600 Banken in den Staaten Dollarnoten herausgaben, waren die USA ein Paradies für Geldfälscher. Mehr als ein Drittel aller im Umlauf befindlichen Noten waren Blüten. Im Jahre 1863 nahm die Bundesregierung den Kampf mit einheitlichen Dollarnoten auf und gründete den Secret Service, dessen besondere Aufgabe es war, Geldfälscher dingfest zu machen (geöffnet: Mo–Fr 7.30–3.30 Uhr; Auskunft ✆ 202–447–1391).

Museen, Kunst und Kathedrale

Die 80er Jahre dieses Jahrhunderts waren für Museen in Washington ein goldenes Zeitalter. Mit Fug und Recht kann man heute sagen, daß die Kapitale auch eine Museumshauptstadt ist. Da wären nicht nur die neuen Museen auf der Mall zu nennen, sondern auch das in der Welt einmalige National Museum of Women in the Arts, das ganz den Frauen in der Kunst gewidmet ist, oder die renovierte und neugefaßte Phillips Collection oder das Textilmuseum oder oder oder ...

Gelegentlich wird von Washington gesagt, es besitze drei Industriezweige: die Regierung, die Medien und die Kunst. Es stimmt, Washington ist eine Kunststadt, die keinen Vergleich scheuen muß, aber es ist nicht unbedingt eine Kulturstadt. Hier werden keine Trends gesetzt, keine Avantgarde prescht vor, Washington hat kein prägendes Buch hervorgebracht, keine aufsehenerregenden Opern, keine Rock-Gruppe, keine gesellschaftliche Entwicklungen vorantreibende Universität und, wie Paul Richard von der »Washington Post« schrieb, es hat »nicht mal eine Baseball-Mannschaft«.

Hier liegen die Gründe, warum New Yorker oder selbst die Nachbarn aus Baltimore die Nase rümpfen und »Washington, o Gott wie langweilig« denken. Doch wegen der Museen haben weder New York noch Chicago oder Los Angeles Anlaß, auf Washington herabzublicken. Jahr für Jahr zieht etwa die National Gallery of Art 2 bis 3 Mio. mehr Besucher an als das Metropolitan Museum of Art in New York.

So hervorragend Washington ist, um Kunst anzuschauen, für Künstler und Kunsthändler ist es kein so gutes Pflaster. Manhattan bietet da auf jeden Fall mehr. Washington ist eher eine konservative Kunstmetropole, eine Stadt, in der das Beste gerade gut genug ist, um ausgestellt zu werden. So haben denn auch Anfänger und Avantgarde-Künstler weniger Chancen. Trotzdem besitzt Washington eine Reihe guter Ausstellungs- und Verkaufsgalerien. Einige liegen in Georgetown, die Blocks um die Kreuzung Connecticut Ave. und R St. N.W. sind weitere Adressen sowie der Stadtteil Adams Morgan und entlang der 7th St. Downtown Washington.

Bilder sind die vornehmlich in Washington ausgestellte Kunstform, Skulpturen landen abgeschlagen auf Platz zwei. Da es praktisch unmöglich ist, alles zu sehen, was in den Museen der Hauptstadt ausgestellt wird, ist es gescheiter, Schwerpunkte zu setzen, wobei der folgende Überblick der interessantesten Museen helfen soll (Sammlungen der Smithsonian Institution vgl. S. 84ff.).

Das 1990 wiedereröffnete **Ford's Theater und Petersen House** (511 10th St. N.W., ✆ 2 02-4 26-69 24; geöffnet: tägl. 9–17 Uhr außer während Vorstellungen und Proben und am 25. 12.; Eintritt) bezieht seine Attraktivität mindestens so sehr aus der Vergangenheit wie aus dem aktuellen Spielplan. Hier wurde am 14. 4. 1865 in der bis heute geschmückten Loge im ersten Rang Präsident Abraham Lincoln bei einem Attentat schwer verwundet, am nächsten Morgen starb er im Petersen House.

Fünf Tage nach der Kapitulation des Südens im Bürgerkrieg besuchte Lincoln eine Vorstellung von »Our American Cousin«. Während des dritten Akts drängte sich der Schauspieler und Südstaaten-Sympathisant John Wilkes Booth in die Loge Nr. 7 und schoß Lincoln in den Kopf. Danach sprang er hinunter auf die Bühne und entkam mit dem Ruf »sic semper tyrannis« zum Bühneneingang, wo er auf ein Pferd sprang. Lincoln wurde in William Petersens Haus gebracht, wo er elf Stunden später starb. Sein Mörder Booth wurde zwölf Tage nach dem Attentat in einer Scheune im südlichen Maryland gestellt, gefangen und erschossen.

Die Spielstätte wurde geschlossen und von der Regierung gekauft. Erst 1964 bewilligte der Kongreß 2 Mio. Dollar, um das Theater originalgetreu zu restaurieren und im Untergeschoß ein Museum einzurichten. An Lincolns 159. Geburtstag wurde es 1968 eröffnet.

Seit der Neueröffnung des unter dem Theater gelegenen Lincoln Museum 1990 zeigen die Ausstellungen auch den Hergang des Attentats, die Mordwaffe sowie die Kleidung des Präsidenten, beschäftigen sich mit dem Mörder und dem Präsidenten. Im Jahre 1896 erwarb die Regierung das Petersen House. Nach der Restaurierung kann man heute das Schlafzimmer im Erdgeschoß, wo Lincoln starb, im Originalzustand besichten (516 10th St. N.W., ✆ 2 02-4 26-68 30; geöffnet: tägl. außer 25. 12. 9–17 Uhr).

Die wenig bekannte **Ansel Adams Collection** (Büros der Wilderness Society, 900 17th St. N.W., ✆ 2 02-4 29-26 46; geöffnet: Mo–Fr 10–17 Uhr) mit mehr als 70 der bedeutendsten und bekanntesten Photographien des weltberühm-

Attentat auf Präsident Abraham Lincoln, historische Darstellung aus dem Jahre 1865

ten Landschaftsphotographen und Umweltschützers Ansel Adams ist nicht in einem Museum zu sehen, sondern im ersten Stock des Büros der Wilderness Society. Adams arbeitete eng mit der Gesellschaft zusammen und schenkte ihr die signierten Photographien im Jahre 1982.

Das **National Museum of Women in the Arts** (1250 New York Ave. N.W., ✆ 2 02-7 83-50 00; geöffnet: Di–Sa 10–17, So 12–17 Uhr), das einzige Museum der Welt, das ausschließlich Künstlerinnen gewidmet ist, hat eine männliche Bastion erobert. Das bereits vor seiner Eröffnung von über 60 000 Spendern unterstützte Museum ist in dem großzügig umgebauten, ursprünglich 1911 eröffneten Freimaurertempel an der New York Ave. untergekommen.

Den Anstoß für das Museum gab das Ehepaar Holladay, das Bilder von Frauen sammelte und die Idee eines speziellen Museums aufbrachte. 15 Mio. Dollar an Spenden ermöglichten die Eröffnung im Jahre 1987. Die großen Ausstellungen der Werke von Künstlerinnen wie Georgia O'Keeffe, Susan Rotheberg oder Berthe Morisot, die in Washington in den letzten Jahren stattfanden, waren allerdings in der Phillips Gallery oder der National Gallery of Art zu sehen.

Das **Washington Project for the Arts** (400 7th St. N.W., ✆ 2 02-3 47-48 13; geöffnet: Mo–Fr 10–17, Sa 11–17 Uhr), WPA genannt, ist kein Museum im herkömmlichen Sinne, es wird von Künstlern selbst organisiert und oft das alternative Museum der Hauptstadt genannt. Neben Kunstausstellungen finden dort Lesungen, Videovorführungen und Konzerte statt.

Das **National Building Museum** (Judiciary Square N.W. F St. zwischen 4th und 5th St., ✆ 202-272-2448; geöffnet: Mo-Fr 10-16, Sa und So 12-16 Uhr) in einem der großartigsten Bauten von Washington huldigt der Architektur in den USA. Im Jahre 1881 begannen die Arbeiten an dem von General Montgomery C. Meigs entworfenen Bau, der Stilformen der italienischen Renaissance mit den technischen Möglichkeiten der Industriearchitektur des ausgehenden 19. Jh. verband.

Dabei entstand ein über 50 m hohes Backsteingebäude mit einer gigantischen Innenhalle von 105 m Länge, 40 m Breite und 50 m Höhe. Außen umläuft ein 400 m langer Terrakotta-Fries das Gebäude mit einer endlosen Armee marschierender Soldaten. Im Jahre 1985 zog das Architekturmuseum ein, nachdem der Kongreß die Renovierungen finanziert hatte. Ausstellungen zeigen nicht nur Architektur aus Washington, sondern den gesamten USA. In der eindrucksvollen Innenhalle fanden zahlreiche Amtseinführungsbälle von Präsidenten statt. Hier tanzten Grover Cleveland, Theodore Roosevelt, Richard Nixon, Jimmy Carter und Ronald Reagan.

Frank Lloyd Wright bezeichnete die **Corcoran Gallery of Art** (17th St. und New York Ave. N.W., ✆ 202-638-3211; geöffnet: Di-So 10-16.30 Uhr, Do bis 21 Uhr) aus weißem Marmor mit grünem Kupferdach und Ornamenten einst als »das am besten entworfene Gebäude in Washington«. Gegründet von William Wilson Corcoran 1869 und zuerst in dem Gebäude der heutigen Renwick Gallery untergebracht, bietet das Corcoran mehrere Museen in einem.

Wegen seiner Werke aus dem 18. und 19. Jh. wird es von den einen als historisches Museum angesehen, von anderen als Sammlung moderner Kunst. Wieder andere sehen es als Photogalerie, da das Corcoran sich seit jüngster Vergangenheit mit bedeutenden Ausstellungen einen Namen macht. Und schließlich beherbergt das Museum eine Kunstschule, die in der Kunstszene von Washington eine wichtige Rolle spielt.

Die **Diplomatic Reception Rooms** (Department of State – Außenministerium – 23rd und C St. N.W., C St. Eingang, ✆ 202-647-3241; Führungen auf Anmeldung Mo-Fr 9.30, 10.30 und 15 Uhr) im achten Stock des Außenministeriums zeigen eine sonst nur noch im Weißen Haus zu sehende Ausstellung von Räumen mit Möbeln aus der Zeit zwischen 1740 und 1825. Spannteppiche und Linoleum machten in fünf Räumen originalen Parkettfußböden und Orientteppichen Platz, die mit den feinsten amerikanischen Möbeln und Dekor jener Zeit ausgestattet wurden. 30% der Einrichtungsgegenstände sind Leihgaben. Das Außenministerium bemüht sich, auch die Amtsräume des Ministers mit originalen US-Möbeln auszustatten.

◁ Das National Building Museum; in der Haupthalle des Gebäudes fanden zahlreiche Amtseinführungsbälle der Präsidenten statt

Die **National Geographic Society Explorers Hall** (17th und M St. N.W., ✆ 2 02–8 57–75 88; geöffnet: Mo–Sa 9–17, So 10–17 Uhr) im Erdgeschoß des Hauptquartiers der weltberühmten »National Geographic Society« präsentiert mehrere, sehr lebendig gestaltete Ausstellungen, die aus der Forschungsarbeit der Gesellschaft hervorgehen. Von den Ausstellungen führt der Weg zum Bookshop, die einzige Gelegenheit – außer durch die Post –, die exzellenten Karten, Bücher sowie fehlende Zeitschriften von »National Geographic« zu kaufen.

Fast möchte man bedauern, daß das intimste Museum der Hauptstadt, die **Phillips Collection** (1600 21st St. N.W., ✆ 2 02–3 87–09 61; geöffnet: Di–Sa 10–17, So 14–19 Uhr) ›entdeckt‹ wurde. Das älteste Museum für moderne Kunst in den USA ist in einem Privathaus untergebracht. Man geht in ein Heim, ausgestattet mit Teppichen, bequemen Sofas und wunderbaren Bildern. Das Aufsichtspersonal – darunter auch Maler – ist nicht uniformiert und trägt zur völlig zwanglosen Atmosphäre dieses beliebten Museums bei. Duncan Phillips lebte hier mit seiner Frau Marjorie, einer Malerin. Gemeinsam trugen sie eine umfangreiche Sammlung zusammen, die zwar auch einige alte Meister wie Greco und Goya umfaßt, deren Schwerpunkt aber auf Werken französischer Impressionisten, Post-Impressionisten und amerikanischer Modernisten liegt.

1988/89 wurde das Museum, dessen Renaissance-Musikzimmer und andere Räume zu privaten Anlässen genutzt werden können, renoviert und der Ausstellungsraum des Museumsanbaus verdoppelt. Am ersten und dritten Donnerstag jeden Monats um 12.30 Uhr findet ein kostenloses, die Sammlungen erklärendes ›Galerie-Gespräch‹ statt. Von September bis Mai werden sonntagnachmittags kostenlose Konzerte organisiert wie auch am ersten Samstag im Juni der jährliche Museumsspaziergang durch die umliegende Kalorama- und DuPont-Nachbarschaft. Der Besuch des privaten Museums ist kostenlos, Spenden sind aber üblich.

Wie so oft in Washington entstand auch das **Textile Museum** (2320 S St. N.W., ✆ 2 02–6 67–04 41; geöffnet: Di–Sa 10–17, So 13–17 Uhr) aus der privaten Initiative eines Mäzens. George Hewitt Myers begann seine Sammlung 1898 als reines Hobby. John Russell Pope, Architekt der National Archives und des Jefferson Memorial, baute für Myers ein elegantes georgianisches Backsteinhaus, das gemeinsam mit dem später von Myers gekauften Nachbarhaus das Museum beherbergt. Hinter den Gebäuden liegt ein bezaubernder Garten. Nur ein kleiner Teil der 1200 Teppiche und 12 000 Textilien wird präsentiert. Zu sehen sind orientalische Teppiche und Textilien aus Ägypten, Peru und Kolumbien. Sonderausstellungen zeigen beispielsweise indianische Teppiche.

Ein Besuch des **Hillwood Museum** (4155 Linnean Ave. N.W., ✆ 2 02–6 86–58 07; Grundstück geöffnet: Mo, Mi–Sa 11–15 Uhr, Eintritt, Führungen um

9, 10.30, 12 und 13.30 Uhr, keine Kinder unter 12 Jahren) zeigt vor allem im Frühjahr nicht nur einen der schönsten Gärten in Washington, sondern auch einen Blick auf den vergangenen *lifestyle of the rich and famous.* Marjorie Merriweather Post, Erbin eines Cornflakes-Empire lebte hier mit einem ihrer Männer, der Wall Street-Berühmtheit Edward F. Hutton. Französische Möbel und Kunst aus dem 18. und 19. Jh., Fabergé-Eier, antikes Porzellan, Marie Antoinettes Sekretär und Stücke der Romanowschen Kronjuwelen – alles ist noch vor Ort und wurde 1973 nach dem Tod von Marjorie Post in ein privates Museum eingebracht. Die Führungen durch das Haus sind vor allem im Frühjahr lange vorher ausgebucht, aber gerade um diese Jahreszeit lohnt auch der Spaziergang durch die Dogwood- und Azaleen-Blütenpracht.

Die Tempel der Republik – das Kapitol und der Obelisk auf der Mall – beherrschen nicht mehr konkurrenzlos die Skyline von Washington. Auf dem Mount St Alban wurde in diesem Jahrhundert die **Washington National Cathedral** errichtet, deren himmelstürmende Architektur den weltlichen Schaustücken der Hauptstadt Konkurrenz macht. Als am 29. 9. 1990 ein Kran den letzten behauenen Stein auf einen der beiden Westtürme der Kathedrale setzte, ging eine Odyssee des Kirchenbaus zu Ende, die mit der Hauptstadtgründung begann. Noch während der 80er Jahre des 20. Jh. bestanden begründete Zweifel, ob die Cathedral Church of St Peter and St Paul jemals fertig werden würde.

Schon George Washington und sein Hauptstadtarchitekt Pierre L'Enfant hatten sich eine »große Kirche von nationaler Bestimmung« gewünscht. L'Enfant plante sie nahe dem Kapitol, eine Standortwahl, die Washington und seine Nachfolger schon wegen der klaren Maßgabe der Verfassung, Staat und Kirche getrennt zu halten, nicht für gut hießen. Als Präsident Theodore Roosevelt schließlich am 29.9.1907 bei der Grundsteinlegung der Kathedrale auf einem anderen Hügel in Washington, dem Mount St Alban, »viel Glück« wünschte, begann eine 87jährige Baugeschichte, und Bischof Henry Yates Satterlee schwante: »Niemand hier wird lang genug leben, um die fertige Kathedrale zu sehen.« Damit hatte der Bischof unrecht. Sechs Männer und Frauen, die als Kinder an der Feier zur Grundsteinlegung teilnahmen, saßen 1990 auf Ehrenplätzen, als mit dem letzten Stein der Bau fertiggestellt wurde.

Eine gotische Kathedrale, die 1990 in den USA fertiggestellt wird, hat etwas Anachronistisches. Der Baustil stammt aus dem europäischen Mittelalter, und in den USA des ausgehenden 20. Jh. würde man sicherlich eine ultramoderne Kirchenarchitektur vermuten.

Der Architekt der Moderne, Le Corbusier, nannte die Kathedralen des Mittelalters einmal »Werke des Optimismus«, und so muß es Satterlee erschienen sein. Der Bischof der Episkopalkirche sah die Kathedrale der Nation immer als eine ökumenische Kirche an, ein Gedanke, der ihm im gotischen Baustil am besten verwirklicht schien – nicht ohne Opposition, versteht sich. Einige Zeit wurde ein Renaissance-Entwurf mit einer großen Kuppel favorisiert. Satterlees Überzeugung, daß »Gott und Gotik« untrennbar seien, setzte

sich durch, und die Kathedrale wurde zunächst allein nach englischen Vorbildern entworfen. Mit dem zentralen Turm ist es im Kern bei diesem Entwurf geblieben, wenn auch der für den Bau von 1921 bis 1971 zuständige Architekt Philip Hubert Frohman zahlreiche französische Einflüsse einbrachte, wie etwa den höher aufstrebenden Gesamtbau über den Zwillingstürmen an der Westseite und das wesentlich vergrößerte Rosettenfenster über dem Westeingang. Dabei entstand die fünftgrößte ›gotische‹ Kathedrale der Welt.

Über 100 m ragen die Türme auf, von denen man einen großartigen Rundblick über Washington hat. Die Kathedrale ist ein Triumph aus Stein und Licht mit Hunderten von Steinmetzarbeiten und 200 Buntglasfenstern. Deren Juwel ist die Rosette über dem Westeingang, die gegen Abend eine lebendige Farbenpracht bietet.

In der Südseite des Kirchenschiffs zeigen die Spitzbogenfenster in die Geschichten von Jeremias, Paulus, Jakobus und Lukas eingewobene Details von der Absicht, die Kathedrale in der Neuen Welt zu bauen. Ein Wigwam ist zu erkennen, ebenso wie das Washington Monument und das Kapitol als Wahrzeichen der Hauptstadt. Das ungewöhnlichste Fenster der Kathedrale ist dem Weltraum gewidmet. Es zeigt Astronauten in dunkelblauen Raumanzügen – sicher kein Routinethema für eine Kirche – und faßt einen Stein vom Mond ein, den die Astronauten Neil Armstrong, Edwin Aldrin und Michael Collins 1969 von dort zurückbrachten.

53 Glocken läuten heute über der Kathedrale, unter deren Apsis in der Bethlehem-Kapelle 1912 zum ersten Mal Gottesdienste stattfanden. Seitdem hat die National Cathedral mit ihren neun Seitenkapellen den vom Kongreß formulierten Anspruch, Kirche für alle zu sein, eingelöst. Protestanten aller Richtungen haben hier ebenso gebetet wie Katholiken, Orthodoxe, ja selbst jüdische Gottesdienste fanden hier statt. Darüber hinaus wurde die Kathedrale, die jährlich von über einer halben Million Menschen besucht wird, mit ihrer Geistlichkeit zu einer Autorität und einem Vorkämpfer in Washington für soziale Gerechtigkeit. Die an der Kreuzung von Massachusetts und Wisconsin Ave. N.W. gelegene Kathedrale ist Mo–Sa 10–16.30, So 7.30–16.30 Uhr geöffnet.

◁ Die National Cathedral

hardy hardy ha
CON

Alltag in Washington

Die gespaltene Hauptstadt

»Ach, Sie sind aus Washington D.C.«, begrüßte der Rezeptionist des Old Faithfull Inn im Yellowstone National Park einen Gast, »ich war im vergangenen Frühjahr in der Hauptstadt und dachte, ich wäre in Afrika.« Die lustig gemeinte, wenn auch abfällige Bemerkung aus dem Westen der USA weist auf die häufig verkannte Bevölkerungszusammensetzung der US-amerikanischen Hauptstadt hin. Washington ist eine zu mehr als zwei Dritteln von Schwarzen bewohnte Stadt am Rande der alten Südstaaten.

Man kann Washington als eine gespaltene Stadt beschreiben, eine Stadt, die Teile hat, in die man geht, und solche, in die man nicht geht. Regelmäßig beschreiben Zeitungsartikel das ›andere Washington‹, das ›verborgene Washington‹ und meinen damit die von Schwarzen bewohnten Stadtteile, während viele Reiseführer diese Viertel gar nicht erst erwähnen oder von »other D.C. areas« sprechen. Man kann jahrelang im Nordwesten von Washington leben und durch das Herz der Hauptstadt schlendern, ohne mit der gewalttätigen Drogenszene in Berührung zu kommen, ohne Zeuge der täglichen Morde zu werden, die alle ›da drüben‹ jenseits der 14th St. im Nordwesten, Nordosten, Südosten oder gar jenseits des Anacostia-Flusses verübt werden, eben in jenen Stadtteilen, in denen die schwarze Bevölkerungsmehrheit der Hauptstadt lebt.

Obdachloser Schwarzer

Natürlich sind Schwarze Teil des Straßenbilds in der Innenstadt (s. Farbabb. 10, 11, 12). Fährt man mit der Metro, geht in ein Postamt, oder hat in einem Regierungsgebäude zu tun, erkennt man, daß Washington ohne seine schwarze Bevölkerung stillstehen würde. Aber das betrifft den Arbeitstag, wenn sich die Rassen mischen, miteinander arbeiten und umgehen. Nach Feierabend jedoch gehen Schwarz und Weiß – mit Ausnahmen versteht sich – in ihre Stadtteile und auf ihre Parties. In dieser Stadt, in der Parties und Empfänge einen wesentlicheren Teil des sozialen Lebens ausmachen als in anderen Metropolen, trifft man selten einen Schwarzen auf einer weißen Party und praktisch nie einen Weißen auf einer schwarzen Party.

Zwar sind seit den 50er und 60er Jahren die öffentlichen Schranken, die offene Diskriminierung geschwunden, aber Washington bleibt wie andere Großstädte der USA von einem meist unsichtbaren aber wirksamen Netz der Rassentrennung überzogen. Monumente und Memorials in Washington erzählen die Geschichte großer (weißer) Präsidenten, aber die Hauptstadt ist auch ein Zentrum der Geschichte von Schwarzen oder Afro-Amerikanern. Jedes Jahr im Februar erinnert der Black History Month an diese Tatsache, und seit 1988 betreut der National Park Service einen Black History Trail, eine Wegstrecke durch den District of Columbia, der an berühmte Personen und Plätze schwarzer Geschichte in Washington erinnert.

Schwarze wurden zunächst als Sklaven in die Gegend gebracht, die später Hauptstadt der USA werden sollte, arbeiteten auf Plantagen, an den Pieren und Werften in Georgetown und Alexandria und stellten den größten Teil der Arbeiter, welche die ersten Straßen in Washington bauten. Womöglich sähe die Stadt anders aus, hätte nicht Benjamin Banneker, der schwarze Landvermesser, Pierre L'Enfant assistiert. Seine Erinnerung wurde heftig zu Rate gezogen, nachdem George Washington den exzentrischen Architekten entlassen hatte, der seine Pläne mitnahm. Im Jahre 1808 verbot der Kongreß die Einfuhr von Sklaven in die USA, die Stadt blieb wegen ihrer Lage am Potomac und an der Grenze zu den Südstaaten aber noch für geraume Zeit ein Zentrum des Sklavenhandels.

Washington wurde aber auch eine Zufluchtsstätte für freie Schwarze. Keinem Staat zugehörig, beherbergte der District um 1830 die gleiche Zahl von Sklaven und in Freiheit lebenden Schwarzen. Freiheit, die wegen ihrer diskriminierenden Beschränkungen in Erziehung, Wirtschaft und Gesellschaft aus heutiger Sicht diese Bezeichnung nicht verdiente, verglichen zur Sklaverei aber ein enormer Fortschritt war. Zu Beginn des Bürgerkriegs lebten rund 6000 Sklaven und 11 000 freie Schwarze in Washington, die zu dieser Zeit sicher die festeste und lebendigste Gemeinschaft Schwarzer in einer US-Stadt bildeten.

Während des Bürgerkriegs strömten Sklaven aus den Südstaaten in die Hauptstadt, und nachdem die Regierung 1862 die Sklaverei in den Nordstaaten und damit auch in Washington abgeschafft hatte, verstärkte sich der Zuzug von befreiten Sklaven in die Hauptstadt weiter. Um 1870 machten Schwarze ein Drittel der Bevölkerung von Washington aus. Zarte Anfänge zur

Gleichberechtigung wurden während des Bürgerkriegs gemacht, erste öffentliche Schulen für Schwarze entstanden, Schwarze wurden in Ämter der Stadtverwaltung und des Kongresses gewählt, nachdem 1866 alle Männer im District das Wahlrecht erhalten hatten. Howard University, bis heute eine Hochburg schwarzer Erziehung, wurde 1867 gegründet. Frederick Douglass, ehemaliger Sklave und bedeutendster Kämpfer für die Freiheit und Gleichberechtigung der Schwarzen seiner Zeit, gab eine Wochenzeitung heraus.

Doch die vielversprechenden Anfänge der Integration und des Aufstiegs der Schwarzen in der Gesellschaft bröckelten ab, der Kongreß entzog dem District Wahlrecht und Selbstbestimmung, ernannte selbst die Stadtregierung, und um die Jahrhundertwende hielten nur wenige Schwarze niedrige öffentliche Ämter, woran auch Alibiernennungen wie die von Robert Terell zum ersten Schwarzen Bundesrichter nichts änderten.

Im Jahre 1920 war der schwarze Bevölkerungsanteil auf 25% gesunken. Aus dem Krieg heimgekehrte Soldaten, aufgestachelt durch Gerüchte über ›schwarze Kriminelle‹ und ›schwarze Bolschewiken‹, plünderten Stadtteile der Schwarzen. 1925 genehmigte die Regierung einen Marsch des Ku Klux Klan entlang der Mall und eine Veranstaltung am Washington Monument.

Die ausgehenden 20er, die 30er und 40er Jahre sahen aber auch, wie sich eine schwarze Mittelklasse formte – Ärzte, Anwälte, Lehrer und Priester, die einerseits das Rückgrat des Shaw-Stadtteils bildeten, andererseits aber auch den Beginn eines Klassenrisses innerhalb der schwarzen Bevölkerung markierten. Die Kreuzung 14th und U St. N.W. bildete den Kern dieses Viertels, trotz einiger prächtiger, aber verkommener Häuser in der Gegend muß man schon die Augen schließen, um sich vorzustellen, wie hier bis in die 60er Jahre Leben und Kultur des schwarzen Washington pulsierten.

Schwarze Jugendliche

Benannt ist der Stadtteil nach Oberst Robert G. Shaw, der das aus schwarzen Soldaten gebildete 54. Regiment aus Massachusetts im Bürgerkrieg kommandierte. Hier im Shaw-Stadtteil wohnten weltberühmte schwarze Künstler in Hotels schwarzer Besitzer entlang U St., hier aß man in von Schwarzen geführten Familienrestaurants, die Kinos waren voll, die Nachtklubs liefen über, und Key-Clubs, so genannt, weil Mitglieder einen Schlüssel zum Zutritt brauchten, waren der letzte Schrei.

Im Howard Theater, 620 T St. N.W., von dem nur eine Ruine steht, traten Künstler wie Duke Ellington, Billy Eckstein, Pearl Bailey, Nat King Cole, Billie Holiday, Fats Domino, Marvin Gaye, Laverne Baker und die Temptations auf. Im Evans-Tibbs House, 1910 Vermont Ave. N.W., kann man noch heute den Salon besuchen, den in den 30er und 40er Jahren Lillian Evans Tibbs hielt, wo Autoren wie Georgia Douglas Johnson und Langston Hughes sowie der Tänzer Bill (Bojangles) Robinson mit Freunden diskutierten oder Lesungen abhielten.

Madam Lillian, wie Lillian Evans Tibbs genannt wurde, war ein bekannter lyrischer Sopran, wurde von Präsident Franklin Roosevelt als Kulturbotschafterin nach Lateinamerika entsandt und zählte 1941 zu den Gründern der National Negro Opera Company. Der Glanz um Howard Theater und U St. ist vergangen, aber das Evans Tibbs House mit regelmäßigen Ausstellungen blieb bis heute eine Bastion schwarzer Kultur (geöffnet: Mi–So 14–17 Uhr; ✆ 202–234–8164).

Zwei Entwicklungen führten von jener blühenden schwarzen Kultur zur heutigen Rassensituation in Washington, die auch durch den Verfall der Straßenzüge östlich der 14th St. N.W. gekennzeichnet ist. Im Jahre 1954 wurde die Rassentrennung in den öffentlichen Schulen des District aufgehoben. Dieser lange fälligen Entscheidung folgte eine einschneidende, ›weiße Flucht‹ genannte Veränderung der Bevölkerungszusammensetzung. Zahllose Weiße verließen den District, zumindest die zentralen Stadtteile, und zogen an die Peripherie oder in neue Vororte. Innerhalb von 20 Jahren stieg der schwarze Bevölkerungsanteil auf 70%, die öffentlichen Schulen des District wurden mehr und mehr zur Provinz für Schwarze und Benachteiligte.

Im Jahre 1968 brannte Washington. Der Ermordung von Martin Luther King jr. folgten die bis heute schwersten Rassenunruhen in Washington D.C., unter denen vor allem die schwarzen Stadtteile litten. Dort ist heute ›Crack Alley‹, brüten Drogen ihr Verderben und ihre Gewalt aus. Keine Nacht vergeht, während der nicht ein zumeist schwarzer junger Mann niedergeschossen wird, oft mehrere.

»Wir haben das beste des schwarzen Amerika und wir haben das schlimmste des schwarzen Amerika«, beschreibt Catherine Liggins Hughes, Besitzerin zweier Radiostationen, die Situation der Schwarzen in Washington. Die schwarzen Haushalte der Hauptstadt haben das höchste Durchschnittseinkommen schwarzer Haushalte in den USA, es existiert eine stabile schwarze Mittelklasse und eine große schwarze Intelligenzia – aber eben auch das ›andere Washington‹. Hier wird von ›dem Plan‹ geredet, einer Theorie über eine weiße Verschwörung gegen die Schwarzen, erkennbar in der Sanierung von Stadtteilen wie Foggy Bottom und Capitol Hill. Und während die einen Schwarzen – und mit ihnen viele Weiße – hoffen, daß die neue, grüne Metro U-Bahnlinie durch den Shaw-Stadtteil und vorbei an der Howard University eine Renaissance für jene historischen Viertel bedeuten könnte, vermutet das ›andere Washington‹ nur einen neuen Akt im andauernden Rassenkonflikt.

Zum ersten Mal seit 100 Jahren durften die Einwohner von Washington 1974 wieder selbst einen Bürgermeister und eine Stadtregierung wählen.

Angesichts der demoskopischen Verhältnisse konnte es nicht verwundern, daß ein Schwarzer gewann, und dabei ist es geblieben. Von 1978 bis 1990 regierte Marion Barry, eine im Laufe der Zeit zunehmend kontroverse Figur, die schließlich vom FBI beim Kokain-Rauchen erwischt wurde.

Barrys Prozeß zeigte viele der Rassengegensätze in der Stadt. Trotz all seiner Missetaten wurde er von der schwarzen Bevölkerungsmehrheit weitgehend in Schutz genommen und als ›Opfer‹ weißer Drahtzieher bezeichnet, die den Schwarzen zur Strecke bringen wollten. Ein Ressentiment gegen die Bundesregierung, das so alt ist wie die Hauptstadt und bis heute mit darin begründet liegt, daß der Kongreß über den Haushalt der Stadt mitbeschließt. Ein Kongreß, in dem die Bewohner des District nicht mit einem stimmberechtigten Abgeordneten vertreten sind.

Im Alter von 17 Jahren hatte der Pfadfinder Willard Andre Hutt eine Idee. Bei all der schwarzen Geschichte in seiner Stadt machte er sich daran, eine Route durch Washington zu entwerfen, die zu den wesentlichen Punkten schwarzer Vergangenheit in Washington führen sollte. Das war 1979. Neun Jahre später hatte er schließlich Erfolg, und der 11,25 km lange Black History Trail wurde offiziell vom National Park Service eingeweiht. Alle oder einige seiner Stopps abzufahren, verschafft einen guten Überblick über die Geschichte der Schwarzen in der Hauptstadt.

Die sieben über Washington verteilten Stätten des Black History Trail sind in einer Broschüre des National Park Service beschrieben, die man bei 1000 Ohio Dr. S.W., Washington D.C. 20242, ✆ 202-485-9666 bestellen oder dort wochentags zwischen 7.45 und 16.15 Uhr abholen kann. Die Broschüre liegt auch an den Trail-Stätten aus, ist aber oft vergriffen.

Der **Mount Zion Cemetery** und der **Female Union Band Cemetery** in Georgetown liegen hinter den Hausnummern 2515–2531, Q St. N.W. (1). Die beiden Friedhöfe sind die ältesten Begräbnisstätten für Schwarze in der Stadt. Im Jahre 1816 gründeten 125 Schwarze die Mount Zion Methodist Episcopal Church, die älteste schwarze Gemeinde in Washington, und pachteten den Old Methodist-Friedhof.

Die Female Union Band Society, eine von freien schwarzen Frauen gegründete Wohlfahrtsgesellschaft, kaufte 1842 das benachbarte Gelände. Seither wurden dort über 3000 Schwarze beerdigt, das letzte Begräbnis fand 1950 statt. Im Jahre 1975 erklärte ein Bundesrichter die Friedhöfe zu einer historischen Stätte und schützte sie so vor dem Immobilienboom im einst zu über der Hälfte von Schwarzen bewohnten Georgetown.

Die **Metropolitan African Episcopal Church** (2, 1518 M St. N.W.), ein roter Backsteinbau viktorianisch-neogotischen Stils, wurde 1886 eingesegnet, ihre Ursprünge reichen aber bis 1822 zurück, als unzufriedene Schwarze sich von der weißen Kirche abspalteten. Die AME Church, eine der bedeutendsten schwarzen Kirchen des 19. Jh., gilt als nationale Kathedrale des schwarzen Methodismus. Die Keller des Gotteshauses

Black History Trail

1 Mount Zion Cemetery und Female Union Band Cemetery
2 Metropolitan African Episcopal Church
3 Lincoln Park
4 Frederick Douglass House
5 Howard University
6 LeDroit Park
7 Mary McLeod Bethune Council House

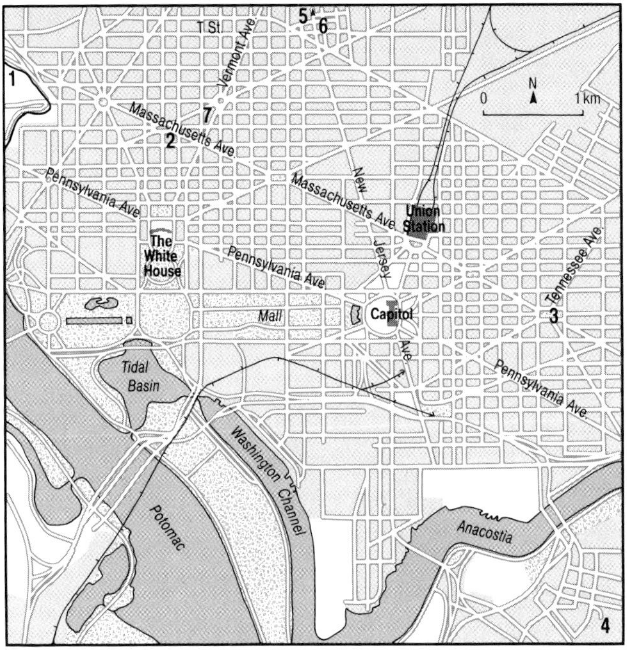

wurden einst als Versteck für Sklaven benutzt.

Berühmte schwarze Aktivisten des 19. Jh. wie Frederick Douglass oder die Erzieherin Mary McLeod Bethune gingen hier zum Gottesdienst, Präsident William Howard Taft sprach hier ebenso wie Eleanor Roosevelt, Hubert Humphrey, Martin Luther King jr. und Jimmy Carter. Heute zwischen zwei moderne Gebäude gepackt, bietet die Kirche immer noch Raum für 1500 Gläubige bei den sonntäglichen Gottesdiensten um 8 und 11 Uhr. Während der Woche ist die Kirche von 10 bis 16 Uhr geöffnet.

Lincoln Park (3) an E. Capitol St. zwischen 11th und 13th St. ehrt sowohl Präsident Abraham Lincoln als auch die schwarze Erzieherin Mary McLeod Bethune. Lincolns gut 3,5 m hohe Bronzestatue, Emancipation Statue oder Freedmen's Memorial genannt, wurde 1876, elf Jahre nach seinem Tod, eingeweiht und zeigt den Bürgerkriegspräsidenten mit der Freilassungserklärung in einer Hand auf eine kniende Figur deutend, an der man noch die Fesseln der Sklaverei erkennt. Die Statue wurde durch Spenden freigelassener Sklaven finanziert. Charlotte Scott, ehemalige Sklavin aus Virginia, hatte die Idee und spendete die ersten fünf Dollar von letztlich 18 000, die zusammenkamen.

Fast ein Jahrhundert später wurde Lincolns auf das Kapitol blickende Statue umgedreht, um einem Denkmal von Mary McLeod Bethune am Ostende des Parks zugewandt zu sein. Im Jahre 1880 als fünfzehntes von 17 Kindern ehemaliger Sklaven geboren, gründete die außergewöhnliche Frau das Bethune-Cookman-College, beriet vier US-Präsidenten

Die Emancipation Statue

in Erziehungsfragen und diente Franklin Roosevelt als Director of Negro Affairs im Jugendministerium. Nach dem Zweiten Weltkrieg arbeitete die 1955 verstorbene Erzieherin als Beraterin der Vereinten Nationen. 1974 wurde die von Robert Berks geschaffene Statue enthüllt. Sie zeigt zwei Kinder, die nach einer Zeugnisrolle in Mary McLeod Bethunes Hand greifen.

Im **Frederick Douglass House** (4, 1411 W St. S.E., Anacostia; geöffnet: tägl. 9–16 Uhr, außer Thanksgiving, 25.12. und 1.1.) gedenkt man dem einstigen Sklaven, der sich, der bestehenden Todesstrafe zum Trotz, selbst lesen und schreiben beibrachte und Führer der Anti-Sklaverei-Bewegung wurde. Schriftsteller und Staatsmann in späteren Jahren, kaufte er 1877 Cedar Hill, ein viktorianisches Haus mit 20 Zimmern.

Die Besichtigungstour des zu 90% original möblierten Hauses beginnt am Besucherzentrum mit einem Film über das Leben von Frederick Douglass. Der Fußweg hinauf zu Cedar Hill wird belohnt durch einen schönen Panoramablick über den Anacostia-Fluß sowie zum Kapitol und den Monumenten der Mall.

Die weltbekannte **Howard University** (5, 2400 6th St. N.W.) ist die ›Erziehungshochburg‹ für Schwarze in den USA. Unmittelbar nach dem Bürgerkrieg wurde die Schule für freie Schwarze vorgeschlagen, Präsident Andrew Johnson unterzeichnete die Gründungsurkunde am 2.3.1867. Die Universität wurde nach dem weißen General Oliver Otis Howard benannt, dem Leiter des Freedmen's Bureau und prominenten Förderer der Schule. Rund um den weitläufigen zentralen Hof der Universität stehen die Rankin Memorial Chapel und daneben die Founders Library, deren Singarn Research Center die größte Sammlung von Literatur zur Geschichte und Kultur der Afro-Amerikaner beherbergt. Im Glockenturm der Bibliothek werden Ausstellungen zur Geschichte der Schwarzen gezeigt.

LeDroit Park (6), südlich der Universität und begrenzt von der 2nd St. im Osten, 6th St. im Westen, W St. im Norden und Florida Ave. im Süden, ist kein Park sondern ein Stadtviertel mit Villen in neo-gotischem Stil und viktorianischen Reihenhäusern. Den historischen Kern aus den 70er Jahren des 19. Jh. bilden die Häuser des 400er Blocks an der U St. und des

500er Blocks an der T St. Howard verkaufte das Land, um Mittel für die Universität zu bekommen. Einige Jahre lang versuchten weiße Bauherrn, die einen Grenzzaun zum Universitätsgelände errichtet hatten, Schwarze aus diesem Gebiet fernzuhalten. 1891 fiel der Zaun, Weiße verließen die Gegend und Schwarze der Mittelklasse bezogen das Viertel.

Berühmte Schwarze wohnten in LeDroit Park, wie der erste schwarze Armee-General Benjamin Davis und der Dichter Paul Lawrence Dunbar. Nach den Rassenunruhen 1968 verfiel LeDroit Park, zahlreiche Familien zogen in die nahen Vororte von Maryland. In den vergangenen Jahren aber ließen sich erneut schwarze Akademiker und auch junge weiße Familien in dem Viertel nieder, dessen Restaurierung langsam voranschreitet.

Im **Mary McLeod Bethune Council House** (7, 1318 Vermont Ave. N.W., ✆ 2 02-3 32-12 33, geöffnet: tägl. 10–16.30 Uhr) lebte die Erzieherin und New Deal-Politikerin von 1943 bis 1950. Heute ist das Haus Heimat des National Council of Negro Women, den Bethune gründete. Das vom National Park Service betreute Gebäude, ein Zentrum für die Geschichte schwarzer Frauen in den USA, zeigt zahlreiche Ausstellungen zum Thema.

Natürlich berührt der Black History Trail nur eine Auswahl von Stätten schwarzer Geschichte in Washington. Zu nennen wären unter anderem noch die Charles Sumner School, 17th und M St., die erste Schule für befreite Sklaven; das National Museum of African Art an der Independence Ave.; das Anacostia Museum, 1901 Fort Place S.E.; Healy Hall, das nach dem Gründer von der Georgetown University benannte Audimax der berühmten katholischen Universität, oder auch 1212 T St. N.W., wo Duke Ellington aufwuchs.

Mehrere Galerien und Geschäfte in Washington haben sich auf die Produkte von schwarzen Künstlern konzentriert. Zu den populärsten gehören Wonderful Things (616 E. St. N.W., ✆ 2 02-3 93-84 13, geöffnet: Mo–Fr 11–18, So 12–18 Uhr), Sun Gallery, 2324 18th St. N.W. und Sun Gallery Goldsmiths, direkt daneben, ebenfalls im Stadtteil Mount Pleasant. Kunstgegenstände, handgemalte Karten, Schmuck und Modeschmuck sind hier zu finden. Die Geschäftsstunden der Sun Gallery sind zu erfragen unter ✆ 2 02-3 28-68 20.

Im Jahre 1990 erschien der »Guide to Black Washington«, ein gut geschriebener, detaillierter Führer zu den erhaltenen und vergessenen Stätten schwarzer Geschichte in Washington. So denkt man im Lafayette Park gegenüber dem Weißen Haus nicht gleich daran, daß hier die Sklavenauktionen von Washington stattfanden. Auch weiß man nicht unbedingt, daß auf dem Boden der Folger Shakespeare Library in Capitol Hill einst die Asyle für Sklaven standen, die aus dem Süden in das ›freie‹ Washington geflüchtet waren.

Spaziergänge durch Washington

Georgetown
Das Schwabing der Hauptstadt

Geographisch gesehen umfaßt Georgetown lediglich zehn Häuserblocks im Quadrat, Häuserblocks vollgepackt mit Stadtleben und Geschichte. Am nördlichen Ende, oben auf dem Hügel, wird der Stadtteil von Park und Villa Dumbarton Oaks und dem Old Oak Hill-Friedhof begrenzt. Am südlichen Ende von Georgetown fließt der Potomac, wo zwei Jahrhunderte lang Sklaven Tabak in alle Welt verschifften. In die Sklavenlager von einst entlang der M St. sind heute Yuppie-Lokale eingezogen, am Fluß soll eine Uferpromenade bis zum Kennedy Center entstehen.

Im Westen von Georgetown ragen die Türme der Georgetown University gen Himmel. Im Jahre 1789 von John Carroll gegründet, war sie die erste katholische Universität der USA. Im Osten schließlich bildet der Rock Creek die Grenze des Stadtteils, der manchmal das Schwabing von Washington genannt wird. Zutreffen kann das nur für die Explosion des Kneipenmilieus, denn noch Ende der 60er Jahre gab es in Georgetown gerade 13 Bars und Restaurants mit einer Alkohollizenz, heute sind es 134 – Tendenz steigend.

Georgetown hat viele Gesichter (s. Farbabb. 6, 14, 15). Am Morgen werden Kinderwagen geschoben und Hunde ausgeführt, drängen Büroangestellte in Harold's Delikatessen-Laden an der 30th und M St., um Kaffee zu trinken. Mittags füllt die Bürowelt die Restaurants in Washington Harbour, am C&O Canal sowie entlang M St. und Wisconsin Ave. Am Nachmittag flanieren die Shopper durch die Straßen, kaufen Kleider, Antiquitäten und Schmuck. Dazwischen kann man einige ältere, offensichtlich wohlhabende Damen zum Tee bei Freunden gehen sehen oder Anwohner, die bei Neams and Sheele ihre Einkäufe erledigen.

Gegen Abend steigert sich – vor allem am Wochenende – die Geschäftigkeit zum Inferno, wenn die Jugend nach Georgetown strömt und zusammen mit den Limousinen von Partygängern die ohnehin hoffnungslos zugeparkten Straßen ausfüllt. In den Diskotheken und Musiklokalen geht dann bis in den frühen Morgen ›die Post ab‹, und geplagte Georgetowner stöhnen: »Es ist hier wie Ecke Broadway und 42nd St. in New York«. Noch vor wenigen Jahrzehnten war das ganz anders. Da ging man in das nicht mehr existierende Rive Gauche essen, trank einen in der B&J Motorradbar oder ging zum Talentabend ins Silver Dollar. Das war's dann auch so ziemlich.

Hinter der glitzernden Fassade von M St. und Wisconsin Ave. hat Georgetown einiges seiner alten Art bewahrt. Hier leben nach wie vor die *rich and famous*, altes Geld, wie man in Europa sagen würde, etablierte Gesellschaft in großzügigen alten Villen. Namen wie Harriman und Acheson weisen darauf hin, daß man in der Hauptstadt ist. Katharine

Georgetown
1 Washington Harbour
2 Ehemaliges Wohnhaus von Thomas Jefferson
3 Holzhäuser
4 Old Stone House
5 Ehemaliges Zollamt
6 Schmalstes Haus in Georgetown
7 Ehemaliges Wohnhaus von Averell Harriman
8 ›Gewehrlaufzaun‹
9 Dumbarton House
10 Evermay

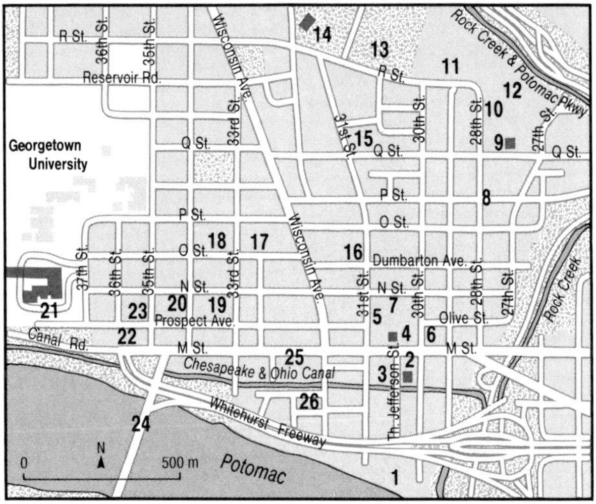

11 Oak Hill Cemetery 12 Mount Zion Cemetery 13 Montrose Park 14 Dumbarton Oaks 15 Tudor Place 16 Methodist Episcopal Church 17 St John's Church 18 Bodisco House 19 Ehemaliges Stadthaus von John F. Kennedy 20 Cox Row 21 Lauinger Library 22 Treppen zur M Street 23 Prospect House 24 Francis Scott Key Bridge 25 Einkaufsmall Georgetown Park 26 Obelisk

Graham, die Eigentümerin der »Washington Post«, lebt in einem eindrucksvollen Anwesen an der R St. Liz Taylor wohnte hier während ihrer Ehe mit Senator Warner und Jacqueline Kennedy nach der Ermordung des Präsidenten.

Georgetown ist eine der ersten Adressen nicht nur in Washington, und es zieht ›neues Geld‹ und neue Namen an, wie zum Beispiel den ›Watergate-Enthüller‹ der »Washington Post«, Bob Woodward. Viel verändern dürfen die Neuen nicht, die beim Immobilienboom in diesem Stadtteil Millionen von Dollar ausgeben mußten, denn seit 1967 ist Georgetown als historisches Viertel geschützt, und alle architektonischen Veränderungen müssen von einer Kunst- und Baukommission genehmigt werden.

Es gibt viele Gründe, die Geschichte von Georgetown zu bewahren. Sie begann 1751, als das Parlament von Maryland die nach König George II. benannte Stadt an dem Ort gründete, wo sich ein reger Tabakumschlagplatz etabliert hatte. Georgetown, am nördlichsten schiffbaren Punkt des Potomac gelegen, war für viele Tabakplantagen erreichbar. Im Jahre 1785 begann die Arbeit am Chesapeake and Ohio Canal (C & O Canal), der den Potomac mit dem Ohio-Fluß und letztlich mit dem Mississippi verbinden sollte; die Arbeiten erreichten Georgetown 1830. 1790 wurde Georgetown in den District of Columbia einbezogen, eine in den nächsten fünf Jahrzehnten für die Stadt segensreiche Tatsache, denn während die zukünftige Hauptstadt nur langsam Gestalt an-

Am Chesapeake and Ohio Canal

nahm, fungierte Georgetown nicht nur als Hafen der Hauptstadt sondern auch als schicke Wohnadresse, als Hotel- und Restaurantstadt, ganz so, wie es 200 Jahre später wieder sein würde.

Dampfschiffahrt und Eisenbahn beraubten Georgetown im 19. Jh. seiner wirtschaftlichen Grundlagen. Für die neuen Dampfschiffe war der Potomac nicht tief genug, und die Eisenbahnen Richtung Chicago machten den C&O Canal überflüssig, noch bevor er richtig angefangen hatte zu operieren. Im Jahre 1871 wurde Georgetown ein Stadtteil von Washington, bis Mitte dieses Jahrhunderts blieb es eine wenig geschätzte Adresse. Spekulanten errichteten unzählige viktorianische Reihenhäuser zwischen den Bürgervillen der Gründerzeit, zerteilten die Gärten, und bauten Reihenhäuser, bis Georgetown den dörflichen Charakter annahm, den Besucher heute wahrnehmen.

Georgetown kennenlernen heißt Georgetown durchwandern. Es hat keinen U-Bahnanschluß – die Einwohner wollten keinen, weil sie glaubten, es würde zuviel ›zweit- und drittklassiges‹ Publikum in ihren Stadtteil bringen. Am besten nimmt man deshalb ein Taxi hinunter zum Washington Harbour-Komplex. Mit dem Wagen nach Georgetown zu fahren, bringt nur Ärger oder Kosten. Parkplätze gibt es keine oder sie sind unverschämt teuer, und ›kreatives Parken‹ endet leicht mit einem Eisenfuß am Rad – sehr teuer!

Von **Washington Harbour** (1, vgl. S. 61) beginnt der Spaziergang die Thomas Jefferson St. hinauf Richtung M St. Bald überquert man den C&O Canal, der nie wirklich seine geplante Funktion erfüllte und 1924 während eines Hurrikan schwer beschädigt und nicht wieder repariert wurde. Heute gibt es noch einzelne Kanalabschnitte bis hinüber nach Harpers Ferry an der Grenze von Maryland und West Virginia sowie weiter bis Cumberland in West Virginia. Viele dieser Abschnitte sind zwischen Kanal und Potomac gelegene idyllische Spazier- und Radfahrwege mit alten, teils noch funktionierenden Schleusen.

Auch der Kanalteil in Georgetown bietet einen reizvollen kleinen Spazierweg, vor allem aber im Sommer eine 90 Minuten dauernde Bootsfahrt. Wie ursprünglich einmal vorgesehen, wird die Barke von Maultieren gezogen, und die Fährleute erzählen während der gemütlichen Fahrt alles über die gute alte Zeit des 19. Jh. (Fahrplan und Kosten: National Park Service ✆ 202-472-4376). Direkt neben dem Pfad für die Zugtiere steht eine Reihe kleiner, um 1870 gebauter **Holzhäuser** (3).

Woher die Straße ihren Namen hat, wird an der Hausnummer 1047 deutlich – von **Thomas Jefferson** (2). Lange bevor das heutige Bürohaus gebaut wurde, lebte Jefferson dort, während er Außenminister im Kabinett von George Washington war. Gegenüber der Einmündung der Thomas Jefferson St. in die M St. steht, Hausnummer 3051, das **Old Stone House** (4, ✆ 202-426-6851, geöffnet: Mi–Sa 9–17 Uhr). Es wird als das älteste Gebäude im District angesehen und auf das Jahr 1766 datiert. Schöner noch als die Möbel aus dem 18. Jh. ist der vom Park Ser-

Washington Harbour

vice vorbildlich betreute öffentliche Garten des Hauses.

Der Weg führt entweder entlang der 31st oder der 30th St. zur N St. 1221 31st St. beherbergt heute ein Postamt. Das im Stil der italienischen Renaissance 1857/58 erbaute Gebäude diente ursprünglich dem **Zollamt** für den geschäftigen Hafen von Georgetown (5). 1239 30th St. ist das **schmalste Haus in Georgetown,** gerade 3,30 m breit (6).

Zwischen 30th und 31st St. an der N St. stehen mehrere historische Georgetown-Häuser. Hausnummer 3014 N St., das Laird-Dunlop House, wurde 1799 von John Laird gebaut, der sein Vermögen mit Tabakhandel gemacht hatte. Später war es das Heim des Obersten Richters James Dunlop, den Präsident Lincoln als Sympathisanten des Südens ausmachte und vom Obersten Gerichtshof verwies. Anfang dieses Jahrhunderts lebte Robert Todd Lincoln, der Sohn des Präsidenten hier, der als Kriegsminister und Botschafter in London diente. Gegenüber, Hausnummer 3017, steht das Beall House. Thomas Beall, der Bürgermeister von Georgetown, wohnte hier, seinem Großvater Ninian Beall hatte ursprünglich einmal das meiste Land in Georgetown gehört. Nach der Ermordung ihres Mannes lebte Jacqueline Kennedy hier. Hausnummer 3038 (7), ein gutes Beispiel für die großzügigen Villen des frühen 19. Jh., war das Heim von **Averell Harriman,** dem US-Botschafter in Moskau während des Zweiten Weltkriegs und Berater der Präsidenten Roosevelt und Truman.

Ecke 28th und P St. steht einer der ungewöhnlichsten Zäune von Georgetown, der **›Gewehrlaufzaun‹** (8). Mitte des 19. Jh. baute der einfallsreiche Schmied Reuben Daws aus 100 alten Musketenläufen diesen Zaun, den viele zu kopieren versuchten. Von der 28th St. biegen Sie rechts ab in die Q St. und kommen, Hausnummer 2715, zum ältesten im georgianischen Stil gebauten Haus von Georgetown, dem **Dumbarton House** aus dem Jahre 1747 (9). Es dient heute als Zentrale der National Society of Colonial Dames of America und bietet einen hervorragenden Blick über den Rock Creek Park (geöffnet: Mo–Sa 9–12 Uhr, Juli und August geschlossen; ✆ 2 02–3 37–22 88).

Zurück zur 28th St. und weiter bergauf, steht, Hausnummer 1623, **Evermay** (10). Wie ein englischer Landsitz liegt diese georgianische Villa hinter einer kreisförmigen Auffahrt. Sie wurde 1801 gebaut und erst in jüngster Vergangenheit nach vielen Verfälschungen wieder originalgetreu restauriert. Jedes Jahr gibt es hier Tee am Ende der Georgetown Garden Tour (im April, ✆ 2 02–3 33–49 53). Samuel Davidson erwarb das Grundstück 1794, nachdem er sein Land, auf dem heute das Weiße Haus steht und der gegenüberliegende Lafayette Park liegt, an die Regierung verkauft hatte.

Zwei Blocks weiter an der R St. ist der Eingang zum **Oak Hill Cemetery** (11, geöffnet: Mo–Fr 8–16.30 Uhr), der am abfallenden Rand des Rock Creek gelegen, mit der gotischen Renwick Chapel und den Mausoleen, dic entlang sich windender Wege unter alten Bäumen stehen, an italienische Friedhöfe erinnert. Oak Hill Cemetery ist durchaus nicht nur ein Platz der Trauer und des Gedenkens, dort finden auch Trauungen statt, und die ausgedehnte, 10 ha große Anlage lädt zum Bummeln ein. Der Kunstmäzen William Corcoran ist hier ebenso beerdigt wie Dean Acheson, Trumans Außenminister. Auch heute noch kann man Grabstätten für 3500 bis 10 000 Dollar kaufen.

Östlich des Oak Hill Cemetery erstreckt sich der **Mount Zion Cemetery** (12, vgl. S. 118). Weiter geht es die R St. entlang, vorbei am **Montrose Park** (13) zu dem großartigen Besitz **Dumbarton Oaks** (14, Hausnummer 3101, Eingang 1703 32nd St., ✆ 2 02–3 38–82 78; Garten geöffnet: im Sommer tägl. 14–18, im Winter 14–17 Uhr, Sammlung geöffnet: Di 14–17 Uhr). Nach dem Spaziergang ist dieses Ziel sicher einen weiteren Besuch wert, um die Sammlun-

Das Old Stone House

gen byzantinischer und präkolumbischer Kunst in Ruhe zu betrachten, die 1989 wieder eröffnet wurden, ebenso wie die ausgedehnten Gartenanlagen.

John Calhoun wohnte während seiner Amtszeit als Vizepräsident von 1825 bis 1832 in dem großartigen, in georgianischem Stil erbauten Haus, das in späteren Jahren erweitert wurde. Im Jahre 1920 kaufte Robert Woods Bliss Dumbarton Oaks. Bliss, ein wohlhabender Diplomat, der in Argentinien als Botschafter diente, hatte großes Interesse an präkolumbischer und byzantinischer Kunst. Seine Frau ließ die Gärten des Besitzes anlegen. 1940 vermachte Bliss das Anwesen und die Sammlungen der Harvard University, die den Besitz bis heute verwaltet. 1944 fand hier die Konferenz der Alliierten statt, deren Ergebnisse zur Gründung der Vereinten Nationen führte.

Als nächstes führt der Weg zur Ecke 31st und Q St. 1644 31st St. ist die Adresse der klassizistischen Villa **Tudor Place,** die auf einem gut 2 ha großen Grundstück liegt (15, Besichtigung nach Anmeldung ✆ 202–965–0400). Die 1816 von William Thornton gebaute Villa wurde von dem schottischen Tabakhändler Thomas Peter in Auftrag gegeben. Nach dem Tode von Armistead Peter III. 1983 entschied die Tudor Place Foundation, das Anwesen für die Öffentlichkeit zugänglich zu machen. Immer im Besitz einer Familie gewesen, zeigt das Haus einen Querschnitt durch gehobene US-Wohnkultur. In den ausgedehnten Gärten wachsen zahlreiche Bäume und Pflanzen aus dem 19. Jh.

Dumbarton Oaks

Nun geht es bergab zur Ecke 31st und Dumbarton St. und rechts die Dumbarton St. entlang. Während des Bürgerkriegs besuchte Lincoln die **Methodist Episcopal Church,** Hausnummer 3133 (16). Später diente die heute United Methodist genannte Kirche als Spital der Union, der Dichter Walt Whitman half als Pfleger. Weiter geht es zur **St John's Church** auf der Westseite von Wisconsin Ave., 3240 O St. (17, geöffnet: Mo–Fr 9–16.30 Uhr). Francis Scott Key, der Autor der amerikanischen Nationalhymne »Star Spangled Banner« ging hier zum Gottesdienst.

Einen Block weiter, 3322 O St. liegt das **Bodisco House,** einst russische Botschaft in den USA (18). Um die Ecke an der Kreuzung 33rd und N St. steht, Hausnummer 3307 N St., das rote Backsteinhaus, das Senator **John F. Kennedy** für seine Frau nach der Geburt ihrer Tochter Caroline kaufte (19). In dem zweistöckigen Haus schmiedeten die Kennedy-Brüder die Strategie für Johns erfolgreichen Präsidentschaftswahlkampf. Auf dem Weg zur Georgetown University passiert man an der Ecke 34th und N St. die Häuserreihe **Cox Row** (20). Diese 1817 von dem wohlhabenden Händler John Cox gebauten Stadthäuser gehören bis heute zu den schönsten und ansehnlichsten Gebäuden in Washington.

An 37th St. und O St. liegt der Eingang zur Georgetown University, der ältesten katholischen Universität in den USA. Vor allem die Diplomatenschule, aber auch die juristische und medizinische Fakultät genießen einen ausgezeichneten Ruf. Den Mittelpunkt der 1789 gegründeten Universität bildet das im flämischen Renaissance-Stil gebaute Healy Building. Dort befindet sich die schönste viktorianische Halle in Washington, Gaston Hall, sozusagen das Audimax der Universität. Das Gebäude ist nach dem Jesuiten Patrick Healy benannt, der als erster Schwarzer Präsident einer vornehmlich von Weißen besuchten Universität wurde. Im modernen Gebäude an der 37th St. ist die **Lauinger Library** mit einer über 65 000 seltene Bücher und Manuskripte umfassenden Sammlung untergebracht (21, ✆ 202-687-7454, geöffnet: Mo–Sa 8.30–22 Uhr).

Nur wenige Meter von der Ecke 36th und Prospect St. entfernt führen schwarze **Treppenstufen** hinunter zur M St. (22). Einst dienten sie als Kulisse im Film »Der Exorzist«, heute trainieren dort die Rudermannschaften von Georgetown. Das 1788 erbaute **Prospect House,** an der Ecke von 35th und Prospect St. (23, 3508 Prospect St.) war nach dem Zweiten Weltkrieg, als das Weiße Haus renoviert wurde, das Gästehaus der Regierung.

An der Ecke von 34th und M St. geht der Blick nach rechts zur **Francis Scott Key Bridge,** die den District mit Virginia verbindet (24). Die vom Ingenieurkorps der Armee gebaute Brücke ersetzte einen 1843 eröffneten Aquädukt, der Fußgänger und Wagen wie auch Schiffe auf einer eigenen Ebene über den Potomac zum C&O Canal trug. Im Jahre 1923 wurde die neue Brücke eröffnet und nach dem Autor der Nationalhymne »Star Spangled Banner« Francis Scott Key Bridge genannt. Washingtoner bezeichnen sie allerdings wegen des oft chaotischen Verkehrs als *Car Strangled Spanner.*

Rock Creek Park und Zoo

Viele der großen US-Städte haben ihren heiß geliebten Stadtpark. Was wäre New York ohne Central Park, San Francisco ohne Golden Gate Park, Philadelphia ohne Fairmount und Boston ohne seine Commons oder Back Bay Fens? Nach einem Besuch der Mall in Washington könnte man nun denken, die grüne Achse vom Kapitol zum Potomac würde diese Rolle für Washington spielen. Weit gefehlt. Die Hauptstadt hat ihre eigene Wildnis, einen Stadtpark, der sich dadurch auszeichnet, daß man ihn weitgehend unberührt belassen hat, soweit das in einer Großstadt möglich ist. 15 km zieht sich der Rock Creek Park vom Kennedy Center am Potomac, vorbei an Georgetown und am National Zoo, immer parallel zur 16th St., bis die stadtauswärts breiter werdende grüne Wildnis die Grenzen des District überschreitet und nach Maryland hineinragt.

Rock Creek Park ist vieles zugleich: unberührte Natur und Schnellstraße, ein Jogger-Paradies und Angleralptraum, vor allem aber Ausflugsziel um die Ecke für Zehntausende von Bewohnern der Hauptstadt. Im Jahre 1890 unterzeichnete nach vielen Initiativen und langen Auseinandersetzungen Präsident Benjamin Harrison ein Gesetz, um die teils tief eingeschnittene grüne Wildnis in der Stadt zu bewahren – 700 ha, einst Jagdgründe der Algonquin-Indianer. Damit war das Tal des Rock Creek vor weiterem Mißbrauch als Müllhalde und Abwasserkanal gerettet, zugleich aber auch dem Zugriff öffentlicher und privater Planer entzogen, die es mit einem Staudamm versehen und als Wasserreservoir nutzen oder in Bauland umwandeln wollten.

Bis auf die Straßen im Rock Creek Park, die zumeist eine schnelle Fahrt durchs Grüne in die Stadt erlauben, und den Zoo blieb das Tal unbebaut. Aber nicht unverschmutzt. Trotz vieler Anstrengungen ist der Rock Creek immer noch nur ein Bach oder nach viel Regen ein kleiner Fluß, vor dessen Wasserverschmutzung die Gesundheitsbehörden warnen. Der Park hat trotzdem seinen Wildnischarakter weitgehend bewahrt. Der Anblick von Hirschen, Waschbären und Füchsen ist keine Seltenheit, und im April blühen dort unzählige Blumen.

Man kann den Park in seiner ganzen Länge vom Westende der Mall bis zur noch arbeitenden Old Pierce-Mühle in Maryland (Tilden St./Beach Dr., ✆ 202-426-6908, geöffnet: Mi–So 9–17 Uhr) durchwandern oder dort mit dem Fahrrad fahren. Am Wochenende ist der Beach Dr. für den Autoverkehr gesperrt. Einen Überblick über den Park verschafft man sich mit einem Besuch des Rock Creek Nature Center, wo Filme gezeigt und Touren angeboten werden. Im Rock Creek Horse Center kann man Ponys mieten und den Park erkunden wie anno dazumal. Beide Zentren sind Mo–Fr von 9.30–17, am Wochenende von 12–18, im Winter bis 17 Uhr geöffnet. Spezielle Programme werden am Wochenende um 14, Parkführungen um 15 Uhr angeboten. Adresse: 5200 Glover Rd., südlich der Military Rd. an der Oregon Ave. N.W. ✆ 202-426-6829; allgemeine Information über den Park ✆ 202-426-6834. Im Rock Creek Park gibt es zahlreiche hübsche Picknickplätze, Tischreservierungen von März bis Okt. ✆ 202-673-7646.

Der 70 ha große **National Zoological Park** mit rund 3000 Tieren erregt die Gemüter in Washington immer dann, wenn ein Gast-Panda aus London oder sonstwo eingeflogen wird, um den einst Präsident Nixon zum Geschenk gemachten ›Lokal-Pandas‹ Ling-

Ling und Hsing-Hsing Gesellschaft zu leisten und womöglich zu Nachwuchs zu verhelfen. Der kurz Washington Zoo genannte Tierpark gehört zur Smithsonian Institution. Die Wege durch den in den Rock Creek Park hinunterreichenden Zoo sind farbig gekennzeichnet (orange: Löwenpfad; braun: Elefantenpfad usw.). Eingänge sind im Rock Creek Park, Harvard St.-Eingang, und 3001 Constitution Ave. (geöffnet tägl. 8–20 Uhr, ✆ 2 02-6 73-48 00).

Entlang der M St. gelangt man zurück ins kommerzielle Herz von Georgetown mit der wohl nobelsten Einkaufs-Mall von Washington, **Georgetown Park** (25, 3222 M St). Ein Bummel lohnt nicht nur wegen der vielen Geschäfte – auf der Rückseite kommt man an den C&O Canal –, auch die gelungene Architektur der Mall ist sehenswert. Zum Abschluß führt der Weg noch ein Stück die Wisconsin Ave. hinunter mit einem kleinen **Obelisk** (26), der anläßlich der Vollendung des dann doch nie voll funktionierenden Chesapeake-und-Ohio-Kanal errichtet wurde.

Der ›Gewehrlaufzaun‹

Capitol Hill

Leben im Schatten des Kapitols

Capitol Hill hieß ursprünglich Jenkins Hill, und Hauptstadtarchitekt Pierre L'Enfant sah darin einen »Sockel, der auf ein Monument wartet«. Mit dem Kapitol ist diese Vision in Erfüllung gegangen, und rundherum entstanden mit dem Obersten Gerichtshof, der Library of Congress und den Bürogebäuden des Kongresses zahlreiche Nebengruppen des Monuments (vgl. S. 42 ff., 39 ff. und 32 ff.).

Aber das ist nur ein Teil von Capitol Hill und nicht einmal jener, den L'Enfant im Sinn hatte. Der erwartete nämlich, daß sich die Stadt in Richtung Osten, zu den Ufern des Potomac und Anacostia hin, entwickeln würde, die Seite, auf der auch der Eingang zum Kapitol liegt. Es kam anders, gleichwohl entstand ›hinter dem Kapitol‹ ein Wohngebiet, in dem zunächst vor allem Kongreßabgeordnete lebten. Heute zählt Capitol Hill zu den reizvollsten Ecken der Hauptstadt.

In den 15 Straßenblocks von Capitol Hill zwischen dem Kapitol und dem Robert F. Kennedy Stadion erstreckt sich ein sozialer, kultureller und architektonischer Mikrokosmos. Häuser mit klar gegliederten Fassaden des Federal Style stehen neben viktorianischen Türmchenhäusern und edwardianischen Bauten mit Erkern. Dort wohnen Senatoren und Briefträger, Journalisten und Lobbyisten, Spione und Spediteure.

Obwohl auch auf dem Hill viele Häuser dem ›Fortschritt‹ zum Opfer fielen und viele der Alleys, der kleinen Straßen auf der Rückseite der Häuserblocks, nicht mehr bestehen, blieb der historische Charakter von Capitol Hill doch weitgehend erhalten. Seit den späten 50er Jahren wurden mehr und mehr alte Häuser von neuen Eigentümern renoviert. Zwei U-Bahnlinien im Norden (Red Line) und im Süden (Blue Line) machen Capitol Hill leicht erreichbar.

Im Norden, an dem 1988 in neuem Glanz wiedereröffneten Bahnhof Union Station, bietet sich ein guter Ausgangspunkt für einen Rundgang über den Hill.

Wenn Sie gegrillten Lobster essen wollen in dem Salon, wo Präsident Kennedy den äthiopischen Kaiser Haile Selassie empfing, wenn Sie einkaufen wollen zwischen römischen Säulen und pompejischen Fresken, dann sind Sie hier richtig im einzigen Bahnhof von Washington, der **Union Station** (1).

Als der monumentale, neoklassizistische Bau 1907 eingeweiht wurde, gab es in den USA 80 000 von lautem Leben erfüllte Bahnhöfe, heute sind es noch 8000, und die wenigsten davon dienen noch als Stationen für Eisenbahnen. Auch um die Union Station schien es 1981 fast geschehen, nachdem der Versuch, das Gebäude als Besucherzentrum der Hauptstadt zu nutzen, kläglich gescheitert war, die Decke undicht wurde und Tau-

Capitol Hill

1 Union Station
2 Government Printing Center & Bookstore
3 Capital Children's Museum
4 Sewall-Belmont House
5 Folger Shakespeare Library
6 Ehemaliges Wohnhaus von Frederick Douglass
7 Philadelphia Row
8 Eastern Market

ben sowie Obdachlose den ehemaligen Bahnhof übernahmen.

Ein trauriges Ende für eines der großen Eisenbahndepots der USA schien gekommen, nicht einmal 75 Jahre nachdem der Pennsylvania Avenue-Bahnhof mit seinen die Mall überquerenden Gleisen aufgelöst worden war und seit dem 27.10.1907 aller Eisenbahnverkehr in die Hauptstadt an der Union Station unweit des Kapitols einlief. Sieben Jahre und 160 Mio. Dollar später erstrahlte der Bahnhof 1988 wieder in altem Glanz als Mall mit Restaurants und Kinos. Allein das Gebäude mit seinen Marmorfußböden und Kassettendecken sowie den langen Hallen mit dorischen Säulen ist unbedingt einen Besuch wert.

Die Renovierung der Union Station hat stadtplanerische Bedeutung auch insofern, als der Bahnhof in einem Teil von Washington liegt, den man noch vor fünf oder zehn Jahren kaum betreten hätte. In den 80er Jahren begann eine von Pennsylvania Ave. und Constitution Ave. ausgehende Stadtrenovierung zwischen 13th und 3rd St. N.W., die bis zur I St. nach Norden reicht und Chinatown, das Convention Center und Tech World einschließt. Da neben der Union Station ein neues Gebäude der Bundesjustiz entstehen soll, könnte von diesem Ort die Sanierung weiter in den Osten der Stadt vorangetrieben werden.

Am pompösen Postamt auf der Westseite des Bahnhofs vorbei und auf N. Capitol St. nach Norden, stößt man zwischen G und H St. linker Hand auf das **Government Printing Center & Bookstore** (2, ✆ 2 02–2 75–35 41, geöffnet: Mo–Fr 8–16 Uhr). Dem Guinness-Buch der Rekorde zufolge ist es der Welt größte Druckerei mit 5000 Arbeitern und genug bedrucktem Papier pro Jahr, um einen 40 km langen Güterzug zu füllen. Der Buchladen bietet 3000 und in einem Katalog weitere 170 000 Titel an, von den Protokollen des Parlaments, NASA-Führern und National Park-Führern, allen möglichen Ratgebern bis zu Biographien und Geschichtsbüchern.

Auf der Ostseite der Union Station, an der Ecke 3rd St. N.E. und H St. – Nr. 800 3rd St. – steht das **Capital Children's Museum,** ein Spielparadies zum Ausprobieren und Lernen für Kinder (3, 800 3rd St., ✆ 2 02–5 43–86 00, geöffnet: tägl. von 10–17 Uhr). Mehrere Ausstellungen wechseln, und in drei Räumen kann man ein Kommunikationszentrum mit Beispielen aus der Zeit der Höhlenmalerei bis zum Computer erforschen sowie Umwelt in Stadt und Dorf und einen mexikanischen Markt erleben, wo die Kinder selbst Tortillas backen und Kakaobohnen mahlen dürfen.

Der Weg zum Hill führt zunächst durch den grünen Capitol Hill Park, auf dessen Treppen man einen schönen Blick auf die Kuppel des Kapitols hat. Rechter Hand steht ein Senator Robert A. Taft aus Ohio gewidmeter Glockenturm, dessen 27 Glocken alle 15 Minuten erklingen.

Entlang Constitution Ave. mit dem Kapitol auf der rechten Seite passiert man die Bürogebäude des Senats und erreicht das **Sewall-Belmont House** (4, 144 Constitution Ave., ✆ 2 02–5 46–39 89, geöffnet: Di–Fr 10–15, Sa und So 12–16 Uhr). Das 1800 von Robert Sewall errichtete zweistöckige Stadthaus ist das älteste Gebäude auf dem Capitol Hill. Finanzminister Albert Gallatin verhandelte hier 1803 den Louisiana-Landkauf, mit dem die USA für 15 Mio. Dollar von Frankreich das Territorium zwischen Mississippi und Rocky Mountains kauften und auf einen Schlag ihre Größe verdoppelten.

Im Jahre 1929 erwarb die National Women's Party das Haus, in dem sie heute ihre Zentrale hat. Eine Ausstellung erinnert an die Gründerin der Partei, Alice Paul, und an die Ge-

Die Union Station

Das Arboretum

Im Nordosten der Stadt gelegen und deshalb oft übersehen, erstreckt sich auf 180 ha das National Arboretum, eine Mischung aus Baumschule, Naturmuseum und Park (vgl. Farbabb. 30–34). Ein Besuch lohnt sich zu jeder Jahreszeit, aber ganz besonders im April und Mai, wenn Zehntausende von Azaleen, Dogwoods, Magnolien, Kirschen und Rhododendren die Hügel und Täler des Parks in ein Farbenmeer verwandeln. Die Kirschblüten am Tidal Basin sind wunderschön, aber die Azaleenblüte im Arboretum hat absolut nichts Vergleichbares.

Versuchen Sie während der Woche und am Morgen das Arboretum zu besuchen, da sich an Wochenenden hier täglich mehr als 20 000 Washingtonians drängen. Aber nicht nur die Blüte, sondern auch die Baumsammlungen, eine Auswahl sehr wertvoller Bonsai und seit wenigen Jahren die irgendwie deplaziert wirkende Reihe von 22 korinthischen Säulen, die einst die Ostseite des Kapitols stützten und hier wieder aufgerichtet wurden, sind einen Besuch wert. Die Verkehrsverbindungen zur Bladensburg Rd., in deren unmittelbarer Nähe an der Ecke 24th und R St. der Eingang zum Arboretum liegt, sind allerdings miserabel. Es bleibt im Grunde nichts anderes, als mit einem Taxi oder dem eigenen Wagen dorthin zu fahren (geöffnet: Mo–Fr 8–17, Sa und So 10–17 Uhr, Bonsai-Ausstellung tägl. 10–14.30 Uhr).

schichte der Frauenbewegung in den USA von den Suffragetten bis heute. Alice Paul verfaßte 1920 den 19. Verfassungszusatz, der den Frauen in den USA das Stimmrecht gab. Von hier aus bietet sich die Besichtigung des Kapitols sowie des Obersten Gerichtshofs und der Library of Congress an (vgl. S. 42 ff., 32 ff.).

Der Spaziergang geht weiter entlang der 2nd St. an der Rückseite des Obersten Gerichts vorbei und links in die E. Capitol St., sozusagen die Mittelachse von Capitol Hill.

Auf der rechten Seite zwischen 2nd und 3rd St. liegt ein Juwel des Stadtteils, die **Folger Shakespeare Library** (5, ✆ 2 02-5 44-70 17, geöffnet: Mo–Fr 9–16 Uhr, Führungen Mo–Fr 11 und 13 Uhr). Das 1930 aus weißem Marmor errichtete Gebäude paßt mit seinem neoklassizistischen Stil zu den offiziellen Bauten der Nachbarschaft. Unter den neun Fenstern zieren Reliefs mit Szenen aus Skakespeares Stücken die Front. Während das Äußere den architektonischen Geist der Zeit widerspiegelt, versetzt das Innere des Gebäudes mit eichenholzverkleideten Wänden und geschnitzten Türrahmen Besucher in die Tudor-Zeit. Wie in aller Welt ist diese Bibliothek mit der Welt größten Sammlung von Shakespeare-Texten auf den Capitol Hill geraten?

Die Geschichte begann 1879, als der junge Henry Clay Folger im Amherst College während einer Vorlesung von Ralph Waldo Emerson den Satz: »Shakespeare hat uns gelehrt, daß die kleine Welt des Herzens größer, tiefer und reicher ist als der Raum der Astronomie« hörte und nicht mehr vergaß. Während seiner erfolgreichen Karriere – er stieg bis zum Aufsichtsratsvorsitzenden von

Standard Oil in New York auf – begann er zusammen mit seiner Frau Emily Shakespeare-Texte zu sammeln. Als die Sammlung wuchs, hielt das Ehepaar Folger nach dem Standort für eine Bibliothek Ausschau und entschloß sich schließlich für Washington. Folger verstarb nur zwei Monate nach der Grundsteinlegung der Bibliothek, die seine Frau in Anwesenheit von Präsident Herbert Hoover 1932 einweihte.

Die umfangreichen Sammlungen der Bibliothek, die mit 275 000 Büchern und Manuskripten nicht nur Werke von Shakespeare umfassen, wird heute vom Amherst College betreut. Die wertvollsten Bände sind ausgestellt. Außerdem veranstaltet die Bibliothek Seminare und Vorlesungen, trägt ein Musikensemble Stücke aus der Zeit von Shakespeare vor, ist die von der Bibliothek herausgegebene Zeitschrift »Shakespeare Quarterly« zu einer Institution geworden, und *last but not least* beherbergt das Bibliotheksgebäude ein Theater aus der Zeit des Dichters, in dem regelmäßig die Stücke des Meisters aufgeführt werden.

Im Garten der Bibliothek steht eine kleine Skulptur von Puck aus dem »Mittsommernachtstraum«, die sich von der nahegelegenen Politik im Kapitol abwendet. Und die Nachbarschaft des Obersten Gerichtshofs ignorierend, verkauft der Souvenirladen der Bibliothek T-Shirts mit einem Zitat aus »Heinrich VI.«: »Als erstes laßt uns alle Rechtsgelehrten umbringen«.

Einen Block von der Bibliothek entfernt, an der Ecke 3rd und A St. N.E. steht das Heim von **Frederick Douglass** (6), wo der schwarze Vorreiter der Bürgerrechtsbewegung von 1871 bis 1877 wohnte (vgl. S. 120). Schräg gegenüber, Nr. 326 A St. S.E. lebte Constantino Brumidi, der die Kuppel des Kapitols ausmalte. Weiter Richtung Osten auf der E. Capitol St. stehen vor dem Lincoln Park auf der linken Seite – Nr. 512 und 514 – zwei typische Häuser aus den 70er Jahren des 19. Jh. mit schmuckvollen Simsen und Fensterstürzen. Auf der 11th St. weiter Richtung Süden liegen – Nr. 124 und 154 – 16 Reihenhäuser, die James Gessford 1966 bauen ließ, um das Heimweh seiner Frau nach Philadelphia zu stillen. Die **Philadelphia Row** (7) fand 25 Jahre später ihre Fortsetzung mit den Nr. 200–228.

Auf dem Weg zum **Eastern Market** (8) sind die Adressen 314–316 9th

Brunnen vor der Library of Congress

Shop 'till you drop

Einkaufen auf Amerikanisch

Niemals und auf gar keinen Fall darf das Auto vernachlässigt werden! Das ist eine Grundregel, und all die Stadtplaner, die in den letzten zehn Jahren Innenstädte durch Fußgängerzonen wiederbeleben wollten, wissen nun reuevoll um ihr Versäumnis. Einkaufen und Laufen, das paßt schon zusammen, aber unter einem Dach muß es sein, klimatisiert, mit Hintergrundmusik, Palmen und Brunnen, Essen und Trinken und vor allem: Parken direkt an der Mall, dem Mekka des Konsums. Die Mall ist eines der herausragenden sozialen Phänomene des ausgehenden 20. Jh. Für Baby-Boomer ist sie, was die Burg im Feudalismus, die Kirche im Mittelalter und der Hof in der Renaissance war – das kulturelle und wirtschaftliche Epizentrum.

Wie bescheiden doch die Anfänge heute wirken, Roland Park 1907 in Baltimore, oder Country Club Plaza 1922 in Dallas, das war ja nicht mehr als eine Ansammlung von Geschäften. Dann, nach dem Zweiten Weltkrieg, begannen sich die richtigen Elemente zu mischen: ein ungekannter Wirtschaftsboom und Kaufkraft über Kaufkraft. Dazu erst ein dann zwei Automobile in den Garagen und schließlich das Fernsehen, wodurch endlich die Botschaft von der wunderbaren Einkaufswelt verbreitet werden konnte. Schließlich die Angst vor dem Atomkrieg, die nach Ablenkung schrie, denn wer kann schon immer an den Weltuntergang denken. Und wo wäre das Vergessen denn wohl besser zu arrangieren als in einer geschlossenen, kontrollierten, beschützenden Umwelt. Der Mix war also da, und als die Stadtflucht der 50er und 60er Jahre schließlich Platz vor den Toren der Stadt suchte und fand, da waren sie mitten drin, die Malls, die Tempel des Konsums.

Die *Mallflower,* jenes menschliche Pflänzchen, das in den Malls von Nordamerika blüht und gedeiht, hat wunderbare Fortschritte erlebt. Fortschritte sowohl in der Größe als auch im umfassenden Angebot. Derzeit noch hält Edmonton in der kanadischen Provinz Alberta den Mall-Rekord, aber nicht mehr lange, denn im Sommer 1989 donnerten in Bloomington, einem Vorort in Minnesota, Düsenjäger über ein Stück Land, ertönte die »1812 Ouvertüre«, bevor der erste Spatenstich für Megamall getan wurde, für Mall America, wie der neue Maßstab des Einkaufens heißen wird, wenn 1992 die Tore öffnen: 32 ha Einkaufs- und Freizeitwelt. An die 1000 Geschäfte, und selbst der eifrigste Kunde wird, so wissen es die Planer, nicht im Stande sein, die rechteckige Mall in 10 bis 12 Einkaufstunden zu umrunden.

Groß ist das, ist es aber auch neu? Durchaus, denn in Mall America wird ein permanentes Oktoberfest genau in der Mitte der Einkaufswelt stattfinden, mit Achterbahn und

St. S.E. und 801–819 C St. S.E. Beispiele für gelungene moderne Häuser, die sich in den Baustil auf dem Capitol Hill gut einpassen. Der Eastern Market, Ecke 7th und North Carolina Ave. S.E., der letzte der einst zahlreichen Märkte des District, ist sozusagen das Epizentrum täglichen Lebens auf dem Capitol Hill. Am buntesten ist der Markt (So und Mo geschlossen) freitags und samstags, aber auch an allen anderen Tagen

Karussels, an denen ein Flüßchen vorbeiströmt. Dazu kommen 100 Restaurants und Nachklubs, 18 Filmtheater, ein Golfkurs und ein Fitnessklub. So sieht die neue Einkaufswelt aus: »Da fährt man nicht hin, um einfach ein Hemd zu kaufen«, weiß einer der Planer, »hierher zu kommen, ist ein Ereignis, das zwei, drei Tage dauert.« So gibt es denn auch Hotels und Charterflüge aus dem Mittelwesten.

Mall America spielt vorerst noch in einer eigenen Einkaufsliga, aber in und um Washington muß man sich deshalb nicht grämen, da die Hauptstadt über ein reiches Angebot an Malls verfügt. Die größten und glitzerndsten liegen natürlich etwas außerhalb, damit das Auto und sein Parkplatz ihren rechtmäßigen Platz behalten, aber auch in der Stadt gibt es Shopper-Chancen, und seit Pentagon City gleich westlich des Potomac seine Tore öffnete, kommt auch der Taxi- oder U-Bahn-Shopper auf seine Kosten.

Hier eine Auswahl: Mitten in der Stadt findet man The Shops at National Place, F St. zwischen 14th und 13th St. N.W. – ein gutes Beispiel für die ›Yuppiesierung‹ von Downtown mit 80 Geschäften – Mode, Geschenke, Krimskrams und Restaurants. Kein großes Kaufhaus, aber Hechts und Woodward & Lothrop sind nicht weit. Georgetown Park ist die feinste und die eleganteste unter den Malls, 3222 M St. N.W., mitten in Georgetown. Die Mall erinnert mit ihrem Schmiedeeisen und ihren Lichtkuppeln an einen viktorianischen Bahnhof. Etwa 130 Geschäfte, fast alles vom feinsten.

Maryland: White Flint Mall, 11301 Rockville Pike, Rockville; Metro: Red Line to White Flint, dann Metro Bus; 140 Geschäfte plus Bloomingdale's. In keiner anderen Mall gibt es so viele Schmuck- und Edelsteinläden.

Virginia: The Fashion Centre at Pentagon City, zwischen Pentagon und Crystal City; Metro: blau oder gelb bis Pentagon City; die neueste und eine der schönsten Malls; vom Kino über den Buch- und Mickey Mouse-Laden bis zu Macy's und Nordstrom's, den edlen unter den Kaufhäusern, gibt es alles, einschließlich zahllosen Restaurants und einer Rolltreppe über vier Stockwerke.

Tysons Corner Center und Gallery at Tysons II; größer als alles andere rund um Washington; Auto oder Taxi über Routes 7 und 123; über 400 Geschäfte einschließlich aller namhaften Kaufhäuser wie Bloomingdale's, Macy's, Sack's und Nordstrom's; Palmen und Kinos, Restaurants und Springbrunnen, und wenn Sie ein wenig Glück haben, können Sie hier auch die neueste Spezies der *Mallflower* erleben: den Mall-Läufer.

Geschätzte Zahl der *Mall-Walkers* in den USA zu Beginn der 90er Jahre: 500 000 und mehr. Vor allem ältere Menschen machen sich auf zum ›100-Geschäfte-Fitnesslauf‹. Außen vorbei, versteht sich, immer rund um die Mall. Am besten früh morgens zu beobachten – Ed Grilli (67), einem regelmäßigen *Mall-Walker*, ist nichts mehr hinzuzufügen, wenn er fragt: »Isn't this a beautiful country?«

wird angeboten, was die Farmen der USA bieten. Vor Weihnachten verwandeln sich viele Stände in ein Meer von Strohblumen und Christsternen. Wer den Markt früh am Morgen erleben will, hat zudem die Möglichkeit gut zu frühstücken. Blaubeerpfannkuchen sind eine Spezialität, wer um die Mittagszeit kommt, sollte die köstlichen Crabcakes probieren.

Die Markthalle aus Backstein wurde von dem Württemberger

Auf dem Eastern Market

Adolph Cluss entworfen und 1866 fertiggestellt. Cluss, der während seines Studiums in Brüssel Karl Marx kennengelernt hatte, lebte jahrelang eine Art Doppelleben als erfolgreicher Architekt und Mitglied der guten Gesellschaft, während er zugleich seine Verbindung zu Marx aufrecht erhielt und dessen Artikel und Kolumnen für die »New York Tribune« übersetzte. Er heiratete schließlich eine Frau aus deutscher Familie in Baltimore, die seine Verbindungen aus alter Zeit kappte.

Nach all der Lauferei ist es Zeit, ans leibliche Wohl zu denken, und dafür bietet Capitol Hill reichlich Gelegenheit. Abgeordnete, Senatoren und ihre Mitarbeiter sind ebenso die Gäste der Kneipen auf dem Hill wie die Leute aus der Nachbarschaft. Das unterscheidet die Szene von den Lokalen in Georgetown, in denen man kaum Georgetowner sieht. Vor allem am Wochenende trifft man auf Pärchen, die zusammen aufgewacht sind, Übriggebliebene der letzten Nacht, die ihren Kater abbauen und frühe Fans der Redskins, die sich in Form bringen.

Gleich neben den Kneipen auf der Pennsylvania Ave. liegt der Buchladen Trover Shop, 227 Pennsylvania Ave. S.E., dessen Angebot widerspiegelt, was man gerade im Kongreß als heiße Lektüre ansieht. Außerdem gibt es hier Nancy Pryor Metzgers »Brick Walks and Iron Fences«, eine kleine Broschüre, die mit viel Liebe zum historischen und architektonischen Detail zwei Spaziergänge durch den Stadtteil beschreibt.

Alexandria
Der Charme des alten Virginia

Für einen heißen Julitag des Jahres 1749 war fünf Meilen südlich von Georgetown auf der Virginia-Seite des Potomac eine Landauktion angesetzt. In ihrem Buch »Old Alexandria« beschreibt Nettie Allen Voges die Szene folgendermaßen: »Schon am Tag vor der Versteigerung konnte man jeden Pfad und jede Straße, die zu dem kleinen, kahlgeschlagenen Flecken nahe dem Fluß führte, an den Staubfahnen zwischen dem tiefgrünen Tabak erkennen, die gallopierende Reiter aufwarfen oder die Kutschen komfortabler Reisender und die Bauernwagen bescheidenerer Kolonisten.«

Der Andrang der Käufer war nur zu berechtigt, wie die späteren Jahrzehnte belegen sollten, denn aus den 24 ha, die versteigert wurden, entwickelte sich bald einer der geschäftigsten Häfen der englischen Kolonien am Atlantik. Eine Entwicklung, die abzusehen war, denn schon vor der Versteigerung machten vor allem Kaufleute schottischer Herkunft, wie John Alexander, nach dem die neue Stadt ihren Namen erhielt, glänzende Geschäfte.

Wie die Straßenbezeichnungen King, Queen, Royal, Prince, Princess und Duke noch heute anzeigen, waren es treue Kolonisten, die hier zunächst

Straßenzug in Alexandria

Legenden zum Farbteil

1 Das Vietnam Veterans Memorial
2 Blick auf das Kapitol und die Mall
3 Das Weiße Haus
4 Blick auf das Grant Memorial und das Kapitol
5 Das Lincoln Memorial
6 Georgetown im Winter
7 Das Jefferson Memorial
8 Das Lincoln Memorial
9 Der Heldenfriedhof Arlington
10, 11, 12 Straßenszenen in Washington
13 Krebsessen in Annapolis
14, 15 Straßenzüge in Georgetown
16 Frühling in einem Vorort von Washington D.C.
17 Mount Vernon, einstiger Wohnsitz von George Washington
18 Landhaus bei Charlottesville
19 Monticello, einstiger Wohnsitz von Thomas Jefferson
20 Historisches Haus in Williamsburg
21, 23 Nachgestellte Kämpfe des Bürgerkriegs
22 Das Iwo Jima Memorial
24 Edward Kienholz: The Portable War Memorial, Museum Ludwig, Köln
25 Inner Harbour, Baltimore
26 In den Bergen von Virginia
27 Der Potomac nördlich von Washington D.C.
28 Herbst in den Appalachen
29 Chesapeake Bay
30–34 Im Arboretum von Washington D.C.; 30 Dogwood-Blüten, 31–33 Azaleen, 34 Azaleen und Dogwood (Cornus florida)

TIMOTHY · LARRY
O'BRIEN · TIMOTHY M
SALVADOR ZABALA Jr · PAUL L STEWART · GEORGE W
GEORGE E COLES Jr · LARRY W BRENDE
LEON G HOWARD · JAMES A MASTEN · HOMER
McGAVIN · JULIAN W
LANDON · GEORGE E McCROBIE
CHAFFIN · EDWIN E COOPER · ALBERT B AYRES · FRANKLIN
DOZIER · JOHNNIE LEE EVANS · RONALD C
EMORY F JOHNSON · GARY S JORDAN · DONALD C
B LUCIDO · HAROLD W MADDOX
THOMAS F PHILLIPS · RODNEY L
L STRUNK · VICTOR V ULLBERG · PAUL E
ECKHART · WILLIAM A COGGESHALL
A DIRNBERGER · JOE W BARNES
H GRANOFF · JOSEPH E GRIFFIS
E KARR · GLOVER A PEELER III
ROBERT J WADE · JAMES E WATSON
JOHNNY E BRUMLEY · LARRY
BRADLEY CHAVIS · JOHN K DAVIS
EDWARD J GINTER · ROBERT J COLD
PATRICK B KEANE · RODGER D
KATZ · CARLOS MEDINA · ROBERT
MATHIS Jr · STEVEN O PERLEWITZ
McCORMACK · BRADLEY L POWERS
NIEDERMEIER · K SIPPEY · THOMAS

3

5 ▷

4

6 ▷

IN THIS TEMPLE
AS IN THE HEARTS OF THE PEOPLE
FOR WHOM HE SAVED THE UNION
THE MEMORY OF ABRAHAM LINCOLN
IS ENSHRINED FOREVER

7

8

9

10

11

12

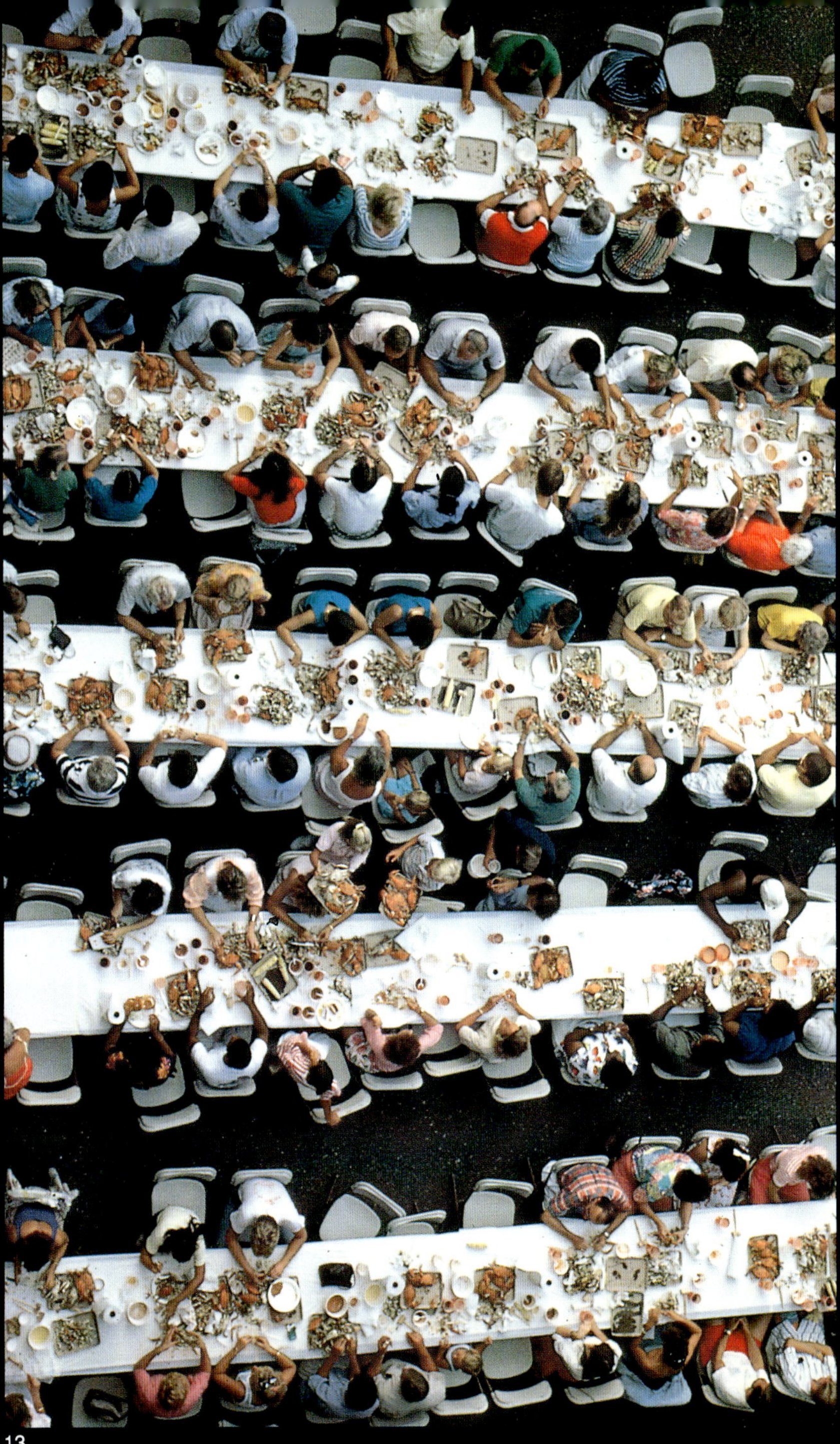

14

15

16 ▷

17

18

19

20

21

KOREA 1950
REVOLUTIONARY·WAR·1775–1783 × FRENCH·NAVAL·WAR·1798–1801 × TRIPOLI 1801–1805 × WAR OF 1812–1815 × FLORIDA INDIAN WARS
UNCOMMON VALOR WAS A COMMON VIRTUE
SEMPER FIDELIS

22

23

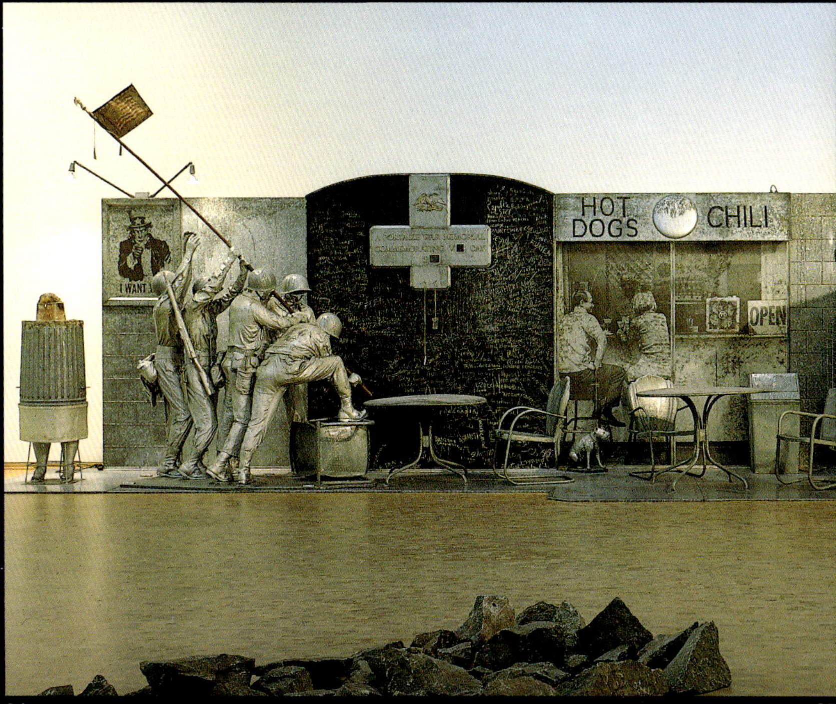

24

25

WATER TAXI

26

27

28▷

30

32

31

33

34

Tabak und später Getreide verschifften. Große Namen der US-Geschichte sind mit Alexandria verbunden, wie der von George Washington, der die Straßen des jungen Alexandria vermaß, und Robert L. Lee, der hier aufwuchs.

Von 1791 bis 1846 gehörte Alexandria zum District of Columbia, bis die Bundesregierung die westlich des Potomac gelegenen District-Teile wieder an Virginia zurückgeben mußte. Zu Beginn des Bürgerkriegs besetzten Unionstruppen die Stadt und hielten diesen für die Verteidigung von Washington wichtigen Brückenkopf. Nach dem Krieg begleitete der Triumphzug der Eisenbahnen in den USA den Niedergang des Hafens Alexandria, dessen Lagerhäuser zerfielen und Wohnhäuser leerstanden.

Heute hat das oft »nördlichste Stadt des Südens« genannte Alexandria an die 110 000 Einwohner und ist ein lebendiger Teil der Washington Metropolitan Area. Den besten Eindruck des alten und wiedererstandenen Alexandria bekommt man bei einem Spaziergang über die roten Backsteinbürgersteige des historischen Kerns, Old Town genannt. Das Anfang der 60er Jahre begonnene Sanierungsprogramm umfaßt heute mehr als 100 Straßenblocks mit über 2000 historischen Gebäuden. Zahlreiche, meist in Privatbesitz befindliche Häuser aus dem 18. Jh. kann man entlang Prince St. sehen. George Washington baute im Jahre 1765 das Stadthaus 508 Cameron St. Das Gebäude wurde 1850 abgerissen, aber nach den Skizzen eines Nachbarn aus der Zeit wieder originalgetreu aufgebaut.

Wohnhäuser in Alexandria

Energisch wehren sich die Alexandriner gegen die ›Georgetownization‹ ihrer Old Town. Rigoros reißen Stadtinspektoren Firmen- und Kneipenschilder vor Neueröffnungen herunter, falls sie nicht den strengen Baubestimmungen entsprechen. Bisher gelang es trotz einer Flut von Lokalen, Restaurants und Geschäften einigermaßen, den Kleinstadtcharme von Old Town zu erhalten.

Ein guter Punkt, um einen Rundgang zu beginnen, ist genau dort, wo vor bald 250 Jahren die Landauktion stattfand und heute der **Market Square** liegt (1). An der Ostseite des Platzes – zwischen Cameron und King Sts, sowie Royal und Fairfax Sts – steht das älteste Haus in Old Town, das **Ramsey House** (2, 221 King St.). William Ramsey, erster Bürgermeister der Stadt und findiger schottischer Geschäftsmann, zögerte nicht lange, nachdem er das Grundstück 1749 ersteigert hatte und ließ sein Haus von seinem bisherigen Wohnsitz in Dumfries, Virginia, etwa 45 km flußabwärts auf ein Schiff laden und nach Alexandria bringen. Während seine Nachbarn noch zimmerten, wohnte Ramsey schon behaglich in seinem ursprünglich 1724 gebauten Haus.

Im Jahre 1956 richtete die Stadt dort ein Besucherzentrum ein, in dem man eine Fülle von Informationsbroschüren, Karten und Listen von Restaurants und Kneipen erhält. Außerdem wird ein kurzer Film über Alexandria gezeigt. Falls Sie mit der U-Bahn (Metro – gelbe Linie) bis zur King Street Station gefahren sind, geht von dort ein DASH-Bus zum Ramsey House. Falls Sie mit dem

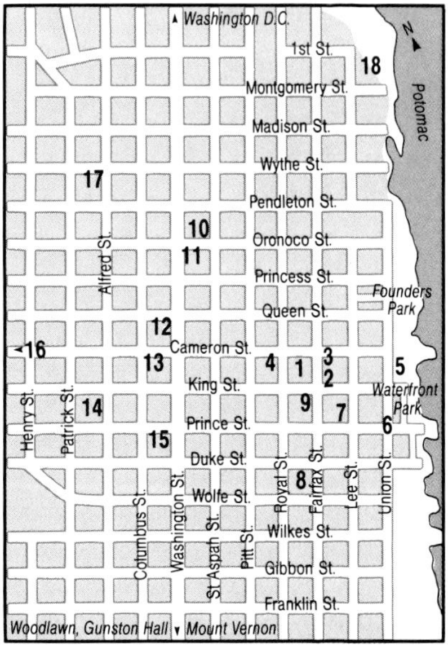

Alexandria 1 Market Square 2 Visitors Center im Ramsey House 3 Carlyle House 4 Gadsby's Tavern 5 Ehemalige Torpedofabrik 6 Captain's Row 7 Athenaeum 8 Old Presbyterian Meeting House 9 Historische Apotheke 10 Lee House 11 Lee-Fendall House 12 Lloyd House 13 Christ Church 14 Museum der Friendship Veterans Fire Engine Association 15 Lyceum 16 George Washington Masonic National Memorial 17 Black History Resource Center 18 Alexandria Waterfront Museum

Wagen gekommen sind, besorgen Sie sich im Visitors Center eine Parkgenehmigung für den Tag (✆ 703-838-4200).

Neben dem Visitors Center steht das **Carlyle House,** das als das prächtigste Gebäude in Alexandria angesehen wird (3, 121 N. Fairfax St. ✆ 703-549-2997, geöffnet: Di–Sa 10–16.30, So 12–16.30 Uhr, Führungen alle 30 Min.). Das zwischen 1751 und 1753 im georgianischen Kolonialstil errichtete Haus sollte Einfluß und Stellung seines Bauherrn, John Carlyle, kenntlich machen. Carlyle war ein erfolgreicher schottischer Geschäftsmann, der im Tabakhandel ein Vermögen machte, in die höhere Gesellschaft Virginias heiratete und George Washington zu seinen Freunden zählte.

Im Jahre 1755 fand hier eine als ›Vorspiel‹ zum Unabhängigkeitskrieg erscheinende Konferenz statt. General Edward Braddock traf mit fünf Gouverneuren zusammen, um Strategien für den Krieg gegen Frankreich und die Indianer zu besprechen. Das Treffen blieb ohne Einigung, worauf Braddock nach London schrieb und vorschlug, die Kolonien für ihre Verteidigung zu besteuern. Während des Treffens geriet der General mit dem jungen Offizier George Washington aneinander, der vor der Taktik der Franzosen und Indianer warnte. 1969 kaufte der Park Service das Haus und renovierte nicht nur den Bau, sondern legte auch die Gärten hinter dem Carlyle House neu an.

Bevor Sie nun auf der Cameron St. am Nordende des Marktplatzes nach rechts zum Fluß abbiegen, lohnt der Umweg einen Block nach links zu **Gadsby's Tavern** (4, 134 N. Royal St., ✆ 703-548-1288; geöffnet: Di–Sa 10–17, So 13–17 Uhr, Führungen alle 30 Min.). Die Kneipe ist heute eine Mischung aus Museum und Taverne, wo Kellner und Kellnerinnen in historischen Kostümen Gerichte nach Rezepten aus dem 18. Jh. auftragen. In der ersten Hälfte des 19. Jh. war das ursprünglich aus zwei Häusern bestehende Ensemble die erste Adresse für Reisende im nördlichen Virginia.

Der Hotelier John Gadsby konnte annähernd jeden von Rang und

Marktplatz von Alexandria

Namen in den damaligen USA zu seinen Gästen zählen. Washington, Lee, Jefferson, John Adams, John Quincy Adams und auch der Marquis de Lafayette stiegen dort ab, bevor sie in die mückenverseuchte Hauptstadt weiterreisten. Gadsby wurde so wohlhabend, daß er 1836 das Decatur House gegenüber dem Weißen Haus in Washington kaufte, wo er auch starb. Seine Taverne und sein Hotel verfielen ohne seine Führung.

Im Jahre 1919 wurden die Eingangstür, der Türrahmen sowie Holzarbeiten aus dem Innern an das Metropolitan Museum of Art in New York verkauft. Die Stadt Alexandria hat sie mittlerweile zurückgekauft und Taverne sowie Hotel restauriert. Auf der Cameron St.-Seite liegt der Zugang zu einem der selten gewordenen Eisschächte, in denen einst im Sommer Eis gelagert wurde.

Entlang Cameron St. Richtung Potomac passiert man das Rathaus gegenüber dem Nordende des Marktplatzes und, einen Block weiter nach Osten, die Bank of Alexandria. Das 1807 gebaute und 1980 renovierte Haus ist das älteste Bankgebäude im nördlichen Virginia.

Ecke Union St. biegen Sie nach rechts ab und stehen gegenüber dem einen Block langen Gebäude einer ehemaligen **Torpedofabrik** (5, geöffnet: tägl. 10–17 Uhr). Dort wo während des Ersten und Zweiten Weltkriegs Torpedos gebaut wurden, haben heute über 200 Künstlerinnen und Künstler ihre Werkstätten und Ausstellungsräume. Die Stadt Alexandria stellt in dieser bei Einheimischen wie Touristen beliebten Halle archäologische Funde der Stadtrestaurierungen aus.

Die ehemalige Torpedofabrik in Alexandria

An der Flußseite der Fabrik erstreckt sich eine Uferpromenade, die mit ihren Bänken ein idealer Platz zur Erholungspause oder für ein Picknick ist. Zwei Straßenblocks nördlich der Torpedo Factory liegt der in den 70er Jahren angelegte Founders Park, wo jedes Jahr während der ersten Juni-Woche das Volksfest Waterfront Festival stattfindet.

Von der Torpedo Factory der King St. nach Westen folgend, erreicht man Old Town. Lower King St., wie der Teil der Straße zwischen Potomac und Washington St. genannt wird, ist voller Geschäfte, Kneipen und Restaurants. Im 100er Block der Prince St., eine Straße weiter südlich, steht am Rande des Kopfsteinpflasters eine als **Captain's Row** bekannte Häuserzeile, das schönste

Ensemble von Reihenhäusern in Alexandria (6). Im 18. Jh., als der Hafen der Stadt Vergleiche mit New York und Boston nicht scheuen mußte, bauten dort Kapitäne ihre Wohnhäuser, die teilweise zugleich Geschäftshäuser waren, wie die großen Dachfenster der Hausnummern 115, 117 und 119 nahelegen, durch die Waren ins Dachgeschoß gehievt und dort gelagert werden konnten. Mehrere Häuser ließ der wohlabende Quäker und Reeder John Harper errichten, der seinem Glauben gemäß selbst nicht im Unabhängigkeitskrieg kämpfte, aber viele Einheiten von Washingtons Armee ausrüstete.

Einen Straßenblock weiter, an der Ecke von Prince und Lee Sts, steht ein 1851 in griechischem Stil erbautes Antebellum-Haus, das heute als **Athenaeum** bekannt ist (7, ✆ 703-548-00 35, geöffnet: Di–Sa 10–16, So 13–16 Uhr). Ursprünglich hatte hier die Bank of the Old Dominium ihre Schalter, die aber während des Bürgerkriegs schließen mußte und in der allgemeinen Depression nach dem Krieg nicht überlebte. Im Jahre 1963 kauften Alexandriner das Haus, in dem heute die Northern Virginia Fine Arts Association mehrfach jährlich neue Ausstellungen arrangiert. Die Kürbisfarbe des Baus entspricht dem Original. Der sich anschließende 200er Block von Prince St. wird Gentry Row genannt, die Häuser sind gelegentlich für Besichtigungen geöffnet.

Nun geht es links herum weiter entlang Fairfax St. Auf der Westseite bietet der Straßenblock zwischen Prince und Duke Sts ein weiteres gutes Beispiel für die Erneuerung von Old Town. Zwischen restaurierten alten Häusern sind neue, im Baustil angepaßte Reihenhäuser entstanden, für die Preise von 500 000 Dollar aufwärts verlangt werden.

Nr. 21 ist das **Old Presbyterian Meeting House** (8). Schottische Siedler in Virginia brachten ihren demokratischen, presbyterianischen Glauben mit in die Neue Welt. Die in den Tagen der Revolution als Old First bekannte, 1774 von John Carlyle gebaute Kirche zeigt mit ihrem einfachen halbrunden Kirchenraum die Versammlungsform der Presbyterianer.

Old Presbyterian wurde oft als die Westminster Abbey der Freimaurer in den USA bezeichnet. Hier fand 1783 das erste Treffen der Loge statt, deren prominentestes Mitglied George Washington war. Hier auch wurde am 29.12.1799 der Trauergottesdienst für Washington begangen. Hinter der Kirche liegt das Grab des Unbekannten Soldaten aus dem Revolutionskrieg. Hinter dem Gotteshaus ist das Kirchenbüro in einem Flunder-Haus genannten Gebäude untergebracht. Flunder-Häuser, die wie abgebrochene, halbe Häuser wirken, ohne Fenster auf einer Seite, sind typisch für die Bauweise in Alexandria. Auch in neuen Ensembles von Stadthäusern ist ihre markante Silhouette eingebaut. Ursprünglich, heißt es, wurden sie so gebaut, weil nach den Auktionen von 1749 Glasfenster teuer waren, die neuen Grundstücksbesitzer aber innerhalb von zwei Jahren bauen mußten oder ihr Land wieder verloren (geöffnet: Mo–Fr 9–16 Uhr).

Zeit umzudrehen und die zwei Blocks zur King St. zurückzulaufen. In Nr. 105 S. Fairfax St. fand man bis 1933 die älteste **Apotheke** in Virginia und die zweitälteste der USA (9, ✆ 703–836–3713, geöffnet: Mo bis Sa 10–16 Uhr). 141 Jahre lang verkauften die Familien Stabler und Leadbeater in dem Stabler-Leadbeater Apothecary Shop Medikamente. Im angeschlossenen Postamt und Gemischtwarenladen waren Washington und Lee Kunden. Heute ist die Apotheke ein Museum und Antiquitätenladen, dessen Erlöse das Museum erhalten. Das Museum zeigt eine der umfangreichsten Sammlungen alter Glasflaschen und medizinischer Behälter.

Um die nächsten Ziele zu erreichen, ist zunächst ein kleiner Anmarsch vonnöten. Folgen Sie Royal St. oder Fairfax St. nach Norden bis zur Oronoco St. Biegen Sie nach links ein. Den Block zwischen St Asaph und Washington Sts könnte man auch als den ›Lee-Block‹ bezeichnen. In Nr. 607 Oronoco St. wuchs Robert E. **Lee** auf, bis er 1825 zur Militärakademie in West Point ging (10, ✆ 703–548–8454; geöffnet: Mo–Fr 10–16, So 12–16 Uhr). An manchen Wochenenden finden hier Hochzeiten statt, so daß es ratsam ist, vorher anzurufen. Gegenüber, an der Ecke zur Washington St., steht das **Lee-Fendall House,** in dem 37 Mitglieder der Lee-Familie seit dem Bau im Jahre 1785 wohnten (11, ✆ 703–548–1789; geöffnet: Mo–Fr 10–16 Uhr). Roberts Vater Light Horse Harry Lee, dekorierter Held des Unabhängigkeitskriegs, schrieb hier die berühmten Worte aus der Trauer-

Die Captain's Row in Alexandria

rede zu George Washingtons Begräbnis: »First in war, first in peace, and first in the hearts of his countrymen«.

Auf der Washington St. nach Süden passiert man das **Lloyd House,** ein prächtiges, 1797 gebautes Gebäude, das heute eine Sammlung seltener Bücher der Alexandria Library beherbergt (12, 220 Washington St., ✆ 703-838-4577; geöffnet: Mo–Fr 9–17 Uhr). Wer an der Geschichte der Stadt Interesse hat, ist hier in einer wahren Fundgrube gelandet.

Einen Block nach Westen, an der Ecke von Cameron und Columbus Sts, steht die berühmteste Kirche von Alexandria, die 1773 geweihte **Christ Church** (13, geöffnet: Mo–Sa 9–17, So 14–17 Uhr). Der schlichte rechteckige Backsteinbau mit breitem Dach und architektonischen Elementen Palladios sowie toskanischer Bauten, wie Fenstereinfassungen und viereckigen Stützpfeilern, der dreistöckige Glockenturm und die großen alten Bäume geben der Kirche eine überaus friedvolle Erscheinung. George und Martha Washington (Sitz Nr. 60) gingen hier ebenso regelmäßig zum Gottesdienst wie die Mitglieder der Lee-Familie. Franklin D. Roosevelt lud seinen Gast Winston Churchill dazu ein.

Wesentlich weltlicher ist das nächste Ziel an der Ecke von King und S. Alfred Sts. Schon 1752 beschlossen die Stadtväter von Alexandria in Kenntnis der verheerenden Feuerstürme in anderen US-Städten Baubestimmungen für ihre Stadt, die lediglich Steinhäuser zuließen. Die Vorschrift wurde nicht völlig eingehalten, aber die wenige Jahre später gegründete freiwillige Feuerwehr, Friendship Fire Company, existiert noch heute, wenn auch als Honoratiorenverein. Präsidenten und Gouverneure waren Mitglieder des Vereins, der sich zweimal jährlich in dem liebevoll erhaltenen, mit einem kleinen **Museum** ausgestatteten Gebäude treffen (14, ✆ 703-838-4554, da die Öffnungszeiten variieren, empfiehlt es sich, vor einem Besuch anzurufen).

Wenn Sie nun der Prince St. zurück zur Washington St. folgen, gelangen Sie zum **Lyceum,** einem weiteren, im klassizistischen Stil erbauten Antebellum-Haus, das während des Bürgerkriegs als Hospital diente. Seit 1969 zeigt die Stadt dort Ausstellungen über Virginia und Alexandria (15, ✆ 703-838-4994, geöffnet: Mo–Sa 10–17, So 12–17 Uhr).

Drei weitere Besuchsziele in Alexandria liegen zu weit auseinander, um sie zu Fuß erreichen zu können. Das **George Washington Masonic National Memorial,** King St. und Callahan Dr., ein Freimaurerdenkmal zu Ehren des ersten Präsidenten, überragt Alexandria (16, Führungen tägl. 9–17 Uhr). 638 N. Alfred St. ist die Adresse des **Black History Resource Center,** das Dokumente zur Geschichte der Schwarzen in Virginia und Alexandria sammelt (17, ✆ 703-838-4356, 703-838-4288, geöffnet: Di–Sa 10–16 Uhr). Am Nordende der Stadt – 44 Canal Center Plaza – liegt neben einer restaurierten Schleuse des Alexandria-Kanals das 1988 eröffnete **Alexandria Waterfront Museum,** das die Geschichte von Alexandria als Hafenstadt dokumentiert (18, geöffnet: Di–Fr 11–16, Sa und So 13–16 Uhr).

Zum Abschluß lohnt sich ein Bummel entlang der Upper King St. westlich der Washington St. Auch dieser Teil der Straße mit zahllosen Geschäften und Restaurants – unter anderem dem Hard Times Cafe mit dem besten Chili in der Umgebung von Washington – mauserte sich während der 80er Jahre.

Die Christ Church in Alexandria

Straßen, Viertel und Plätze

Waterfront – Washingtons Hafen

Der Südwesten von Washington ist bis heute ein Teil der Stadt, der etwas im Abseits liegt. Seit den 50er Jahren, als Präsident Eisenhower die Entwicklung des Südwestens propagierte, hat sich vieles zum Besseren gewandelt. Zahlreiche Ministerien sind in neue Gebäude eingezogen, L'Enfant Plaza sollte sich zu einem neuen, lebendigen Stadtmittelpunkt entwickeln. Das ist jedoch nur mit Einschränkungen gelungen.

Ein Besuch der Waterfront entlang dem Washington Channel lohnt sich dennoch. Der Fischmarkt an der Maine Ave. nahe 14th Street Bridge mag zwar im Sommer kein Platz für Geruchsempfindliche sein, ist aber ein bunter Ort, an dem alles Eßbare verkauft wird, was in den Wassern von Delaware, Chesapeake und Potomac schwimmt. Entlang Maine Ave. füllten sich die Piers in den 80er Jahren mit Privat- und Hausbooten vor einer Reihe von großen Restaurants und Seafood Houses.

Auf der Südwestseite des Washington Channel liegt auf einer in den Potomac hineinragenden Halbinsel der East Potomac Park. Haines Point, die Südspitze der Halbinsel, erlaubt weite Ausblicke über den Potomac, auf den neugewachsenen Vorort Chrystal City in Virginia und auf Fort McNair nördlich der Mündung des Anacostia mit den Bauten des War College. In dem Park an Haines Point ragen Kopf, Arme, Knie und Füße eines begrabenen und erwachenden Giganten aus der Erde – »The Awakening« ist besonders bei Kindern beliebt.

Im Kennedy Center

Foggy Bottom – Wo die Außenpolitik der USA gemacht wird

Dieses Viertel zwischen Potomac, Rock Creek und Pennsylvania Ave. hat über die Jahrhunderte mehrfach sein Antlitz verändert. Heute ist es der Stadtteil der George Washington University, großer internationaler Behörden wie der Weltbank und von Regierungsämtern wie dem Außenministerium.

Begonnen aber hat Foggy Bottom als Hamburg oder Funkstown, benannt nach Jacob Funk, der 1763 50 ha Land am Potomac kaufte und eine Hafenstadt nach dem Muster seiner alten Heimat an der Elbe anlegte. Im 19. Jh. nahm Foggy Bottom eine zweigeteilte Entwicklung, mit

vornehmen Häusern im höher liegenden Teil östlich der 23rd St. und Industrieansiedlungen im niedrigeren, dem Wasser zugewandten Teil. Der Name Foggy Bottom stammt aus jenen Tagen und rührt entweder von den Nebeln des Potomac oder der Luftverschmutzung der Brauerei, Zement- und Glasfabrik her, die einst dort standen, wo heute die Außenpolitik der USA formuliert wird.

Es ist leicht, bei einem Spaziergang Zeugnisse der verschiedenen Foggy Bottom-Epochen zu finden. In der 24th St. gibt es eine Reihe von restaurierten Stadthäusern, die, heute begehrter Wohnraum, einst für die Arbeiter in Foggy Bottom gebaut wurden. Entlang F, G und H St. stehen zahlreiche Villen, die um die Jahrhundertwende den Ruf von Foggy Bottom als aufstrebendem Stadtteil begründeten. 23rd und C Sts umschließen den mächtigen Block des State Department, des US-Außenministeriums, das hier nach dem Zweiten Weltkrieg einzog. Entlang dem Potomac zeigt Foggy Bottom sein modernes Gesicht, mit dem Watergate-Komplex (vgl. S. 60) und dem John F. Kennedy Center. Unabhängig von einem Theaterbesuch sollte man auf jeden Fall den Blick von der Flußseite des Kennedy Center auf Georgetown genießen. Gegenüber im Fluß liegt Roosevelt Island, eine von der Virginia-Seite zugängliche Insel mit einem Denkmal für den Naturfreund Präsident Theodore Roosevelt und schönen Spazierwegen durch eine Waldwildnis mitten in der Stadt.

Downtown und Pennsylvania Avenue

Pennsylvania Ave., die südliche Grenze von Downtown, war von Stadtarchitekt L'Enfant als der große Boulevard von Washington geplant, als Achse von Kapitol und Weißem Haus. Um die Sichtverbindung zwischen den beiden Regierungszentren war es sehr rasch geschehen, als 1801 zum ersten Mal ein **Schatzamt** (1) östlich des Weißen Hauses errichtet wurde. Heute steht hier das dritte Gebäude, nachdem die ersten beiden abbrannten. Die Pennsylvania Ave. muß sich ein Stück entlang der 15th St. um den Bau herumschlängeln. Mit dem großen Boulevard aber, den sich L'Enfant wünschte, wurde es schließlich in den letzten Jahren doch etwas.

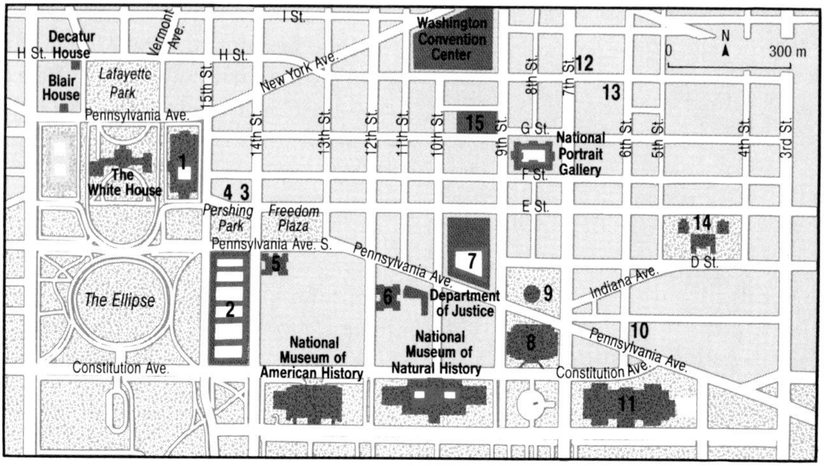

Downtown und Pennsylvania Avenue 1 Schatzamt 2 Handelsministerium 3 Willard InterContinental Hotel 4 Visitor Information Center 5 District Building 6 Old Post Office 7 FBI Building 8 National Archives 9 Marine-Denkmal 10 Kanadische Botschaft 11 National Gallery 12 Chinesisches Tor 13 Surrat House 14 Oberstes Gericht des District of Columbia 15 Martin Luther King jr. Memorial Library

Die Anfänge der Erneuerung gehen auf Präsident Kennedy zurück. Er mußte nach seiner Amtseinführung 1961 vom Kapitol zum White House entlang verfallener und verkommener Häuser laufen. Sein Aufruf, Pennsylvania Ave. zu restaurieren, verhallte nicht ungehört, und heute stellt ›America's Main Street‹ eine würdige Verbindung zum Kapitol her.

Die Pennsylvania Ave., deren weniger berühmter Teil vom Weißen Haus hinüber nach Georgetown führt, beginnt östlich des Weißen Hauses mit drei Grünanlagen, dem Sherman Park, dem Pershing Park und der Freedom Plaza. Südlich des Pershing Park liegt das **Handelsministerium,** Commerce Department Building, mit dem National Aquarium (2, ✆ 202-377-2825, geöffnet: tägl. 9–17 Uhr). Nördlich des Pershing Park stehen nebeneinander das Washington Hotel, von dessen Dachterrasse man im Sommer bei oft leichter Brise einen besonders schönen Blick auf die Mall, den Obelisken und entlang der Avenue hat.

Direkt daneben liegt das in den 80er Jahren mit viel Geld wieder aufgebaute **Willard InterContinental Hotel** (3). Schon im 19. Jh., als Charles Dickens Washington eine »Stadt großartiger Absichten« nannte, schufen die Gebrüder Willard aus einfachen Anfängen mit ihrem Hotel ein Markenzeichen der Metropole. Präsident Ulysses S. Grant, mit der Leidenschaft für ein Gläschen Geistiges, kam oft aus dem Weißen Haus herüber und saß in der Lobby hinter einem Paravent. Spöttisch taufte er die Bittsteller, die in der Hotelhalle auf ihn warteten, ›Lobbyisten‹ und prägte damit den Namen für einen der wichtigsten Berufszweige in Washington.

Grant ebenso wie Mark Twain oder Buffalo Bill Cody würden sich im Willard auch heute zu Hause fühlen. Von der Decke der Lobby schauen erneut die Wappen der Staaten hinab, und viele der Empfangsräume sowie der eichengetäfelte Dining Room des Hotels sind nach historischem Vorbild restauriert. In dem Shopping Center zwischen dem Washington Hotel und dem Willard befindet sich das **Visitor Information Center** der Hauptstadt (4, ✆ 202-789-7000, geöffnet: Mo–Sa 9–17 Uhr).

Im Nachbarblock, zwischen 14th und 13th St. sind nicht nur das National Theater und eine Mall untergebracht, sondern auch das National Press Building, in dessen zwölf Stockwerken ein großer Teil der in- und ausländischen Journalisten in Washington arbeitet. Pershing Park und Freedom Plaza, in der Mitte von Pennsylvania Ave. gelegen, sind beliebte Plätze für eine Mittagspause im Sommer oder eine Schlittschuhrunde im Winter. Südlich der Freedom Plaza mit einem Granitfußboden voller historischer Zitate liegt das **District Building** (5), das Rathaus von Washington. Hinter dem Gebäude soll in den 90er Jahren ein internationales Kultur- und Handelszentrum entstehen.

Die gesamte, sich nach Osten anschließende Front der Pennsylvania Ave. bis zur Kreuzung mit der Constitution Ave. heißt Federal Triangle und ist, wenn man so will, das staatliche Bürozentrum der Nation mit zahlreichen Ministerien und Ämtern. Überragt wird es vom Turm des Alten Postamts, an der Ecke der 12th St., das mit seinem neo-römischen Baustil aus dem ansonsten einheitlich neoklassizistisch entworfenen und zwischen 1928 und 1938 gebauten Federal Triangle heraussticht. Das **Old Post Office** (6) war mehrfach vom Abriß bedroht, bis man sich entschloß, darin eine kleine Mall zu eröffnen. Der mehr als 100 m hohe Turm ermöglicht einen exzellenten Ausblick über die Stadt und ist weit weniger überrannt als das Washington Monument.

Die Nordseite der Pennsylvania Ave. wurde mit einer Kombination aus Büro- und Apartmenthäusern neu gestaltet, an denen sich beispielhaft die für nahezu alle Sanierungsgebiete der Innenstadt geäußerte Kritik festmachen läßt. Im Kern richtet sie sich dagegen, daß Einwohner

Das Willard InterContinental Hotel

Die Pennsylvania Avenue

der mittleren und unteren Einkommensschichten aus diesen Stadtteilen ›heraussaniert‹ werden, da die hohen Grundstückspreise entweder zu teuer vermieteten Büroräumen oder zu sehr teuren Wohnungen führten. Für subventionierten Wohnungsbau fehlt Geld – und politischer Wille.

Westlich und östlich des **FBI Building** (7) zwischen 10th und 9th St. sind mehrere Beispiele des neuen Büro- und Wohnungsbaus zu sehen, zum Teil hinter alten, erhaltenen Fassaden. Gegenüber den **National Archives** (8), zwischen 9th und 7th St., ist der Marktplatz wieder erstanden, dessen Mittelpunkt das 1987 eingeweihte **Marine-Denkmal** (9) mit seiner 30 m durchmessenden Weltkarte aus Granit ist.

Am östlichen Ende der Pennsylvania Ave. – vor dem Kapitol, hinter dem Kapitol geht die Avenue weiter bis nach Maryland hinein – wurde in den späten 80er Jahren der ›Kanadische Koloß‹, die neue **Botschaft von Kanada** errichtet (10). Der postmoderne Bau nimmt mit seiner Rotunde Elemente des Westflügels der gegenüberliegenden **National Gallery** (11) wieder auf. Im großzügigen offenen Innenhof entlang dem John Marshall Park symbolisieren zwölf Säulen die Provinzen und Territorien des nördlichen Nachbarn der USA.

Nördlich der Pennsylvania Ave. bis zur K St. und im Osten und Westen begrenzt von 2nd und 15th St. erstreckt sich Downtown Washington, ein Gebiet der Hauptstadt, das in seinem östlichen Teil nach wie vor an Slums erinnert. Vom Süden und Westen aber dringt die Sanierung vor, die zu Beginn der 90er Jahre Chinatown und das direkt nördlich davon entstehende Zentrum Tech World erreichte.

Entlang 7th St. nach Norden entstand zwischen der Pennsylvania Ave. und Chinatown ein Arts District mit zahlreichen kleinen Galerien und Geschäften. Im 800er Block der F St. findet man das LeDroit Building, eines der ältesten Bürohäuser der Stadt, Heimat weiterer Galerien. An der Ecke 7th St. und Pennsylvania Ave. steht ein kleiner Brunnen, der an die Zeit der Prohibition erinnert. Der Temperance Fountain oder Abstinenz-Brunnen ist einer von vielen, die der Zahnarzt Henry Cogswell, ein fanatischer Antialkoholiker, jeder Stadt stiftete, die einen ›Abstinenz-Brunnen‹ wollte.

Chinatown, einen Block nördlich des National Museum of American Art und der National Portrait Gallery, ist nur ein Schatten gleichnamiger Stadtteile in San Francisco oder New York. Ein Straßenblock rund um das **Chinesische Tor** (12) an der Ecke von 7th und H St. reicht, um Chinatown abzudecken. Historische Bedeutung hat das schmale zweistöckige Haus, Nr. 604 H St. Im **Surrat House** (13) wurde die Entführung von Präsident Lincoln geplant, ein Vorhaben, aus dem später der Mordplan entstand. Mary Surrat, die Mieterin des Hauses, wurde in einem später als verfassungswidrig erklärten Prozeß zum Tode verurteilt. Der Spruch des Obersten Gerichts kam freilich erst, nachdem Mary Surrat am 7. 7. 1865 gehängt worden war.

Nr. 452 Indiana Ave., einer der ältesten Bauten des District, hatte eine wechselvolle Geschichte. Hinter den imposanten ionischen Säulen

Der ›Abstinenz-Brunnen‹ in der Pennsylvania Avenue

war einst das alte Rathaus untergebracht, wurden Sklaven versteigert und Verwundete des Bürgerkriegs gepflegt. Heute tagt dort das **Oberste Gericht des District of Columbia** (14).

Architektur-Fans finden an der Ecke 9th und G St. das einzige Mies van der Rohe-Gebäude in Washington. Es beherbergt die zentrale Bücherei der Stadt, **Martin Luther King jr. Memorial Library** (15, ✆ 202-727-1111, geöffnet: Mo–Do 9–21, Fr, Sa 9–17.30, So 13–17 Uhr). Vom Mount Vernon Square oder dem Washington Convention Center zwischen 9th und 11th St. bis zur Ecke 15th St. wurde die New York Ave. in den 80er Jahren zu einer eindrucksvollen Straße mit teils gewaltigen Fassaden restauriert. 1300 New York Ave. ist ein gutes Beispiel für die modernen Bürobauten mit klassizistischen Fassaden und großem Innenhof.

Rund ums Weiße Haus

Wer nur ein oder zwei Tage Zeit hat, um Washington kennenzulernen, sollte neben der Mall einen Streifzug rund um das Weiße Haus unternehmen, wo nicht nur der Hauptstadttrubel der Gegenwart erlebenswert ist, sondern auch eine Reihe erhaltener historischer Gebäude von der Gegend als sozialem und politischem Zentrum der Hauptstadt künden.

Im Mittelpunkt stehen das Weiße Haus und der gegenüber der Nordfassade gelegene Lafayette Square, der ursprünglich einmal President's Square hieß. Rund um den Platz sowie entlang F und G Sts westlich der 17th St. leben die *maker and shaker* der Republik im Octagon, Blair House und Decatur House, und wenn sie sonntags über den Lafayette Square in die St John's Church zum Gottesdienst gingen, dann, so fand Henry Adams, »ist der Lafayette Square die Gesellschaft«.

Flankiert wird das Weiße Haus von zwei sehr verschiedenen gleichermaßen eindrucksvollen Gebäuden. Dem Old Executive Office Building oder Außenministerium beziehungsweise Kriegs- und Marine-Ministerium, wie es je nach seiner Funktion seit 1888 hieß, auf der westlichen Seite und dem Schatzamt, vom White House durch die East Executive Ave. getrennt, auf der Ostseite.

Steht man Ecke 15th St. und Pennsylvania Ave. von Bankgebäuden umgeben, erscheint es nur sinnvoll, das Schatzamt der USA gleich nebenan zu haben. Als es gebaut wurde, hieß die ironische Begründung im Kongreß, Präsident Andrew Jackson wolle ein für alle Mal sicher gehen, daß man ihm vom Kapitol aus nicht auf die Finger schauen kann. Die ersten beiden Gebäude des Schatzamtes brannten nieder, und der heutige Bau entstand in vier Stufen im neo-klassizistischen Stil zwischen 1836 und 1869.

Die Front entlang 15th St. wird von 30 ionischen Säulen geprägt, jede 12 m hoch und aus einem Granitblock gehauen. Vor der Südseite des Gebäudes steht eine Statue des ersten Finanzministers der USA, Alexander Hamilton, der die Finanzen der jungen unabhängigen USA in Ordnung brachte. Vor der Nordfront erhebt sich eine Statue von Jeffersons Finanzminister, Albert Gallatin, der den Louisiana-Landkauf verhandelte und heute mit Sehnsucht erinnert wird, produzierte er doch Überschüsse im Haushalt. Von der E. Executive Ave. ist ein kleiner Ausstellungsraum zugänglich, in dem man Münzen und Scheine aus zwei Jahrhunderten besichtigen kann (✆ 202-535-9830, samstagvormittags nach Anmeldung Führungen).

Als das Old Executive Office Building 1888 nach 17jähriger Bauzeit eingeweiht wurde, erfüllte es eine Reihe von Superlativen. Es war das größte Granitgebäude der Welt und das größte Bürogebäude der USA. 555 Büroräume, alle über 5 m hoch, mehr als 3 km mit schwarzem und weißem Marmor ausgelegte Flure, Treppenhäuser und Biblio-

Demonstranten auf dem Lafayette Square

theksräume sowie an der Fassade 900 Säulen, genug um zehn Parthenons auszustatten.

Der französische Second Empire-Stil des Baus mit seinen Mansardendächern war zu Baubeginn zwar schick, aber bei der Einweihung bereits außer Mode. Es gibt wohl kein anderes Gebäude in Washington, über das sich Spott und Verachtung so ausschütteten wie über das Old Executive Office Building. Ein »Irrenhaus für Architekten« nannte es Henry Adams, und als ein Baumeister General Sherman erklärte, das Gebäude sei sowohl feuer- als auch erdbebensicher, seufzte der General: »Ach wie schade!«. Mark Twain nannte es das »häßlichste Gebäude Amerikas«, und Präsident Harry Truman sprach von einer »architektonischen Monstrosität«. Er, wie andere vor ihm, weigerte sich aber, das Gebäude abreißen zu lassen.

Im Jahre 1947 zog das Außenministerium als letztes Ministerium in seine neuen Gebäude in Foggy Bottom um und seitdem arbeiten hier die verschiedenen Abteilungen des Weißen Hauses, wie zum Beispiel der Nationale Sicherheitsrat. Alle Vizepräsidenten seit Lyndon Johnson hatten ebenfalls ihre Büros in dem Bau, der für die Öffentlichkeit geschlossen ist.

Einen Block nach Westen, Ecke 18th St. und New York Ave. steht das Octagon, ein weiteres eng mit dem Weißen Haus verbundenes Gebäude (✆ 202-638-3105, geöffnet: Di–Fr 10–16, Sa und So 13–16 Uhr). Zwischen 1798 und 1800 für den Obersten John Tayloe III. gebaut, wohnten hier Präsident James Madison und seine Frau, nachdem die Engländer 1814 das Weiße Haus niedergebrannt hatten. Madison unterzeichnete im Octagon, das eigentlich ein sechseckiges Gebäude ist, 1815 den Vertrag von Gent, mit dem Frieden zwischen den USA und England eintrat. Im Jahre 1902 kaufte das American Institute of Architects das zunehmend verfallende Haus, das es bis heute unterhält und architektonische und historische Ausstellungen zumeist über Washington zeigt.

Gegenüber dem Weißen Haus wohnen die Gäste des Präsidenten. Blair House, Nr. 1651 Pennsylvania Ave., ist mit dem Nachbargebäude Lee House das Gästehaus der Regierung. Im Jahre 1836 erwarb der wohlhabende Makler Francis Preston Blair das 1824 errichtete Haus. Bis 1942 im Besitz der Blair-Familie, war es Jahrzehnte hindurch ein gesellschaftlicher Mittelpunkt. Zahlreiche Persönlichkeiten der US-Geschichte gingen hier ein und aus, unter ihnen Jefferson Davis, späterer Präsident der Südstaaten, und Lincoln, der hier Robert E. Lee anbot, die Armeen der Union zu führen. Lee lehnte ab und kommandierte statt dessen die konföderierte Armee.

Tecumseh Sherman, der im Bürgerkrieg Atlanta niederbrennen ließ, heiratete 1850 im Blair House, und Kapitän David Glasgow Farragut, der später mit dem berühmtgewordenen Satz »Damn the torpedos – full speed ahead« seine Schiffe in die Bucht von Mobile, Alabama, einfahren ließ, bekam hier das Kommando, New Orleans anzugreifen. Präsident Harry Truman und seine Familie lebten im Blair House, während das

Das Old Executive Office Building

Weiße Haus von 1948 bis 1951 umgebaut wurde, am 1. 11. 1950 entging der Präsident vor dem Haus einem Mordanschlag.

Entlang Jackson Place an der Westseite des Lafayette Square stehen einige alte Villen mit Regierungsbüros, deren Abschluß an der Ecke zur H St. Decatur House bildet (✆ 2 02–8 42–09 20, geöffnet: Di–Fr 10–14, Sa und So 12–16 Uhr). Benjamin Latrobe baute 1818 das neoklassizistische Haus im Stil zeitgenössischer Villen in Philadelphia. Über den Bauherrn Commodore Stephen Decatur, einen Helden und Haudegen des Kriegs von 1812 gegen England, ging das Gerücht, er habe sein Vermögen mit Kopfgeldern der Regierung auf Piraten gemacht. Decatur starb in einem Duell, kurz nachdem sein Haus fertiggestellt wurde.

Im Decatur House war zunächst die russische Botschaft untergebracht, bevor es der legendäre Hotelier John Gadsby aus Alexandria kaufte. Schließlich lebten hier mehrere Außenminister der USA, bis es die Familie des Bürgerkriegsgenerals Edward Beale 1956 an die Regierung übergab. Decatur House, aller Umbauten und Veränderungen entledigt, bietet sich dem Betrachter heute innen wie außen wieder in seiner ursprünglichen Erscheinung dar. Die Räume sind mit Möbeln, Bildern und historischen Memorabilia gefüllt.

Vorbei am Hay Adams Hotel, das bis 1925 die Residenz des brasilianischen Botschafters war und heute eines der Luxushotels von Washington im alten englischen Stil ist, erreicht man die wohl schönste Kirche in Washington, St John's Episcopal Church (geöffnet: tägl. 8–16 Uhr, Gottesdienst So 8, 9 und 11 Uhr, Führung nach dem letzten Gottesdienst). Der zweite Bau am Lafayette Square wurde 1816 nach Plänen von Benjamin Latrobe gebaut. Latrobe war so stolz auf seinen Entwurf, daß er kein Honorar verlangte. Sechs Jahre später wurde, ebenfalls nach einem Entwurf von Latrobe, der von dorischen Säulen getragene Eingang angebaut. Seit Präsident Madison hat auf dem Sitz 54 jeder US-Präsident hier dem Gottesdienst beigewohnt.

Im St John's Parish House – Nr. 1525 H St. – neben der Kirche wurde die Grenze zwischen den USA und Kanada festgeschrieben. Lord Alexander Baring Ashburton, ein den Genüssen des Leibes zugetaner britischer Minister, wohnte hier, während er mit dem weltlichen Dingen nicht minder zugeneigten US-Außenminister Daniel Webster 1842 Fragen des Grenzdisputes verhandelte. Beide Männer vertrauten der feinen Küche und verhandelten abwechselnd über Pariser Kartoffeln, Ragouts und Casseroles in Ashburtons Haus und New Jersey-Austern, Maryland-Krebsen und Chesapeake-Ente in Websters Haus. Der Verhandlungserfolg spricht für die Köche.

Die Tour um den Lafayette Square wäre nicht vollständig, ohne das Cutts-Madison House – 1520 H St. – und das Taylor House – 21 Madison Place – zu erwähnen. Im 19. Jh. sahen die 1820 und 1828 gebauten, heute in Regierungsbesitz befindlichen Häuser mehr Leben als heute, da sie der Öffentlichkeit nicht zugänglich sind. Im Cutts-Madison House unterhielt Dolley Madison nach dem Tod ihres Mannes, des Präsidenten James

Madison, die Gesellschaft von Washington in großem Stil. Beide Häuser wurden später vom Cosmos Club gekauft, dessen Mitglieder Künstler oder Wissenschaftler sind.

Lafayette Square dient nicht nur für Demonstrationen, sondern vor allem der Erinnerung an die erfolgreichen Feldherren der Unabhängigkeitskriege. Die Mitte des Platzes dominiert das Reiterstandbild von Andrew Jackson. Auch in den vier Ecken des Platzes sind Statuen errichtet: in der Südostecke ein Bildnis des Marquis de Lafayette, der in Yorktown die Kolonisten erfolgreich gegen die Engländer führte. In der Südwestecke steht das Denkmal seines Landsmanns Comte Jean de Rochambeau. Die Nordwestecke gehört Baron von Steuben, dem Kommandanten der entscheidenden Schlacht von Valley Forge. Und in der Nordostecke schließlich steht das Denkmal des in Polen geborenen Generals Thaddeus Kosciuszko, des Helden von Saratoga.

Die St John's Church

16th Street – Verblassende Pracht aus besseren Tagen

Das Weiße Haus und das Washington Monument weisen den Weg, wenn man auf der 16th St. schnurstracks von Norden in die Stadt kommt. Die in ihren Dimensionen und der Bebauung mit den Avenues konkurrierende 16th St., zweifellos die prominenteste der Nummern-Straßen, hat zugleich etwas von verfallender Pracht. Als ›Straße der Kirchen und Tempel‹ wurde sie bezeichnet, als ›Diplomaten-Allee‹, die nur wegen der zahlreichen Botschaftsgebäude von der Massachusetts Ave. überboten wird.

Große Hotels liegen an 16th St., sie hat den einzigen europäisch angelegten Park als Anrainer, und doch kann man sich des Eindrucks nicht erwehren, daß diese große, nach Maryland führende Verkehrsachse einst bessere Tage sah. Grund sind vor allem die östlich der 16th St. gelegenen Stadtteile, die nach den Ausschreitungen von 1968 zunehmend verfielen und oft Slum-Charakter annahmen.

Ein gutes Beispiel dafür ist die U St., deren zwei Blocks zwischen 16th und 14th St. (und nicht nur die) bis Ende der 60er Jahre ›die Connecticut Avenue des farbigen Mannes‹ genannt wurde, wo es Geschäfte, Nachtklubs und Theater, wie das

Der Scottish Rite Temple

Lincoln Theater – 1223 U St. – gab, wo Musiker wie Duke Ellington, Louis Armstrong und Bessie Smith auftraten und dafür sorgten, daß die Straße als Black Broadway von Washington bezeichnet wurde. Wenn 1991 die neue grüne Metro-Linie eröffnet wird, soll auch das Lincoln Theater nach einer Multimillionen-Restaurierung wieder seine Pforten öffnen. Zumeist aber spielt Crack die bedeutendste Rolle östlich der 16th St., weshalb es auch am ratsamsten ist, ihre Pracht nur bei Tage anzuschauen. Auf der Westseite der 16th St. und nördlich der Florida Ave. ist der Aufstieg von Stadtteilen wie Mount Pleasant glücklicherweise schon wieder zu beobachten.

An der Ecke 16th und I St. baute der Architekt des Ostflügels der National Gallery of Art, I. M. Pei, die Third Church of Christ Scientist, eine moderne, wie eine Skulptur wirkende Kirche (geöffnet: tägl. 9–16 Uhr, Gottesdienst So 11 Uhr). Das eher verschlossene Bild der Kirche führte zu der Vermutung, Pei habe »Ein feste Burg ist unser Gott« im Ohr gehabt, als er die Kirche entwarf. Ein Besuch in der Bar des Sheraton-Carlton Hotel, Ecke 16th und K St., meist einfach Carlton genannt, lohnt schon wegen der Hallenarchitektur und der mit Blattgold überzogenen Decke.

Ecke L St. liegt die sowjetische Botschaft. Schon vor Jahren wurde eine riesige neue Botschaftsanlage oberhalb von Georgetown an der Wisconsin Ave. fertiggestellt, aber Verträge mit der US-Regierung besagen, daß der Bau erst dann bezogen werden kann, wenn auch die neue US-Botschaft in Moskau fertig ist. Und das kann noch Jahre dauern, nachdem entdeckt wurde, daß der Bau mit Abhörgerät ›verseucht‹ ist.

Scott Circle, wo sich die 16th St. mit Massachusetts und Rhode Island Ave. kreuzt, ist ein perfektes Beispiel für die erhöht gelegenen Knotenpunkte, von denen L'Enfant träumte, weil sie den offenen Blick entlang den Avenues der Stadt erlauben würden. Neben der Statue des General Scott stehen hier Denkmäler des Begründers der Homöopathie, S. C. F. Hahnemann und des US-Senators sowie Außenministers Daniel Webster.

Nördlich des Scott Circle geht der Reigen von meist um die letzte Jahrhundertwende erbauten Kirchen weiter. Typisch für die handwerkliche Kunst ist die Church of the Holy City an der Südostecke der Corcoran St.

(geöffnet: tägl. 9–16 Uhr, Gottesdienst So 11 Uhr). Der Kalksteinbau im neogotischen Stil besitzt besonders kunstvolle Verzierungen an Türmen und Ecken sowie furchteinflößende Wasserspeier. Der 1500er Block der Corcoran St. gleich im Anschluß an die Kirche ist ein gutes Beispiel für die Mischung von Stadthausarchitektur des späten 19. Jh. und die Restaurierung, die auch die 16th St. erreicht hat.

Zwei Blocks weiter, nördlich der R St., steht das auffallendste und womöglich eindrucksvollste Gebäude der 16th St., ein Freimaurertempel von geradezu pharaonischen Ausmaßen, der Scottish Rite Temple. Links und rechts des Eingangs zu dem von Russell Pope entworfenen Tempel wacht jeweils eine Sphinx. Vorbild des Baus war eines der sieben Weltwunder, der Tempel von König Mausolos in Halikarnassos. Hinter den hohen Säulen sind goldene Inschriften und symbolische Dekorationen zu sehen. Der Tempelraum nimmt das gesamte obere Stockwerk ein (einstündige Führungen tägl. zwischen 9 und 14 Uhr).

Wenn Sie Florida Ave. überqueren, überschreiten Sie nicht nur die geologische Linie, an der das flache Küstenland von dem Piedmont-Plateau abgelöst wird und zum Meridian Hill ansteigt, sondern auch die lange Zeit gültige Stadtgrenze zwischen Washington und dem Rest des District. Damals hieß Florida Ave. noch Boundary St. Bis in die 70er Jahre des 19. Jh. blieb Meridian Hill ein bewaldeter Hügel mit einigen Feldern.

Die Geschichte des Meridian Hill Park auf der Ostseite der 16th St. zwischen Florida Ave. und Euclid St. ist die Geschichte von Mary Henderson, im Washington der Jahrhundertwende Queen Mary genannt. Die Ehefrau von Senator Henderson, dem Verfasser des 13. Verfassungszusatzes, mit dem die Sklaverei abgeschafft wurde, kaufte Ende des 19. Jh. 300 Grundstücke entlang der 16th St., darunter auch die fast 5 ha des zukünftigen Parks.

Mary Henderson hatte es sich in den Kopf gesetzt, aus der 16th St. das Herz von Washington zu gestalten. So ließ sie die Häuser 2801 und 2829 16th St. errichten, von denen sie hoffte, die Regierung würde sie als Residenz für den Vizepräsidenten kaufen. Daraus wurde nichts, die beiden Häuser beherbergten zunächst die spanische und heute die mexika-

Der Meridian Hill Park

nische Botschaft. Auch Meridian Hill Park war nicht die erste Wahl von Mary Henderson. Zunächst machte sie sich dafür stark, das Weiße Haus hierher zu verlegen, dann versuchte sie, den Hügel mit dem Lincoln Memorial zu schmücken. Schließlich gab sie sich mit dem Park zufrieden, der 1914 begonnen, aber erst 1936 fertig wurde.

Meridian Hill Park ist getrennt in einen nüchternen französischen Park, der die obere Hälfte einnimmt, und einen barocken italienischen Park des 18. Jh., der die untere Hälfte mit 13 Wasserkaskaden und einem Reflecting Pool ausfüllt. Heute ist der Park eine ›neutrale Zone‹. Östlich davon, entlang der 15th St. liegt ›Crack Alley‹.

Unweit der mexikanischen Botschaft, an der Kreuzung von 16th St., Columbia Rd. und Harvard St., liegt der Harvard Square. Die Columbia Rd. gab es schon, als noch niemand an Washington dachte und dort ein Indianerpfad hindurchführte, der später als Postweg von Baltimore nach Georgetown genutzt wurde.

Um den Harvard Square entstanden in den 20er Jahren dieses Jahrhunderts, als der Stadtteil als eines der besten Wohngebiete angesehen wurde, mehrere bedeutende Kirchen. Dazu gehört die All Souls Unitarian Church an der Ecke 16th und Harvard St., eine Kopie von St Martin-in-the-Fields in London. Ecke 16th St. und Columbia Rd. steht die Mormon Washington Chapel, aus Marmor gebaut und bis 1975 von den Mormonen genutzt. Das Gebäude gehört heute der Unification Church. Die Mormonen zogen in ihren neuen, leuchtend weißen Tempel am Stoneybrook Dr. in Kensington, Maryland. Die weißen Türme des Tempels mit ihren goldenen Spitzen kann man von der Beltway-Autobahn sehen.

Adams Morgan – Flickenteppich der Rassen und Nationen

Was ist Adams Morgan? Ist es einfach das internationalste Viertel der Metropole, der Stadtteil der Latinos, wo man mehr exotische Restaurants finden kann als vorstellbar scheinen? Ist es ein alter Avantgarde-Stadtteil, der nun Yuppies anzieht? Das nächste Georgetown? Adams Morgan, dessen Zentrum an der Kreuzung von 18th St. und Columbia Rd. liegt, ist von alledem ein wenig und auf jedenfall eine der sich am schnellsten wandelnden Ecken der Hauptstadt.

Vor zehn Jahren fuhr man nach Adams Morgan, um im Omega zu essen, einem Restaurant bekannt für gute, preiswerte kubanische Küche. Oder man kam, um Blue Moons verrückte Sammlung von Ramsch zu durchstöbern, afrikanische Kunst in der Sun Gallery anzusehen oder durch revolutionäre Literatur zu blättern. All das gibt es immer noch.

Geht man die 18th St. hinauf zur Columbia Rd., dann kann man heute aber auch in einem Häuserblock Antiquitäten, Holz, afrikanische Schallplatten, Fahrräder, batteriebetriebene Ohrringe, Autoteile und alte Bücher, Magazine und Modefummel kaufen, die Haare geschnitten bekommen, oder sich die Karten legen lassen. Und essen kann man! Innerhalb weniger Häuserblocks gibt es nicht weniger als 58 Restaurants mit

Volksfest in Adams Morgan

äthiopischer, italienischer, mexikanischer, chinesischer, spanischer, französischer, kubanischer, karibischer Küche, Southern oder Nouvelle Cuisine, und gar nicht zu reden von Fast food-Restaurants.

Die Veränderungen führen zu lauten Kontroversen über die Zukunft des Stadtteils zwischen den alteingesessenen Adams Morganites und den neuen Unternehmern, die zwei der populärsten Diskotheken in Washington, Dakota und Cities, eröffnet haben. Bislang rettet der extrem knappe Parkraum in Adams Morgan den Stadtteil davor, überrannt zu werden. Tagsüber hat er nach wie vor etwas Kleinstädtisches und Verträumtes an sich, und das ist, falls Sie sich nicht ins Nachtleben stürzen wollen, die Zeit, um Adams Morgan zu besuchen – etwa den Farmers Market, der samstags vor der Perpetual Bank Ecke 18th St. und Columbia Rd. aufgebaut ist.

Hier fand das schlimmste Unglück in der Geschichte von Washington statt. Am 28. 1. 1922 war der Kinopalast Knickerbockers wie üblich auf den letzten Platz besetzt. Das Kino war populär, weil ein Orchester in den Pausen spielte. Es war der Abend des heftigsten Schneefalls in der Geschichte von Washington, und während der Vorstellung stürzte das Dach unter der Last von 50 t Schnee ein. 97 Besucher starben, 127 wurden teils schwer verletzt. Als Ende der 70er Jahre die Perpetual Bank das Grundstück kaufte, setzten Bürgergruppen ein Mitspracherecht bei der Kreditpolitik der Bank ebenso durch, wie das Recht, den Wochenmarkt abzuhalten.

Adams Morgan war bis in die 30er Jahre eine vornehme Adresse mit Baugebieten, die unter den Namen Washington Heights, Lanier Heights und Cliffbourne bekannt waren. Die Wohnungsnot während der Depression und des Zweiten Weltkriegs verwandelte stattliche Häuser in Apartments und Pensionen. Im Jahre 1955 formierte sich eine Vereinigung aus vielen in der Gegend wohnenden Rassen, die sich nach der weißen Volksschule, Adams School, und der schwarzen Volksschule, Morgan School, Adams-Morgan Better Neighborhood Conference nannte und dem Viertel seinen neuen Namen gab.

Aus der ›Vor-Adams-Morgan-Zeit‹ stammen zahlreiche zum Teil großartige Apartmenthäuser entlang Columbia Rd. zwischen 18th St. und Connecticut Ave. Darunter das Wyoming, 2022 Columbia Rd., das Altamont, 1910 Wyoming Ave., das Alwyn, 1882 Columbia Rd., das Norwood, 1868 Columbia Rd. und das Woodley, 1851 Columbia Rd. Eine der schönsten Wohnstraßen von Adams Morgan ist die Biltmore St. mit Stadthäusern und dem Biltmore-Apartmenthaus.

Zweimal im Jahr füllen sich die Straßen von Adams Morgan mit festlichem Trubel. Im Juli, meist bei drückender Hitze, kommen 200 000 bis 300 000 Schaulustige zum Hispanic Festival. Im September findet mit dem Adams Morgan Day das zweite Straßenfest dieses vitalen Viertels statt.

Straßenzug in Adams Morgan

Massachusetts Avenue und Kalorama

Eine Fahrt oder ein Spaziergang entlang der Massachusetts Ave. vom Scott Circle über den DuPont Circle zum Sheridan Circle und weiter nach Norden in den Kalorama-Stadtteil ist ein Ausflug in die Belle Epoque von Washington, der Zeit nach 1898 bis zum Beginn der Depression in den 30er Jahren. Ab 1890 vom Scott Circle nach Westen vorangetrieben, wurde die Massachusetts Ave. zum prächtigsten Boulevard der Stadt.

Mehr als 300 Villen, Paläste und Herrenhäuser waren gebaut, als die USA 1917 in den Ersten Weltkrieg eintraten. Die Steuern waren niedrig, Grundstückspreise moderat und es kamen Unternehmer aus New York und Neu-England, Industrielle und Eisenbahnbarone aus Pennsylvania und Ohio, Holzfürsten und

Bergwerkskönige aus dem Westen sowie Fleischpacker und Zeitungsmagnaten aus dem Mittelwesten, um sich gegenseitig mit ihren Villen und Palästen zu übertrumpfen, die teilweise nur während der Wintermonate bewohnt waren.

Die neuen Reichen Amerikas feierten und genossen das gesellschaftliche Leben, bis der Würgegriff der Depression einsetzte und viele der Villen und Paläste an ausländische Staaten verkauft wurden, die hier ihre Botschaften einrichteten oder an Unternehmen und Klubs, die sich in der herrschaftlichen Umgebung nur zu gerne niederließen. Massachusetts Ave. wurde zur Embassy Row, der Straße der Botschaften, und Kalorama ein Zentrum der diplomatischen Gemeinde von Washington.

Bis 1888 war Kalorama eine Plantage gleichen Namens von mehr als 250 ha Größe, nun aber ließen die Verbindung der Bison-Brücke nach Georgetown, der Vortrieb der Massachusetts Ave. und die Entscheidung des Kongresses, Rock Creek als Park zu bewahren die Anhöhe rasch zum bevorzugten Baugebiet werden.

Vier der Villen und Häuser in diesem Stadtteil sind der Öffentlichkeit zugänglich und gestatten einen Blick auf die Pracht der Belle Epoque: das Anderson House, heute Zentrale der Society of the Cincinnati (2118 Mass. Ave., ✆ 2 02–7 85–05 40, geöffnet: Di–Sa 13–16 Uhr, geschlossen samstags im Juli und Aug.); das Phillips House, nun Heim der berühmten Phillips Collection, (1600 21st St.; ✆ 2 02–3 87–09 61, geöffnet: Di–Sa 10–17, So 14–19 Uhr); das Christian Heurich Memorial House (1307 New Hampshire Ave., ✆ 2 02–7 85–20 68, geöffnet: Fr und Sa 12–16 Uhr, Führungen alle 30 Min., letzte Führung 15.30 Uhr) und das Woodrow Wilson House (2340 S St., ✆ 2 02–6 73–40 34, geöffnet: März–Dez. Di–So 10–16 Uhr, im Jan. und Febr. Di–Fr geschlossen). Vor allem im April und Mai, wenn die Blütenpracht der Azaleen, Dogwoods und Magnolien die Parks und Gärten der Villen erstrahlen läßt, ist der Spaziergang durch diesen Teil der Hauptstadt eine Augenweide.

Ein guter Ausgangspunkt ist die Bison Bridge an der Q St. In Nr. 1606 der 23rd St. Richtung Sheridan Circle, den der Bürgerkriegsgeneral wie ein vom Pferd winkender Verkehrspolizist beherrscht, liegt die türkische Botschaft. Das ehemalige Everett House wurde 1914 für Edward H. Everett aus Cleveland gebaut, der seine Millionen unter anderem mit der Erfindung des Kronkorken für Coca Cola machte.

Everett ließ bei den zahllosen gesellschaftlichen Anlässen in seinem Haus bevorzugt Stars der Metropolitan Opera auftreten, die vor rund 100 Gästen, alle auf goldenen Jugendstilstühlen sitzend, sangen. Ein Großteil der Stühle verschwand unter mysteriösen Umständen, und die türkische Regierung, die das Haus 1932 kaufte, verlangte jahrelang 2,50 Dollar Pfand von Gästen, die bei den Soirees einen Stuhl zum Sitzen haben wollten. Erst Jahre später entdeckte die Frau eines Botschafters die fehlenden Stühle auf einem Dachboden.

Zwischen der 21st und 22nd St. steht, Massachusetts Ave. 2118, das von 1902 bis 1906 gebaute Anderson House. Larz Anderson, US-Botschafter in Belgien und Japan, lebte hier

Brückenkopf der Bison Bridge

mit seiner Frau Isabel. Das kinderlose Ehepaar vermachte das Haus der patriotischen Cincinnati-Gesellschaft. Die Sammlungen im Anderson House befassen sich mit den Revolutionskriegen.

Gegenüber dem Anderson House, Nr. 2121, im Stil der Zeit Ludwig XVI. gebaut, liegt hinter einer halbkreisförmigen Auffahrt das ehemalige Townsened House, heute der Cosmos Club. Richard Townsened, ein Mann von immensem Reichtum, baute sich die Villa als Ruhesitz. Der Präsident der Erie und Pittsburgh Eisenbahn war mit Mary Scott, der Tochter des Besitzers der Pennsylvania Railroad verheiratet. Als Kind hatte ihr eine Zigeunerin geweissagt, sie werde innerhalb von sechs Monaten sterben, falls sie einmal unter ein neues Dach zöge. So ließ ihr Mann um die Jahrhundertwende das auf dem Grundstück 2121 stehende Hillyer House abbauen und als Kern seines Hauses verwenden. Mary überlebte den Umzug, ihr Mann aber starb, Monate nachdem er in sein Haus eingezogen war, bei einem Reitunfall.

Ab 1925 wohnte hier der Diplomat Sumner Welles, enger Berater des späteren Präsidenten Franklin D. Roosevelt, der dort vor seiner Präsidentschaft ein- und ausging. Im Jahre 1952 zog der illustre Cosmos Club in das Townsened House, ein Klub von bekannten und berühmten Männern – und gelegentlich Frauen – aus Literatur, Wissenschaft und Kunst.

Ein weiterer Palast, heute die Botschaft von Indonesien, steht an der Ecke 21st und Massachusetts Ave. Thomas Francis Walsh, ein Farmjunge aus dem irischen Landkreis Tipperary, kam mit 19 Jahren in die USA und zog bald nach Colorado, wo er Brücken für die Eisenbahn baute und nebenbei Geologie studierte. Während des Gold Rush machte er ein Vermögen, das jedoch schnell ausgegeben war. Dann zog er einen Volltreffer mit der Camp Bird Mine nahe Ouray, Colorado. 5000 Dollar flossen täglich in seine Taschen, und 1902 verkaufte er die Mine für 43 Mio. Dollar bei weiterer Beteiligung von 25%. Im selben Jahr beauftragte er den New Yorker Architekten Henry Anderson, das schönste und größte Haus an der Massachusetts Ave. zu bauen. Das gelang.

Über 50 Zimmer, ein dreistöckiges Treppenhaus mit Glasdach und eine Mischung aus Renaissance, Barock, Rokoko und Jugendstil sicherte die

Einmaligkeit des Vorhabens. Walsh, der bald der Colorado Monte Christo genannt wurde, füllte das Haus mit Kunstgegenständen und Möbeln aus allen Kontinenten. Während der Präsidentschaft von Theodore Roosevelt war es der gesellschaftliche Mittelpunkt von Washington. Essen mit 50 Gästen galten als intim, und die »New York Times« berichtete von einer Neujahrsparty mit 325 Gästen, die das neue Jahr mit 480 Flaschen Champagner und 288 Flaschen Scotch begrüßten. Präsidenten und Könige waren zu Gast bei Walsh, der 1910 starb.

Nr. 1307, New Hampshire Ave., steht das Christian Heurich Memorial House, ein massiver Bau, dessen Stil ein Architekturhistoriker als ›Bierfaß-Baronisch‹ bezeichnete (geöffnet: Fr, Sa 12–16 Uhr). Der deutsche Einwanderer Christian Heurich machte sein Vermögen mit Bier, das er in einer 1962 abgerissenen Brauerei in Foggy Bottom braute. Heurich, eine Washingtoner Legende, wurde 102 Jahre alt. Er trank täglich sein Bierchen, das er mit dem Aufdruck ›Von Ärzten im allgemeinen für die gesamte Familie empfohlen‹ verkaufte. Nach seinem Tod 1945 vermachte Heurichs dritte Frau Amelia das Gebäude der Columbia Historical Society, die sich der Geschichte des District widmet und seit 1956 in dem Haus residiert. Im Bierkeller finden sich an den Wänden Sinnsprüche, die einem Brauer gut anstehen, wie »Schöpf aus dem Pokale neue Ideale«.

Einige Straßen nach Kalorama hinein lebte Präsident Woodrow Wilson nach Ende seiner Präsidentschaft im Jahre 1921 (2340 S St., ✆ 202-673-4034; geöffnet: Feb. Sa und So 12–16, März–Dez. Di–Fr 10–14 Uhr). Wilson wollte ursprünglich sein eigenes Heim bauen, gab sich aber schließlich mit diesem 1915 gebauten Haus zufrieden. Der ehemalige Präsident starb 1924, seine Frau wohnte in dem Haus bis zu ihrem Tod 1961 und hinterließ es dem National Trust for Historic Preservation. Das Gebäude ist so eingerichtet, wie die Wilsons hier lebten, und erlaubt einen guten Einblick in die Wohnkultur der Zeit.

Villa auf der Massachusetts Avenue

Connecticut Avenue und DuPont Circle

Connecticut Ave. ›entspringt‹ mitten im Geschäfts- und Einkaufszentrum von Washington – I, K, L, M und N St. zwischen der 20th und 16th St. sind das kommerzielle Herz der Hauptstadt mit Geschäften jeder Art, Büros von Fluggesellschaften, Hotels und Restaurants. Hier, rund um Farragut Square und den Anfang der Connecticut Ave., ist alles zu finden, was des Kauffreudigen Herz sich wünscht. Auch entlang der Connecticut Ave. hinauf zum DuPont Circle reihen sich Geschäfte und Hotels aneinander.

N St. zwischen 17th und 18th St. blieb fast unverändert mit Stadthäusern aus dem 19. Jh., ein heute geschütztes Ensemble. Hier liegen zwei kleine Hotels, eines davon, das Tabard Inn, entstand aus drei Privathäusern, die 1920 zu einem charmanten Hotel zusammengefaßt wurden. Gegenüber, in einem Hinterhof liegt das aus umgebauten Ställen entstandene Iron Gate Inn, von dem man die sonst meist durch Bürogebäude verstellte Kuppel der St Matthew's Cathedral sehen kann.

DuPont Circle, an der Kreuzung von Connecticut, Massachusetts und New Hampshire Aves. gelegen, ist der Ort, wo Washington am authentischsten ist. Ein riesiger Platz, der bis vor 100 Jahren keine Rolle spielte, dann Zentrum des größten Wohlstands der Hauptstadt wurde und anschließend Wellen der Armut, des Verfalls, der Studentenbewegung, Flower Power, Black Power, Dope Dealer, Punk Rocker, Yuppies und Mountain Biker erlebte. Dabei ist der Circle immer ein lebendiger Spiegel des Lebens in Washington geblieben.

So ist es auch heute noch, wenn Schachspieler eine Ecke des Parks im Kreisel beleben, Penner und Obdachlose auf Bänken sitzen, Angestellte aus den umliegenden Büros mit ihren braunen Papiertüten zur Mittagspause kommen, und abends, wie zu Zeiten des Pony Express im Westen, die Fahrradkuriere ihre Flitztouren durch die Stadt beenden und zum Plausch am Circle fahren.

Tief unter dem Platz zischen die Züge der Red Line Metro durch den Tunnel. Direkt unter dem Platz rauschen die Autos die Connecticut Ave. entlang, und ein für den Neuling schwer durchschaubares Zweikreisel-Verkehrssystem lenkt die Autoströme um den Park, der seinen Namen nach dem Bürgerkriegsadmiral Francis DuPont erhielt. Seine Bronzestatue wurde von der DuPont-Familie durch einen Brunnen ersetzt.

Rund um DuPont Circle stehen nicht nur die Villen und Paläste der Jahrhundertwende, es finden sich dort auch zahlreiche Treffs. Entlang P St. bis hinunter zum Rock Creek Park hat die Homosexuellenszene der Hauptstadt ihre Heimat und ihren Buchladen mit Lambda Rising, 1625 Connecticut Ave. Entlang Massachusetts Ave. und New Hampshire Ave. arbeiten mehrere *Think Tanks*, wie die politischen Analyse- und Beratungsinstitute der Hauptstadt heißen. So zum Beispiel die Brookings Institution oder das American Institut of Contemporary German Studies. In Kramers Books and Cafe, 1517 Connecticut Ave., kann man stöbern, Kaffee trinken, essen und immer ein Gespräch anfangen. Mehrere Blocks weiter nördlich an der Ecke R St. ist The Newsroom mit einer guten Auswahl von amerikanischen Zeitungen und Zeitschriften sowie deutschen Tageszeitungen täg-

Am DuPont Circle

lich geöffnet. Dazwischen liegen zahlreiche Geschäfte, Galerien und Restaurants.

Nördlich des Hügels, den die Connecticut Ave. bei der Florida Ave. erklimmt, liegen zwei Stadtteile, die wegen ihrer schönen Wohnstraßen und kleinen Zentren einen Besuch lohnen: Woodley Park und Cleveland Park. Zwei Brücken über den Rock Creek führen nach Woodley Park. Die Duke Ellington Memorial Bridge, die an den großen Musiker der Stadt erinnert, verbindet Adams Morgan mit Woodley Park. Connecticut Avenue Bridge führt von Süden in das kleine Zentrum asiatischer Restaurants und Geschäfte nördlich der Calvert St. Entlang Woodley Rd., Cathedral Ave. und Courtland Place liegen komfortable und begehrte Stadthäuser, die bis heute die große Beliebtheit dieses Wohngebiets bezeugen.

Nur wenige Straßen weiter nördlich gilt das gleiche für Cleveland Park, nach Präsident Grover Cleveland benannt, der hier 1886 wegen der kühleren Temperaturen sein Sommer-White House hatte. Der Stadtteil entlang Macomb und Newark Sts sowie Highland Place hat den Charakter seiner baumgesäumten Wohnstraßen mit großen Häusern bis heute bewahrt. Den Besuch kann man mit einer Vorstellung im Uptown Theater verbinden, einem Art deco-Bau mit dem wohl schönsten Kino in Washington unweit der Metro-Station Cleveland Park (Red Line).

Nach Virginia

Große Männer und ihre Häuser

Kein anderer Staat der USA hat so viele historische Häuser wie Virginia. Das liegt nicht nur an der langen Geschichte von Virginia, sondern vor allem auch an der für den Süden einst charakteristischen Wirtschaftsform der Plantagen mit riesigen Herrenhäusern. So besaßen viele bedeutende Männer jener Zeit – Washington, Jefferson, Madison, Monroe und Mason – prächtige Anwesen, in denen sie auch Staatsgeschäfte betrieben. Im Umkreis von zwei Autostunden von Washington D.C. liegen die wichtigsten dieser heute der Öffentlichkeit zugänglichen Häuser.

Mount Vernon
Das Heim des Vaters der Nation

Südlich von Washington D.C., hoch über den Ufern des Potomac, entweder mit dem Wagen oder per Schiff erreichbar, liegen Plantage und Haus von George Washington, Mount Vernon, das gemeinsam mit dem Monticello genannten Anwesen von Jefferson das bekannteste Landhaus eines der Gründungsväter der USA ist (s. Farbabb. 17). Hier war George Washington von 1754 bis zu seinem Tod 1799 zu Hause. Oft allerdings nur im Geiste, denn zwischen 1752 und 1759 diente er in der Armee des britischen Generals Braddock und als Kommandeur der Miliz von Virginia. Während seiner Jahre als Oberkommandierender der Continental Army und des Revolutionskriegs zwischen 1775 und 1783 waren seine Heimatbesuche noch seltener.

Gleichwohl erlaubt ein Besuch in Mount Vernon einen Einblick in das Leben des Privatmanns George Washington als Farmer und ›Southern Gentleman‹ und nicht, wie sonst zumeist üblich, als Soldat und Staatsmann.

John Washington, der von England nach Virginia emigrierte Urgroßvater von Washington, kaufte 1674 am oberen Potomac Land, das als Little Huntington Creek Plantation bekannt war. Im Jahre 1726 übernahm Augustine Washington, der Vater von George, die Plantage. Neun Jahre später zog er mit seiner Familie, zu der auch der dreijährige George gehörte, auf die Plantage, aber nur für fünf Jahre. Danach lebte die Familie auf der Ferry Farm am Rappahannock River in der Nähe von Fredericksburg.

Nach dem Tode des Vaters erbte Georges Bruder Lawrence die Little Huntington Creek Plantation und benannte sie nach dem britischen Admiral Edward Vernon, unter dem er in der Karibik gedient hatte. Lawrence und seine Frau luden den Junggesellen George ein, bei ihnen zu wohnen. Im Jahre 1754 starb Lawrence, und George pachtete zunächst die Plantage von seiner Schwägerin, bevor er sie 1761 kaufte.

Zwei Jahre zuvor hatte er Martha Custis geheiratet, eine Witwe mit zwei Kindern, John Parke und Martha Parke Custis. Nach dem Unabhängigkeitskrieg hatte George Washington feste Pläne, sich ganz um die Leitung seiner

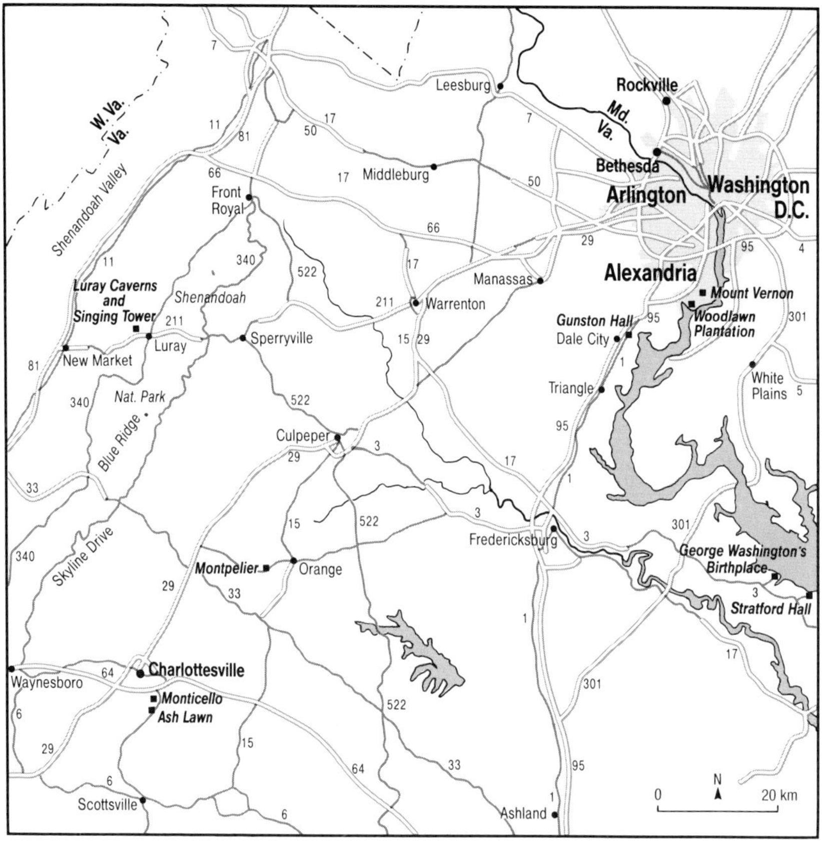

Historische Anwesen in Virginia

Plantage zu kümmern, die er durch Landkäufe von 850 ha auf über 3000 ha vergrößert hatte. Diese Pläne wurden jedoch durch acht Jahre Präsidentschaft durchkreuzt, während der Washington Mount Vernon nur 15 Mal sah, zu Besuchen, die Tage aber auch Monate dauern konnten.

Im März 1797, am Ende seiner Präsidentschaft, sah es so aus, als könnte Washington das Leben auf seinem Landsitz genießen. Es sollten aber nur zweieinhalb Jahre werden, bis George Washington am 14. 12. 1799 an einer Halsentzündung in seinem Haus starb. Seine Frau Martha verstarb 1802, danach ging es mit der Plantage, die in den Familien von Washingtons Neffen weitervererbt wurde, stetig bergab.

Im Jahre 1853 schließlich gründete Ann Pamela Cunningham eine Gesellschaft, um Haus und Plantage zu retten. Die Mount Vernon Ladies Association war die erste von Frauen ins Leben gerufene und geführte Gesellschaft, die sich einen gemeinnützigen Zweck gab. Cunningham annoncierte in Zeitungen und schrieb Briefe mit der Bitte zu spenden.

Mount Vernon, die Plantage von George Washington

In jenen Tagen war es für Frauen ganz und gar ungewöhnlich, ja ungehörig, sich derart ins öffentliche Leben zu begeben, und Cunningham unterschrieb denn auch ihre Spendenaufrufe jahrelang mit ›A Southern Matron‹. Große Unterstützung erhielt sie von Edward Everett, einem Politiker aus Massachusetts, der 69 000 Dollar aus Rede- und Autorenhonoraren stiftete, ein Drittel des Preises, für den die Gesellschaft schließlich 1858 Mount Vernon erwarb. Bis heute unterhält die private, gemeinnützige Mount Vernon Ladies Association das Anwesen.

Wie zu allen Gründern der USA, so bildeten sich auch um George Washington über die Jahrhunderte zahlreiche Überlieferungen. Oft hat man den Eindruck, es gäbe in ganz Virginia keinen Ort, in dem der Präsident nicht einmal geschlafen hat. Außerdem scheinen alle Gründungsväter Allroundgenies gewesen zu sein. Nicht nur erfolgreiche Feldherren und Politiker, sondern auch Landvermesser, Farmer und Architekten.

Obwohl Washington immer ein ›schlichter, republikanischer Lebensstil‹ nachgesagt wurde, zeugt Mount Vernon davon, daß sich sein Besitzer über den gesellschaftlichen Status, den Häuser widerspiegeln, sehr bewußt war. So wurde denn auch aus dem einfachen Gebäude, das der Vater errichtet hatte, nach Anregungen und Plänen von Washington ein großzügiges Landhaus. Gentlemen jener Tage besaßen nicht selten Kenntnisse der Architektur, und so entwarf und überwachte Washington die Veränderungen seines Anwesens.

Er ließ das Haus um eine Etage aufstocken, gestaltete für die dem Fluß zugewandte Seite eine überdachte Terrasse in der ganzen Länge des Gebäudes, eine ingeniöse Anpassung des georgianischen Baustils an die Bedürfnisse nach Schatten und Luftigkeit. Schließlich verkleidete er sein Haus mit angeschrägten Holzplatten, die erst mit Sand bedeckt und dann gestrichen wurden, um einen Steineffekt zu erzielen. So sieht denn auch Mount Vernon wie ein solides Steinhaus aus, die Klopfprobe enthüllt jedoch die wahre Natur der Außenwände.

Während der geschäftigen Touristenzeit der Sommermonate dauert es häufig eine halbe Stunde oder länger, bis man die Zimmer im Erdgeschoß besichtigen kann. Wer dafür keine Geduld aufbringt, sollte um das Haus herumgehen, eine Weile auf der überdachten Terrasse sitzen und den weiten Ausblick über den Potomac sowie seine Wälder genießen.

Die weitgehend original möblierten Räume des Erdgeschosses, ein großes hohes Eßzimmer, ein Empfangs- und ein Wohnzimmer, eine Bibliothek, ein Schlaf- und ein Anrichtezimmer zeigen, daß Washington auf Gediegenheit seiner Einrichtung achtete, wenn er auch immer mit gewissem Understatement darauf hinwies, er wolle nichts zu Elegantes im Haus haben. Die marmorne Kamineinfassung des Eßzimmers, von Washington immer als eine Spur zu elegant beschrieben, war ein Geschenk seines englischen Freundes und Bewunderers Samuel Vaughan. Im Flur findet man den Schlüssel der Bastille von Paris, den Lafayette an Washington schickte, nachdem er die Zerstörung dieser ›Festung des Despotismus‹ angeordnet hatte. Im ersten Stock liegen Nelly Custis Schlafzimmer, das Schlafzimmer des Ehepaares Washington, in dem der große Mann starb, und das Lafayette-Zimmer, in dem der stets willkommene Marquis mehrfach nächtigte.

Unweit des Hauses befinden sich die Wirtschaftsgebäude – Küche, Ställe und Quartiere für die bis zu 100 Sklaven. Während der Präsidentschaft beschäftigte das Ehepaar Washington zwei Köche, zwei Kellner, alle angeleitet von einem Wirtschafter. Washington stand mit dem ersten Tageslicht auf und überwachte die Geschäfte des Anwesens – Plantagen jener Zeit mit Vieh –, Milch- und Feldwirtschaft sowie Handwerkern, die das Gemeinwesen versorgten, waren autark. Nördlich und südlich des Haupthauses sind die beiden Arbeitsstraßen mit Werkstätten, Lagerhäusern und Sklavenquartieren zu sehen.

Frühstück war um sieben, nach Angaben des Architekten Latrobe gab es Kaffee und Tee, Brot und kaltes Fleisch. Mittagessen war um 15 Uhr mit mehreren Gängen, Wein und Bier. Washington zog sich nach einstündigen Gesprächen mit Gästen und Familie zum Nickerchen zurück. Gegen 18 Uhr wurde Tee oder Kaffee serviert, wiederum folgten Unterhaltungen mit dem Hausherrn, der gegen 20.30 Uhr zu Bett ging – es sei denn, es waren große Abendessen angesetzt. So schrieb denn auch Latrobe überrascht über das plötzliche Ende eines Abends in Mount Vernon, an dem er sich, von einem Kellner bedient, allein in seinem Zimmer wiederfand: »Kein Anzeichen von einem Abendessen«.

Über die südliche Arbeitsstraße gelangt man zu den Grabstätten der Washingtons. In einer einfachen Backsteingruft stehen die Sarkophage mit den massiven Inschriften ›Washington‹ und ›Martha, Gemahlin von Washington‹. Falls Sie nicht mit dem Schiff nach Mount Vernon gekommen sind, lohnt auf jeden Fall der Weg hinunter zum Fluß durch alten Wald zu der Anlegestelle, die schon Washington benutzte (✆ 703-780-2000, geöffnet: im Sommer 9–17, Nov.–April 9–16 Uhr. Während der Sommermonate wird tägl. um 10.30, 12.30, 14 und 15.30 Uhr außer der Haustour auch eine 40minütige Führung durch die Gärten und das Land der Plantage angeboten. Schiffe der Wilson Line legen am Pier 4, 6th und Water Sts. S.W. in Washington ab; ✆ 202-554-80000. Bei einer Tour mit dem Schiff sind 1¾ Stunden Besichtigung eingeschlossen, mit dem Auto fährt man entlang dem George Washington Parkway zwei bis drei Stunden).

An der Kreuzung von Mount Vernon Memorial Pkwy (Fortsetzung des George Washington Pkwy) und Route 1 liegt **Woodlawn Plantation,** eine weitere mit dem Namen Washington verbundene Plantage (✆ 703-557-7881,

The Home of George Washington

geöffnet: tägl. 9.30–16.30 Uhr). Am 22. 2. 1799, dem letzten Geburtstag des ehemaligen Präsidenten, heirateten Washingtons Neffe, Lawrence Lewis, und seine Stiefenkelin, Eleanor Parke Custis. Washington schenkte ihnen eine der Farmen von Mount Vernon, Dogue Run, sowie die Mühle Grist Mill, die heute ein State Park ist.

Das durch seine Schlichtheit bestechende, zwischen 1800 und 1805 errichtete Gebäude ist innen wie außen ein liebenswertes Heim, ein Familienhaus. Ein Besuch lohnt ebenso wegen der Spazierwege durch den natürlich belassenen Garten und einer Überraschung, die gar nichts mit Washington zu tun hat.

In den 40er Jahren dieses Jahrhunderts baute der berühmte Architekt Frank Lloyd Wright im Washingtoner Vorort Falls Church ein Usonian genanntes Haus, sein Entwurf für ein einfaches, preiswertes Einfamilienhaus. Die zweite Eigentümerin, Marjorie Leighey, entschloß sich, das Haus zu erhalten. So wurde es nach Woodlawn in eine dem ursprünglichen Bauort ähnliche Umgebung transportiert (geöffnet: März–Nov. an Wochenenden 9.30–16.30 Uhr).

Gunston Hall

Parade-Plantage aus der Revolutionszeit

George Mason (1725–92), einer der faszinierendsten, gleichwohl unbekanntesten Amerikaner der Revolutionszeit und enger Vertrauter von Washington sowie Jefferson, wird zu Recht der »Vater der Bill of Rights« genannt. Mason lehnte es ab, die Verfassungsurkunde der USA zu unterschreiben, da die Bill of Rights, die ersten zehn Zusätze zur Verfassung mit so entscheidenden Verfassungsgarantien wie der Redefreiheit, zunächst noch nicht Teil der amerikanischen Verfassung waren, sondern erst ein gutes Jahr später (1791) ratifiziert wurden.

George Mason, der Bauherr von Gunston Hall

Jefferson nannte Mason einen »Mann von Weisheit ersten Ranges«, und er wußte warum, waren es doch Masons Worte: »Alle Menschen sind von Natur aus gleichermaßen frei und unabhängig und haben bestimmte unveräußerliche Rechte [...]«, die den großen Thomas Jefferson später zu den im Kern gleichen, wenn auch weitaus besser formulierten Sätzen der Unabhängigkeitserklärung anregten. Mason war ein stiller, ja scheuer Mann, der das Senatorenamt von Virginia ablehnte. Man nannte ihn den »Propheten in der Höhle« und die »Feder der Revolution«, aber im Rampenlicht der Republik, die ihm doch so sehr am Herzen lag, wollte er nicht stehen.

Lernt man sein Anwesen Gunston Hall kennen, kann man verstehen, daß er die Schönheit und Idylle nicht mit dem täglichen Kleinkrieg der Politik vertauschen wollte. Gunston Hall ist auf den ersten Blick von fast erschreckender Schlichtheit, und es scheint ausgeschlossen, daß es den Anspruch eines der schönsten Häuser seiner Zeit zu sein, erfüllen kann. Aber dieser Eindruck täuscht gewaltig. Nicht nur liegt Gunston Hall vor einem phantastischen französischen Garten mit langen Buchsbaumhecken, es steckt auch voller Schätze.

Mason schrieb seinem jüngeren Bruder, er solle einen Baumeister aus England mitbringen, der das 1755 begonnene Haus vollende. William Buckland tat genau das in vier Jahren, und 1759 war Gunston Hall fertig, das Erdgeschoß mit den feinsten Holzverkleidungen und Schnitzereien in den USA ausgestattet. Die beiden Zimmer rechts der Halle im Erdgeschoß, das Eß- und das Wohnzimmer, sind von Design, Holzarbeiten und Chippendale-Möblierung einmalig in den USA (Gunston Hall etwa 13 Meilen südl. von Alexandria; von Route 1 oder Ausfahrt 55 der Autobahn I-95 folgt man Route 242; ✆ 7 03–5 50–92 20, geöffnet: tägl. 9.30–17 Uhr).

Stratford Hall
Sitz der Lee-Familie

Zwei Autostunden südlich von Washington liegt die Halbinsel Northern Neck, eingeschlossen von den Flüssen Potomac und Rappahannock sowie der Chesapeake Bay. Im Jahre 1669 vermachte König Charles II. 2 Mio. ha Land, auf dem Indianer lebten, vom Ende der Halbinsel bis zum Shenandoah Valley vier Kavalieren, die während Cromwells Interregnum der Krone loyal geblieben waren. Später kaufte Lord Culpeper das Land. Die Heirat seiner Tochter mit Lord Fairfax – all diese Namen finden sich als Landkreise rund um Washington wieder – brachte es in den Besitz der Fairfax-Familie, welche die Söhne zweier großer Familien als Landvermesser und Agenten beschäftigten – der Familien Washington und Lee.

Beide Familien sind mit Northern Neck verbunden. George Washington wurde dort 1732 geboren und lebte drei Jahre lang an dem Ort, wo 1930 ein typisches Plantagenhaus der Zeit nachgebaut wurde. Das Original war 1779 abgebrannt. Der National Park Service betreibt die Farm, **Washington's Birthplace,** mit landwirtschaftlichen Methoden des 18. Jh. Das Informationszentrum zeigt einen Film über den Ort (Washington's Birthplace, Route 204, ✆ 8 04–4 93–80 38, geöffnet: tägl. 9–17 Uhr).

Stratford Hall, südlich von Washington's Birthplace an der Route 214 gelegen, ist das Heim der Lee-Familie. Abgesehen von den Adams aus Massachusetts und den Roosevelts aus New York gibt es wohl keine andere amerikanische Familie, die so tiefe Spuren in der Geschichte der USA hinterließ.

Oberst Thomas Lee baute das Haus 1730. Fünf seiner Söhne, die John Adams, »diese Bande von Brüdern« nannte, »unerschrocken und nie wankend, wie die Griechen bei den Thermopylen, standen sie an ihrem Platz bei der Verteidigung ihres Landes«, spielten eine bedeutende Rolle in der Entstehungsgeschichte der USA. Zwei Söhne unterzeichneten die Unabhängigkeitserklärung, einer wurde Gouverneur seines Staates, zwei Diplomaten der jungen Republik in Europa. Francis Lightfoot Lee, einer der beiden Unterzeichner der Unabhängigkeitserklärung war der Vater von Robert E. Lee, mit

Das Geburtshaus von George Washington

dessen Rolle im Bürgerkrieg die Familiengeschichte einen tragischen Höhepunkt erreichte.

Das trutzig wirkende Haus Stratford Hall wurde 1730 in der Form eines H mit einem gewaltigen Treppenaufgang errichtet. Von den zwei Gruppen mit jeweils vier Kaminen, die eine Aussichtsplattform tragen, wird angenommen, daß sie dazu dienten, Schiffe auf dem Potomac auszumachen. Die große holzgetäfelte Halle im ersten Stock ist ebenso wie die anderen Räume mit Stücken aus dem 18. und frühen 19. Jh. möbliert (geöffnet: tägl. 9–16.30 Uhr; außer der Hausbesichtigung wird in den Sommermonaten auch eine Kunst- und Gartentour in kleinen Gruppen angeboten; Anmeldung ✆ 8 04–4 93–97 20; Plantage ✆ 8 04–4 93–80 38).

Die Fahrt durch Northern Neck lohnt sich allein wegen der weitgehend unberührt gebliebenen Landschaft der Halbinsel. Am Ende von Northern Neck, in Reedville, trifft man auf die Fähre (keine Autos) nach Tangier Island und von Smith Point nach Smith Island, zwei kleinen Inseln mitten in der Chesapeake Bay (vgl. S. 270).

Richmond
Die ›andere‹ Hauptstadt

Zwei Autostunden südlich von Washington liegt die ›andere‹ Hauptstadt, die Hauptstadt der ›anderen Seite‹. Fällt der Name Richmond, dann gehen auch noch Ende des 20. Jh. die Gedanken zurück zum amerkanischen Bürgerkrieg, zur Konföderation der Südstaaten (Confederacy) und ihrer Hauptstadt Richmond. Und natürlich ist die Hauptstadt des Südens – jenes kurzlebigen Experiments, dessen überzeugte Anhänger selbst heute noch sagen, es sei lediglich erwiesen, daß es unpraktikabel, nicht aber, daß es falsch war – voller Zeugnisse der Jahre von 1861 bis 1865. Dazu gehören das liebevoll restaurierte White House of the Confederacy, wo der einzige Präsident der Südstaaten, Jefferson Davis, und seine Familie lebten, oder das Museum of the Confederacy mit der umfassendsten Sammlung aus der Zeit der Konföderation.

Aber Richmond, die Hauptstadt des Staates Virginia, lebt wahrlich nicht in der Vergangenheit. Vielmehr mischt sich die reiche Geschichte der Stadt mit ihrer lebendigen Gegenwart. Tatsächlich wäre es ein Fehler, wollte man Richmond allein wegen des Hauses von Jefferson Davis besuchen, da sind Mount Vernon oder Monticello weit eindrucksvoller. Doch die Kombination aus US-Geschichte, privaten Herrschaftshäusern und die mit neuem Leben erfüllten Stadtteile wie Shockoe Slip, Church Hill oder der Fan District und ausgefallene Museen wie das Valentine Museum machen Richmond zu einem lohnenden Ausflugsziel.

Montpelier
Von James Madison bis William DuPont

Montpelier, das Heim des Verfassungsvaters und vierten Präsidenten der USA, James Madison, wartet mit einigen Ungereimtheiten auf. »Eine obskure Ecke der Welt« nannte James Madison sein Anwesen Montpelier in Orange County, das sein Vater gebaut und nach der französischen Universitätsstadt benannt hatte. Eineinhalb Autostunden südwestlich von Washington D.C. liegt die Plantage in den sanften Hügeln des Piedmont mit Blick auf die Blue Ridge Mountains am Horizont.

Madison war ähnlich wie George Mason ein scheuer Mann, den sein enormes Wissen sowie sein Engagement um seinen Heimatstaat und die entstehende Republik aber bis in das höchste Amt der USA führen sollten. Trotzdem ist James Madison ebenfalls einer der eher unbekannten Gründungsväter der USA, obwohl keinem zweiten so viel Verdienst an der Verfassung der USA zukommt. Bekannter ist da schon seine Frau Dolley, eine der glänzendsten Gastgeberinnen in Washington und später in Montpelier. Über die Dekolletés der gutaussehenden, charmanten Frau vergaß, wie man sich erzählte, so mancher Botschafter seinen Kummer über den Einsatzort Washington.

Im Jahre 1607 fuhr Kapitän John Smith den James River bis zu dessen Wasserfällen hinauf und errichtete dort ein Kreuz. 30 Jahre später hatte sich an der Stelle bereits der aktive Handelsplatz Shockoe etabliert, um den herum Richmond wuchs. 1775 hielt Patrick Henry in der St John Church seine berühmte »Give me liberty or give me death«-Rede (sie wird im Sommer an Sonntagen nachgestellt), die zur Revolution beitrug, während der Richmond Williamsburg als Hauptstadt von Virginia ablöste.

Shockoe Slip mit restaurierten Häusern und Lagerhallen am Ufer des James River ist ein guter Ausgangspunkt für einen Spaziergang durch die Stadt. Hier wie überall fallen die reich verzierten gußeisernen Zäune und Häuserfronten auf. Richmond war ein Zentrum der Eisenindustrie und deshalb für den Süden so wertvoll. Nördlich zwischen Main und Broad Sts erhebt sich das Kapitol des Staates, 1785 von Thomas Jefferson entworfen. Jenseits der Broad St. liegen das White House, das Museum of the Confederacy und das Valentine Museum.

Entlang der Broad St., in der man auch das alte Rathaus der Stadt, einen gotischen Phantasiebau, findet, ist die moderne Innenstadt von Richmond entstanden. Vom Dach des neuen Rathauses genießt man einen weiten Rundblick über die Stadt. Parallel verläuft die Franklin St. nach Westen und geht in die Monument Ave. über, die auch Champs-Elysées des Südens genannt wird (Informationen über Richmond, Stadtrundfahrten oder Bootsfahrten auf dem James River, Ausflüge zum Maymount House and Park und Unterkunftsmöglichkeiten im Richmond Convention and Visitors Bureau, 300 E. Main St., Suite 100, Richmond, Va. 23219, ✆ 804-782-2777).

So wenig sich James Madison unter Fremden und bei großen Anlässen wohl fühlte, so sehr war er in kleinem Kreis unter Freunden und Bekannten ein Ausbund an Wärme, Witz und Klugheit. Madison, klein von Statur und eher schwächlich, wurde 1751 geboren, wuchs in Montpelier auf, absolvierte die Princeton University in zwei Jahren und vertrat mit 30 seinen Staat im Continental Congress, wo seine Überzeugung zur Gewißheit wurde, daß die USA eine Verfassung sowie eine starke zentrale Regierung brauchten. Eine Verfassung, die nicht darauf baut, daß ›anständige‹ Männer den Staat regieren, sondern ein System der Balance, der *checks and balances*, in dem man sich die Kraft zunutze macht, die jedes Gemeinwesen gefährdet: »Ehrgeiz muß benutzt werden, um Ehrgeiz zu kontrollieren«, hieß sein weiser Rat.

Nachdem Madison sich so erfolgreich für die Verfassung und eine starke Bundesregierung eingesetzt hatte, machte er bald nach 1787, wie seine Kritiker ihm vorwarfen, eine Kehrtwende und predigte die Kontrolle der Bundesregierung durch die Staaten. Seine Anhänger jedoch argumentierten, er bleibe sich und seiner Forderung von der Machtbalance nur treu. Madison wurde zum Gründer der ersten politischen Partei der USA, der Demokratischen Republikaner, die sich im Gegensatz zu den Föderalisten gegen eine zu machtvolle Zentralregierung wendeten.

Hinter dem Gegensatz stand auch die Frage der außenpolitischen Orientierung der USA. Während die Föderalisten mit Alexander Hamilton an der

Spitze sich mehr Richtung England orientieren wollten, befürworteten Thomas Jefferson, der 1801 Präsident wurde, und sein Außenminister James Madison eine enge Bindung an Frankreich. Eine Entscheidung, die Madison, der Jefferson 1809 in der Präsidentschaft nachfolgte und der als erster Präsident sein Land in einen Krieg verwickelt sah (gegen England), teuer bezahlen mußte.

Nach 36 Jahren im Dienste des Staates und der Union zog sich Madison nach seinen beiden Amtszeiten als Präsident nach Montpelier zurück, wo er noch 19 Jahre leben sollte. Der letzte Lebensabschnitt von Madison, der im Herzen ein Gegner der Sklaverei, aber als Plantagenbesitzer auf sie angewiesen war, gestaltete sich wenig erfreulich. Von zunehmender Geldknappheit geplagt, war er gezwungen, Teile seines Landes zu verkaufen. Er mußte mit ansehen, wie die Ära der Jefferson Democracy zu Ende ging, jene Zeit, während der die Bundesregierung von der sklavenhaltenden Landaristokratie geführt wurde und in der Jefferson aus heutiger Sicht arrogant geschrieben hatte: »Die Kultivierer der Erde« seien von Gott auserkoren, »deren Brust er als Ort substantieller und echter Werte wählte«. Von den Lohnabhängigen der Städte sprach er hingegen als »Mob, der zur Regierung soviel beiträgt, wie Muskelkater zur Stärke des menschlichen Körpers«.

In seinen letzten Jahren erlebte Madison den Aufstieg der Jackson-Demokratie, der ›Mob‹ wurde ebenso hörbar wie die Antisklaverei-Bewegung. Von aller Kritik, welche die Zeit Madison an seiner Politik vorführte, blieb jedoch seine Leistung als Vater der Verfassung unberührt. Am 28. 6. 1836 starb mit Madison der letzte Teilnehmer der verfassunggebenden Versammlung von Philadelphia. Seiner Rolle als Verfassungsvater entsannen sich die USA 1989 beim 200. Geburtstag der Verfassung, und mit dem Interesse an dem Mann wuchs auch erneutes Interesse an seiner Plantage. Zum Feiertag öffnete der National Trust for Historic Preservation Montpelier für die Öffentlichkeit.

Allein, das Haus hat nicht mehr viel mit Madisons Montpelier zu tun. Im Jahre 1844 verkaufte die verarmte Witwe Dolley Madison das Anwesen, und bis 1900 lebten hier sechs verschiedene Eigentümer, von denen wenig mehr als die Namen bekannt sind. 1900 kaufte der Munitions-Magnat William DuPont die Plantage, und damit begann ein neuer Abschnitt.

Die erste Entscheidung, die der National Trust for Historic Preservation treffen mußte, nachdem er das Haus 1984 übernommen hatte, war von sehr grundsätzlicher Art. Sollte man alles aus der DuPont-Ära abreißen und das Madison-Haus restaurieren oder sozusagen mit einem Haus im Haus zurechtkommen und die Zeugnisse beider Besitzer von Montpelier bewahren. Man entschloß sich für letzteres, und so sieht der Besucher heute zunächst einmal das DuPont-Haus. DuPont, mehr aber noch seine Tochter Marion DuPont Scott, veränderte Montpelier gewaltig. Sie bauten an, stockten auf, gestalteten die Gärten um, und da das Haus bis auf wenige Art deco-Räume leer ist, muß man etwas Phantasie aufbringen, um sich während der Führungen das Leben im alten wie im neuen Montpelier vorzustellen. Die Leere erlaubt jedoch, alte und neue Teile des Hauses genauer zu unterscheiden.

Marion DuPont züchtete Pferde auf der Plantage, baute Ställe und eine Rennstrecke. Falls es sich einrichten läßt, ist der erste Samstag im November ein guter Besuchstag, da dann die jährlichen Pferderennen stattfinden (Hausführungen: tägl. außer Sa 10–16 Uhr). Montpelier liegt an der Route 20, südwestlich von Orange. An der Straße gibt es einen Museumsladen und Verkaufsschalter für die Eintrittskarten. Von dort geht es mit dem Bus über die eigens von den DuPonts eingerichtete Eisenbahnlinie auf die Plantage (✆ 703-672-2728).

Montpelier, das Anwesen von James Madison

Monticello
Jeffersons Palladio-Villa

Charlottesville, gut zwei Autostunden südwestlich von Washington, liegt im Mittelpunkt einer sanften, zu den Blue Ridge Mountains ansteigenden Hügellandschaft, die auch kurz Jeffersons Virginia genannt wird. Nicht nur hat der Verfasser der Unabhängigkeitserklärung diesem Land durch sein Leben und seine Bauten einen bleibenden Stempel aufgedrückt, Jefferson hat, wie man sagt, ein ›gutes Image‹, und das wird recht unerschrocken vermarktet. Kämme, Kaffeetassen, Ohrringe, T-Shirts, Schlipse, Schlüsselringe, Puzzles und Papierkörbe – es gibt fast nichts, was nicht, mit dem Konterfei von Jefferson versehen, in eine höhere Sphäre der Konsumwelt aufgestiegen ist. Zu Tonbändern mit dem Namen »Monticello Music Collection« schrieb die »New York Times« süffisant: »Nein, dies sind keine Tonbänder, die Jefferson sich angehört hat; die Brillanz dieses Architekten – Staatsmanns – Erfinders – Violinspielers ging nicht so weit, daß er aufgezeichnete Musik 100 Jahre vor der Zeit erfunden hätte, obwohl man fast annehmen könnte, er wäre auch dazu fähig gewesen. Vielmehr werden die Bänder beschrieben, als ›exklusive Ausgabe von Werken einiger seiner Lieblingskomponisten wie Mozart, Haydn, Händel und Bach‹. Mit anderen Worten, es ist einfach klassische Musik, neuverpackt mit der Reputation von Jefferson.«

Aber solche Facetten des Jefferson-Kults sind eher amüsante Beigabe in Jeffersons Virginia angesichts der Naturschönheiten und Hinterlassenschaften

Monticello, die Palladio-Villa von Thomas Jefferson

von Jefferson, wie der Universität von Virginia und dem Haus Monticello. Es erscheint zweifelhaft, ob Thomas Jefferson heute, im Zeitalter des Fernsehens, Chancen hätte, Präsident der USA zu werden. Der 1743 im Albemarle County geborene Jefferson war eher ein Mann der Feder als der Worte. In der Volksvertretung von Virginia wie auch später im Kongreß war er als ›stilles Mitglied‹ bekannt, das entweder schrieb oder gerne mit seinen Händen arbeitete. Gefragt, wofür er von der Nachwelt erinnert werden möchte, nannte Jefferson keine politischen Erfolge seiner acht Jahre als Präsident, während der er immerhin mit dem Louisiana-Landkauf das Territorium der USA verdoppelte, sondern folgende drei Dinge: Autor der Unabhängigkeitserklärung, Verfasser der Virginia-Akte für religiöse Freiheit und Gründer der Universität von Virginia.

Jefferson studierte Jura am College of William and Mary in Williamsburg und lehrte anschließend an der berühmten Universität. Mit 33 Jahren verfaßte er die Unabhängigkeitserklärung der USA und bemühte sich, deren Inhalt, insbesondere das Recht auf religiöse Freiheit, in seinem Heimatstaat Virginia umzusetzen. Im Jahre 1784 folgte er Benjamin Franklin als US-Botschafter in Paris. Während der fünf Jahre auf dem Posten wurde Jefferson ein Kenner und Bewunderer europäischer Architektur, insbesondere der des großen italienischen Architekten Andrea Palladio.

Washington berief Jefferson als Außenminister in sein Kabinett, aber 1793 trat Jefferson zurück, inmitten des schärfer werdenden Streits zwischen seiner politischen Überzeugung für starke Einzelstaaten und jener der Föderalisten um Alexander Hamilton, die eine starke Zentralregierung favorisierten. Im Jahre 1796 fehlten Jefferson nur drei Stimmen, um zum Präsidenten gewählt zu werden, vier Jahre später erreichte er jedoch sein Ziel.

Während dieser Jahre aber galt sein großes Interesse Monticello (s. Farbabb. 19). Noch als Kind hatte Jefferson von seinem Vater 2000 ha Land südöstlich von Charlottesville geerbt, und der Traum, auf einem der Hügel seines Lands ein Haus zu errichten, beherrschte ihn sein Leben lang. Seine Nachbarn, die ihre Häuser in der Nähe von Straßen und Quellen bauten, beobachteten mit Erstaunen, wie Jefferson die Kuppe eines Hügels rodete und planierte. Bis zu seinem Tod im Alter von 83 Jahren hörten die Bauarbeiten und Veränderungen nie auf, selbst wenn Jefferson in Washington oder im Ausland war.

Als Verehrer klassischer römischer Architektur und englischer Gärten entschloß sich Jefferson für ein Haus in palladianeskem Stil, weil es als Landhaus in die Mitte einer Plantage paßte, zugleich aber künstlerisch und intellektuell ansprechend war und deshalb ebenso als Heim und Treffpunkt in die Welt der Politik paßte. Diesem Plan folgend, war die erste Version von Monticello – kleiner Berg – 1779 fertiggestellt.

Nach fünfjährigem Aufenthalt in Europa und all den neuen Erkenntnissen über Architektur kehrte Jefferson nach Virginia heim und begann 1796, Monticello in das Haus zu verwandeln, das wir heute sehen. Das 1809 fertiggestellte Anwesen rief Bewunderung hervor. »Mr. Jefferson ist der erste Amerikaner, der die Kunst benutzte, um sich vor dem Wetter zu schützen«, schrieb der Marquis François Jean de Chastellux in sein Reisetagebuch, und zwei Jahrhunderte später verließ Präsident Harry Truman Monticello mit den Worten: »Es ist mir schleierhaft, wie ein Mann so vielseitig sein kann«.

Monticello begeistert nicht nur durch seine äußere, wohlproportionierte Erscheinung mit den säulengetragenen Eingängen auf der Ost- und der Westseite, es gewinnt Besucher auch durch das Design und die vielen kleinen Besonderheiten. Monticello ist ein zweistöckiges Haus, was auf den ersten Blick gar nicht so aussieht, da die Fenster des ersten Stocks wie eine Verlängerung der Parterrefenster erscheinen. Die Kuppel über dem Westeingang war etwas, worauf kein Handwerker in den USA gekommen wäre. So erscheint das Haus viel kleiner als es ist, zudem verschleiert das symmetrische Äußere ein durchaus verwinkeltes Innenleben.

Das Haus liegt frei auf der Bergkuppe, keine Wirtschaftsgebäude oder Ställe verstellen den Blick über die Landschaft von Virginia. Alle Räumlichkeiten für die Bewirtschaftung einer Plantage sind vorhanden, verborgen unter den beiden Seitenwegen entlang der abfallenden Hügelkuppe, die zunächst geradewegs 30 m vom Haus wegführen und dann im rechten Winkel weitere 30 m die Gras- und Gartenfläche auf der Westseite von Monticello einschließen. Jefferson nutzte so die Hanglage und schuf ein funktionsfähiges Plantagenhaus, das gleichwohl von allen wirtschaftlichen Zwängen befreit scheint.

Die Eingangshalle von Monticello war Jeffersons privates Museum. Zu den Gegenständen der großen Lewis und Clark-Expedition in den Nordwesten der USA, die Jefferson angeordnet hatte, zählen Indianerkleider und Waffen. Über der Eingangstür sieht man die vom Hausherrn entworfene Wochenuhr, deren Gewichte freitags durch den Fußboden verschwinden und erst sonntags, wenn die Uhr aufgezogen wird, wieder auftauchen. Die Glastür zum Wohnraum ist sozusagen halbautomatisch: Öffnet man einen Flügel, schwingt der zweite mit auf. Die Parkettfußböden zählen zu den ersten in den USA. Auch im Eßzimmer finden sich weitere Beispiele von Jeffersons Erfindungen, die das Haus so liebenswert machen, wie ein kleiner Aufzug für Weinflaschen aus dem Keller und um 360° drehbare Wandregale, auf denen Essen angereicht wurde, ohne daß ein Diener den Speiseraum betreten mußte.

Im Südflügel des Hauses richtete Jefferson seine privaten Räume mit Ankleidezimmer, Bibliothek und Arbeitszimmer ein. Ein Wandbett, das den Namen verdient, baute er zwischen Arbeits- und Ankleidezimmer ein, um in der Nacht rasch aufschreiben zu können, was ihm wichtig erschien. Im ersten und zweiten Stock, die für die Öffentlichkeit geschlossen sind, liegen mehrere kleine, über enge Treppen erreichbare Schlafzimmer. Treppenhäuser erschienen dem Hausherrn als Platzverschwendung. Jefferson war auch ein begeisterter Landwirt und Botaniker. Mit seinen Sklaven, die er »meine Leute« nannte, legte er Gärten an und probierte neue Pflanzen aus. An der Südseite von Monticello werden auch heute noch Pflanzen aus der Zeit von Jefferson angebaut, Blumen schmücken die Beete rund um das Haus.

Wie für viele Gründungsväter war auch für Jefferson der Lebensabend von finanziellen Schwierigkeiten überschattet. Seiner Tochter empfahl er, sie solle auf Cents aufpassen, die Dollar würden dann von allein zusammenbleiben, er selbst aber hinterließ Schulden in Höhe von 100 000 Dollar, was heute wohl einer Million entsprechen würde.

Jefferson starb am 4.7.1826, auf den Tag 50 Jahre nach der Unabhängigkeit der USA, ein weiterer Umstand, der zur Legendenbildung um seine Person beitrug. Belastet von Schulden, blieb Jeffersons Enkel Thomas Jefferson Randolph nichts, als Monticello zu verkaufen. Im Jahre 1831 schließlich erwarb ein Apotheker namens James Barclay die Plantage, um Seidenraupen zu züchten. Barclay fand praktisch leere Räume vor – sein Vorhaben ging schief, die laufenden Kosten des Anwesens verschlangen seine finanziellen Mittel. 1835 kaufte der Jefferson-Bewunderer Uriah Phillips Levy den Besitz, und Monticello blieb in der Levy-Familie bis Uriahs Neffe fast 90 Jahre später die Plantage an die Thomas Jefferson Memorial Foundation verkaufte, die das Anwesen bis heute instand hält (✆ 804–295–8181, geöffnet: 1.3.–31.10. 8–17, im Winter 9–16.30 Uhr). Besucher werden von dem Besucherparkplatz und der Eintrittskasse mit Bussen zum Haus hinauf gefahren. Zurück zum Parkplatz lohnt der Fußmarsch, der auch an der Grabstätte mit dem Obelisken für Jefferson vorbeiführt. Monticello liegt an der Route 53, drei Meilen südöstlich Charlottesville.

Ash Lawn
James Monroes einfaches Farmhaus

Um in vollem Umfang ermessen zu können, welch außergewöhnliches und luxuriöses Anwesen Monticello einst war, muß man nur 2,5 Meilen weit zum Haus von Jeffersons Freund und fünftem Präsidenten der USA, James Monroe, fahren. Monroe, der seiner Nachwelt vor allem durch die nach ihm benannten Doktrin bekannt ist, der zufolge die europäischen Mächte auf dem amerikanischen Doppelkontinent kein Einflußrecht hätten, kaufte ein Haus, damals Highland genannt, um in der Nähe von Jefferson zu leben. Es ist, wie ein Beobachter schrieb, als würde man »von dem Olymp Monticellos wieder in die normale Welt hinunterkommen«. Highland, 1840 teilweise abgebrannt, so daß nach dem Wiederaufbau in den 70er Jahren des letzten Jahrhunderts nur ein Flügel von Monroes Haus übrig war, gefällt durch die Lage, die Ausblicke und die umgebende Natur, das Gebäude selbst aber hat nach einem Monticello-Besuch kaum eine Chance, Eindruck zu machen. Monroe konnte das Anwesen mit 1000 ha Land nach 1826 nicht halten und verkaufte es. Er lebte danach vor den Toren von Washington und in New York City. Ash Lawn (✆ 804-293-9539, geöffnet: tägl. März–Okt. 9–18, Nov.–Febr. 10–17 Uhr) liegt an der Route 795 südöstlich von Monticello.

Ash Lawn, das Farmhaus von James Monroe

Streifzug durch Jeffersons Virginia

Zu Lebzeiten von Thomas Jefferson lag Charlottesville am Rande der Wildnis und von Monticello so weit entfernt, daß er ein Fernglas benutzte, um den Fortschritt der Bauarbeiten an der von ihm gegründeten Universität zu überwachen. Heute könnte Jefferson mit bloßem Auge auf Charlottesville hinunterschauen, das sich an ›seinen‹ Berg herangeschoben hat. Die Universität, die 1825 mit 68 Studenten und zehn Dozenten begann, hat heute über 17 000 Studenten, Charlottesville zählt 50 000 Einwohner. Trotz des Wachstums ist es eine liebenswerte, ja teilweise idyllische Stadt geblieben, die von Jeffersons Universität geprägt wird. Im Jahre 1786 hatte der Gründer geschrieben: »Die Verbreitung von Wissen unter den Menschen ist das sichere Fundament für den Erhalt von Freiheit und Glück«. Jeffersons Ziel war es, die Ideen der europäischen Aufklärung in die USA zu bringen und eine nicht konfessionell gebundene Universität zu gründen.

So machte er sich mit 74 Jahren daran, sein ›akademisches Dorf‹ zu entwerfen. Es besteht aus zwei sich gegenüberliegenden Reihen von jeweils fünf Häusern, die durch Zwischenbauten mit Kolonnadengängen verbunden sind. Jedes Haus sollte einem Professor und seiner Familie als Wohnung dienen und im Erdgeschoß seinen Lehrsaal haben. Studenten würden in einer solchen Umgebung geradezu automatisch ›Geschmack und gute Architektur‹ kennen und schätzen lernen.

Auf Anregung von Benjamin Latrobe, der das Kapitol entworfen hatte, ergänzte Jefferson seine Pläne durch eine Rotunde an einem Ende der beiden Häuserreihen, so daß eine U-förmige Anlage mit Rasenfläche *(lawn)* in der Mitte entstand. Die Rotunde, eine verkleinerte Fassung des Pantheon in Rom, beherbergt eine Bibliothek, Lehrsäle und Laboratorien. Pläne für ein Observatorium in der Kuppel des Doms wurden nie verwirklicht, wohl aber zwei elegante, ovale Säle im Erdgeschoß.

Auch heute verfehlt das ›Uni-Dorf‹ von Jefferson nicht seinen Eindruck auf den Besucher. Die Anlage, mittlerweile von vielen weiteren Bauten umgeben, strahlt architektonische Größe aus, aber sie überwältigt den Betrachter nicht mit Monumentalität, sondern hat mit den langen Kolonnaden und zehn architektonisch verschiedenen Professoren-Häusern durchaus etwas dörflich Gemütliches. Einer der ersten Studenten war Edgar Allan Poe, dessen Zimmer auf der Westseite des *lawn* restauriert wurde. Poe war 1826 eingeschrieben, bekam gute Noten in klassischen und modernen Sprachen und schrieb während der Zeit eine erste Gedichtsammlung.

Kern von Charlottesville ist der historische Distrikt mit einer Fußgängerzone entlang Market St. mit zahlreichen Geschäften sowie Lokalen und der Atmosphäre einer lebendigen Universitätsstadt. Die Albemarle Historical Society (220 Court Square, ✆ 804-296-1492) stellt einen Führer für einen

Rundgang durch den historischen Distrikt zur Verfügung, wenn man eine Woche bis zehn Tage vorher seine Wünsche anmeldet.

Um Jeffersons Virginia mit Charlottesville, Monticello und der herrlichen Landschaft rundherum zu erkunden, ist es das Beste, in einem der Inns in oder rund um Charlottesville zu übernachten. Das Besucherzentrum (Visitors Center, Route 20 und Interstate 64, ✆ 804-977-1783) hält einen Katalog mit Inns bereit und gibt Informationen zum Dogwood Festival und zu der Garden Week im Frühjahr und Frühsommer.

Eine der schönsten Touren rund um Charlottesville führt zunächst auf der Route 20 nach Süden bis zur kleinen Stadt Scottsville am James River. Von dort geht es in westlicher Richtung entlang Route 6 bis zur

Die University of Virginia

Die University of Virginia

Route 29 nach Süden. Wenn die Route 29 wieder auf Nr. 6 trifft, weiter bis zur Route 151. Auf der 151 nach Süden bis zur Route 56, die nach Norden zum Blue Ridge Parkway führt.

Entlang Route 5 und 151 inmitten unberührter Natur fühlt man sich ins 19. Jh. zurückversetzt. Auf halber Strecke erreicht man mit den Crabtree Falls die mit knapp 50 m angeblich höchsten Wasserfälle östlich des Mississippi. Sechs Meilen vor dem Beginn des Parkway weisen Hinweisschilder auf den Anfang des 1,5 km langen Wanderwegs zu den Humpback Rocks hin, von wo man einen weiten Blick über Jeffersons Land hat. Auf dem Parkway nach Norden nehmen Sie die Ausfahrt Charlottesville zurück in die Stadt.

Der Stoff, aus dem Virginia ist

Tabak

Mager schaut die Erde aus, wie sie sauber in Doppelreihen gehäufelt, einer gelblichweißen Decke gleich über der Landschaft liegt. Kann nicht viel sein, geht es einem durch den Kopf, das hier wurzeln und wachsen soll. Mal sind die Felder nur vorbereitet, mal stehen kleine grüne Blätter, ausgerichtet wie Soldaten, in den langen Furchen, und gelegentlich gar sieht man einen Traktor, der im Schrittempo über die tonfarbene Erdkrume fährt. Hintendran sitzen auf einem Balken Hispanos knapp über der Erde und legen Setzlinge in ein Pflanzrad, das mit schöner Regelmäßigkeit zarte Wurzeln in den Boden steckt, befeuchtet und düngt – Pflanzzeit im Herzen des amerikanischen Tabaklands.

Hier, im Alten Land, wie die sanfte Hügellandschaft beiderseits der Staatsgrenze zwischen Virginia und North Carolina genannt wird, wo die Städte mit Zigarettennamen wie Salem und Winston aus Tabakmillionen entstanden, hier werden die Blätter gehegt, die einmal in blauem Dunst aufgehen werden, Genuß versprechend, Leiden und Tod bringend. Hier ist der Tabak zu Hause. Virginia und Tabak sind Synonyme geworden. Wer weiß, ob die Kolonisierung der Küsten von Maryland, Virginia und den Carolinas überhaupt erfolgreich gewesen wäre, hätte nicht der Engländer John Rolfe um 1610 Samen des Spanischen Tabaks, des milden *Nicotiana tabacum* nach Jamestown gebracht.

Als die Gründer von Jamestown 1607 an der Küste der Chesapeake Bay an Land gingen, bauten die Einheimischen bereits Tabak an. Doch der Tabak der Indianer, später *Nicotiana rustica* genannt, war von »beißendem Geschmack«, wie ein Zeitgenosse festhielt, und konnte nicht mit dem »Spanischen Blatt« konkurrieren, das bereits seinen Siegeszug in Europa angetreten hatte.

Im Jahre 1492 lernte Kolumbus Tabak in der Karibik kennen, genau am 6. November, wie sein Logbuch ausweist. Er nannte die Blätter des *Nicotiana tabacum* Tobago und saß damit einer Verwechslung auf, denn die Indianer der Karibik nannten ein Y-förmiges Rohr, eine Art Pfeife, in dem sie Tabak rauchten, Tobago. Kolumbus Verwechslung des Rohrs mit seinem Inhalt ist bis heute namensprägend geblieben. Spanier und Portugiesen machten den alten Kontinent mit Tabak vertraut, und nachdem die Siedler aus Jamestown den ersten milderen spanischen Tabak nach England geliefert hatten, teilten Londoner Händler mit, sie würden jedes angebotene Tabakblatt kaufen.

Daraufhin brach in der Kolonie das aus, was man später einen Goldrausch genannt hätte. Die Siedler waren so versessen darauf, Tabak anzubauen, daß sie in unbekanntes Land vordrangen, Indianer anstellten, die für sie jagten und Nahrung beschufen, ja ihnen selbst Schußwaffen überließen. In den folgenden Jahrzehnten breitete sich der Tabakanbau entlang der Chesapeake Bay, dem James, York und Rappahannock River aus, wo die Farmer sich leichter schützen konnten.

Bald wurde in den Kolonien vieles, wenn nicht alles mit Tabak bezahlt und in Tabakblättern gerechnet – die *cash crop,* die ›Bargeld-Pflanze‹ war eingeführt. Frauen, die aus England kamen, konnten für 120 Pfund Tabak geheiratet werden. Auch die Kirche war gut im Geschäft. Eine Hochzeitszeremonie kostete um 1625 rund 200 Pfund Tabak. Pfarrer erhielten ein Jahressalär von 16 000 Pfund, und selbst neue Einrichtungen und

Rechte für die Kolonie mußten in London mit Tabak bezahlt werden. Als die Kolonisten 1691 um die Gründungsrechte für eine Universität in Williamsburg nachfragten, damit die Erziehung verbessert und »Seelen gerettet« werden könnten, antwortete Sir Edward Seymour aus London: »Seelen, verdammte Seelen, macht Tabak!«

Historische Darstellung der Tabakverarbeitung

Uppowoc, wie die Indianer Tabak nannten, wurde im Old Dominion Virginia eifersüchtig geschützt. Versuche, es für Virginia zu monopolisieren, scheiterten freilich. Maryland prosperierte mit Tabak, und die Zusicherung des engischen Nobelmanns George Monck, des ersten Duke von Albemarle, in der neuen Kolonie Carolana keinen Tabak anzubauen, war nichts als ein frommer Wunsch. In der großzügigen Art der Zeit hatte Charles II. 1663 (*carolana,* lat. für Charles) Monck das Land südlich von Virginia bis zum spanischen Florida als Kolonie übergeben, und was in Virginia Geld brachte, tat es natürlich auch ein paar Meilen weiter südlich.

Im Jahre 1712 wurden die Carolana-Kolonien geteilt, 1728 eine feste Grenze zwischen North Carolina und Virginia gezogen und der aufstrebende Konkurrent North Carolina zunächst erfolgreich als Tabaklieferant abgewehrt, da die Kolonie von den Tiefwasserhäfen in Virginia abgeschnitten war. Erst während des Unabhängigkeitskriegs begann der wirkliche Aufstieg der Tabakwirtschaft in North Carolina. Zum einen mußten die Farmer von Virginia mehr Getreide anbauen, zum anderen blockierten die Briten die Häfen entlang der Ostküste und verlegten sich gar auf gezielte Vernichtungsaktionen von Tabak. Die Exporte fielen rapide, der Preis für Tabak in Europa stieg dermaßen, daß die Amerikaner Kriegsanleihen in Frankreich mit Virginia-Tabak absichern konnten.

Nach der Unabhängigkeit war es bald um das Tabakmonopol von Virginia geschehen. Der Anbau dehnte sich auf die Staaten Kentucky, Tennessee und Missouri aus, aber nirgendwo war der Aufstieg des Tabaks so eindrucksvoll wie in North Carolina. Port Brunswick wurde Hauptausfuhrhafen, die Hauptstadt Raleigh wurde angelegt, Old Salem von Herrnhutern aus Pennsylvania gegründet, und rund um diese neuen Städte weitete sich der Tabakanbau aus. Trotzdem lag North Carolina 1839 mit einer Ernte von 17 Mio. Pfund noch weit hinter dem Old Dominion mit 75 Mio. Pfund zurück.

Im selben Jahr aber schlief in einer Scheune in dem Flecken Rocksboro ein 18jähriger Sklave namens Stephen ein, während er ein rauchiges Feuer hüten sollte, durch das man bis dahin die Tabakblätter zu einer dunkelbraunen bis schwarzen Farbe trocknete. Als Stephen aufwachte war das Feuer erloschen. In seiner Angst klaubte der Junge Holzkohle zusammen, die normalerweise von dem Hufschmied benutzt wurde, um rasch wieder Hitze in die Scheune zu bekommen. Als Abashi Slade, der Farmer, am nächsten Tag die Scheune kontrollierte, hatten sich die Blätter in ein helles, an Gelb grenzendes Braun verfärbt. Die Sorte erreichte bei Versteigerungen den vierfachen Preis des dunklen, rauchgetrockneten Tabaks und obwohl der *yellow leaf*-Tabak sozusagen eine nord-carolinische Erfindung war, ging der goldbraune Tabak als Virginia in die Rauchergeschichte ein.

Bis zum Bürgerkrieg blieben die USA ein tabakanbauendes Land. Die großen Versteigerungs- und Handelszentren waren Richmond, Petersburg, Lynchburg und vor allem Danville, nördlich der Carolina-Grenze am Dan River. Hier gab es die ersten offenen Tabakauktionen, die bis heute fortdauern. Bündel von offen ausgelegtem Tabak werden versteigert, deren Qualität vor dem Kauf überprüfbar ist. In North Carolina aber, in der Stadt Durham, begann die Tabakverarbeitung in großem Stil. Robert F. Morris eröffnete 1858 eine kleine Fabrik, die Tabak aufbereitete und zerkleinerte und am lokalen Bahnhof an Studenten der nahen University of North Carolina verkaufte. Im Jahre 1862 verkaufte Morris an John Ruffin Green, der die Konföderierte Armee mit Tabak versorgte und dessen *Best Flavored Spanish Smoking Tobacco* ein Hit wurde. Als die Soldaten entlassen wurden, verbreitete sich der Bedarf nach den Produkten von Green. Durham wuchs zu einer Metropole der Tabakfabriken.

In Virginia hingegen brachte der Bürgerkrieg einen Rückschlag für die Tabakindustrie, von dem sie sich nie wieder richtig erholte. Am Vorabend des Bürgerkriegs produzierten 50 Fabriken Prieme und Rollentabak, in Lynchburg waren es 40. Die Stadt war auch als die Heimat des Killickinick bekannt, des ersten granulierten Pfeifentabaks. In Richmond erlangten der Arzt R. A. Patterson und sein Onkel James Thomas, ein Tabakhändler, Berühmtheit, indem sie den Kautabak erfanden. Im Gegensatz zu den rauch- oder hitzegetrockneten Tabaksorten aus dem Osten von Virginia, aus Maryland und North Carolina, bei denen die Blätter einzeln und in verschiedenen Gruppen von der Tabakpflanze geerntet und zum Trocknen aufgehängt werden, ernteten die Farmer in Tennessee und Kentucky die gesamte Pflanze und hängten sie zum Trocknen auf. Dieser Tabak wird *burley* genannt, ist dunkel, stark und eignete sich, wie die Pattersons herausfanden, hervorragend, um ihn zu süßen und zu kauen. Auch den Priem der Marke Lucky Strike verdankt die Rauchergemeinde den Pattersons.

Am Ende des Bürgerkriegs aber war Virginia verwüstet, Farmland zerstört, und nachdem am 2. 4. 1865 die siegreichen Unionstruppen eingezogen waren, steckten sie die Lagerhäuser der Tabakfabriken in Brand, von denen viele, wie das berüchtigte Libby Prison, während des Kriegs statt Tabak gefangene Unionssoldaten beherbergt hatten.

Von diesem Schlag erholte sich die Tabakindustrie in Virginia nie wieder. Zwar wurde Danville Ende des 19. Jh. zur absoluten Metropole der Tabakversteigerungen, und heute noch zeugt eine Fahrt durch die beschauliche kleine Stadt von dem einstigen Wohlstand. Großzügige Bürgerhäuser und Villen, geschmückt mit schmiedeeisernen Toren, belegen den Reichtum, den der Tabak hier erbrachte. Die Zentren der Tabakverarbeitung aber verlagerten sich nach Durham, nach Greensboro und Winston-Salem, wo die Tabakbarone der Reynolds und Dukes ihre Vermögen machten. Hier liefen um die Jahrhundertwende die ersten Maschinen zur Zigarettenherstellung mit einem Ausstoß von 120 000 am Tag. Reynolds produzierte 1913 in Winston die erste *American Blend*-Zigarette, gemischt aus *yellow leaf, burley* und türkischem Tabak.

Die Vermögen der Tabakbarone gaben Universitäten und Stiftungen Namen und Ansehen, und bis heute kann man in den Zentren der Tabakmetropolen nicht nur riechen, was produziert wird, sondern auch, wie beispielsweise in Durham, durch alte Lager- und Trockenhäuser gehen, die zu Einkaufszentren und Fußgängerzonen umgestaltet wurden. Phillip Morris produziert am südlichen Stadtrand von Richmond in einer hochmodernen Fabrik Marken wie Marlboro, die 1990 im Einzelverkauf eines Markennamens weltweit zum ersten Mal Coca Cola überholte. Die Fabrik hat ein Besucherzentrum, das über den Tabakanbau informiert und von wo man die modernen Anlagen besichtigen kann. Heute produzieren gigantische, meist italienische oder deutsche Maschinen bis zu 10 000 Zigaretten in der Minute.

Solch eindrucksvolle Zahlen können aber nicht darüber hinwegtäuschen, daß Gesundheitsbewußtsein und Zeitgeist in den USA Tabakprodukten das ›genossen werden‹ schwerer machen. Die Zahl der Raucher im Land des Tabaks geht kontinuierlich zurück. Längst wurden die USA von Ländern wie China und Brasilien als Tabakproduzenten überholt. Dank höherer Exporte stieg gleichwohl seit Mitte der 80er Jahre die Zahl angebauten und verarbeiteten Tabaks in den USA. Virginia und North Carolina bleiben weiter zusammen mit Tennessee und Kentucky die hauptsächlichen Anbaustaaten, Tabak wird aber insgesamt in 18 US-Staaten kultiviert.

Von Mai bis September sieht man die hochwachsenden, hellgrünen Tabakpflanzen rund um Washington. Vom Amish Country im südlichen Pennsylvania bis hinunter an die Küste von South Carolina. 20–25% des landwirtschaftlichen Einkommens in Virginia und North Carolina stammen aus dem Tabakanbau. Einige Vergleichszahlen machen deutlich, daß ein Teil der *cash crop*-Vergangenheit immer noch seine Gültigkeit hat. Im Jahre 1990 hatten in den beiden Staaten Farmer ein durchschnittliches Bruttoeinkommen von 241 Dollar aus einem *acre* (0,4 ha) Mais, 175 Dollar aus einem *acre* Soja, aber 3478 Dollar aus einem *acre* Tabak.

Damit das so bleibt, existiert seit den 30er Jahren ein ausgeklügeltes Preisgarantiesystem. Jeden Winter kalkulieren die Tabakverarbeiter, wieviel Tabak sie im kommenden Jahr brauchen werden, und entsprechend werden den Farmern Anbauquoten zugeteilt. Diese nach Pfund gerechneten Anbauquoten sind käuflich. In North Carolina etwa gibt es 44 000 *quotas*. Einige davon können Jahre brachliegen, andere an Nachbarn verpachtet werden, sehr wenige werden verkauft, und für Neulinge ist es fast unmöglich, in dem geschlossenen Verein der Tabak-Farmer Fuß zu fassen. Aus den Landkreisen hinaus dürfen *quotas* schon gar nicht verkauft werden, um Konzentrationserscheinungen zu vermeiden, die auch dazu führen würden, daß weniger Kongreßabgeordnete in Washington Interessen der Tabakindustrie vertreten würden.

2200 Pfund Tabak werden in der Regel von einem *acre* geerntet. Der Farmer kann pro Pfund je nach Qualität zwischen 1,10 und 2,50 Dollar auf den Auktionen im Herbst erzielen. Aus einem Pfund Tabak stellt die Industrie rund 1000 Zigaretten her, also 50 Päckchen ..., und auf jeden Tabak-Dollar, den der Farmer einsteckt, schlagen die Staaten und die Bundesregierung 12 bis 13 Dollar Steuern auf, was 1989 mehr als 10 Mrd. Dollar in die Steuersäckel brachte.

Ausflüge in die Umgebung

Das Historische Dreieck
Jamestown, Williamsburg, Yorktown

Hier hat es mit den USA angefangen – im Historischen Dreieck, markiert durch die Städte Jamestown, Yorktown und Williamsburg, landeten 1607 an den Ufern des James River die ersten 100 Siedler. Hätten sie nicht Fuß gefaßt, wer weiß, ob die Pilgerväter 13 Jahre später die finanzielle Unterstützung gefunden hätten, um nach Westen zu segeln und schließlich am Plymouth Rock amerikanischen Boden zu betreten.

Hier fand die erste amerikanische Rebellion gegen die Kolonialmacht statt, als Nathaniel Bacon 1676 versuchte, Gouverneur William Berkeley abzusetzen, dem die Rebellen vorwarfen, ihren Pelzhandel nicht ausreichend vor der Konkurrenz der Susquehannock-Indianer zu schützen. Während der Rebellion wurde Jamestown niedergebrannt, und die erste Hauptstadt der Kolonie, die nie über den Status eines großen Dorfs hinauskam, verschwand in den Annalen der Geschichte.

Ins Blickfeld rückte Williamsburg, die zweite, 1699 gegründete Hauptstadt der Kolonie Virginia. Gouverneur Francis Nicholson glaubte, der Kolonie mehr Zivilisation einhauchen zu können, wenn er die Hauptstadt neben der sechs Jahre zuvor gegründeten William and Mary University plazieren würde. Die Hauptstraße der neuen Hauptstadt, die Duke of Gloucester St., erstreckte sich zwischen dem Wren Building der Universität und dem State Capitol. Heute ist die Straße die Achse des historischen Distrikts von Williamsburg.

Im Historischen Dreieck fand auch die letzte, entscheidende Auseinandersetzung des Unabhängigkeitskriegs statt, als zwischen August und Oktober 1781 amerikanische und französische Verbände unter den Kommandos von Washington und Lafayette mit einer französischen Flotte den britischen General Cornvallis und seine Truppen in Yorktown einschlossen und schließlich zur Kapitulation zwangen. Damit war zwar der Unabhängigkeitskrieg nicht beendet, aber nach Yorktown galt der Krieg in London als verloren, Friedensverhandlungen begannen weniger als ein Jahr später in Paris.

Jamestown, Williamsburg und Yorktown sind durch eine wunderschöne Parkstraße, den Colonial Parkway verbunden, der die Reise zwischen den Orten einfach und erbaulich gestaltet. In **Yorktown** an der Mündung des York River in die Chesapeake Bay informieren mehrere Zentren über die Geschichte des Orts und des Schlachtfelds. Das Yorktown Victory Center, Route 238 (✆ 804-887-1776, geöffnet: tägl. 9–17 Uhr, vom 15.7.–15.8. bis 18 Uhr) und das National Park Service Visitors Center (geöffnet: tägl. 9–17 Uhr) am Colonial Parkway zeigen Filme, Nachstellungen von Lagern und Straßen aus der Zeit und Ausstellungen über die Revolution. Eine Tour beginnt am Visitors Center und führt unter anderem zum restaurierten

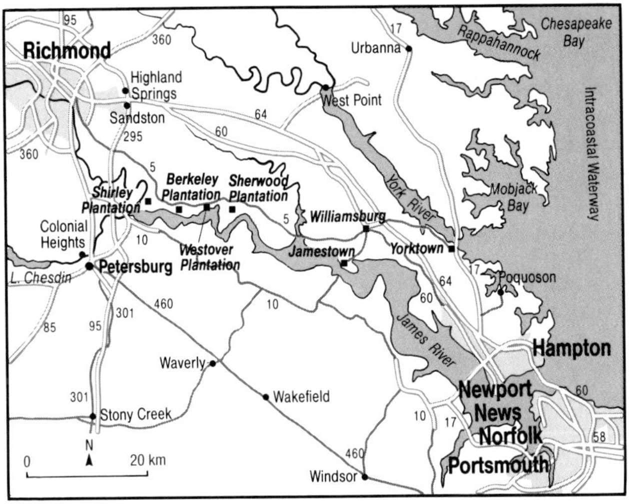

Das Historische Dreieck

Moore House, wo die britische Kapitulation verhandelt wurde.

Am anderen Ende des Parkway, an den Ufern des James River, wurden die erste Siedlung der Engländer, **Jamestown,** und ein Dorf der Powhatan-Indianer rekonstruiert. Außerdem liegen Replikas der drei Schiffe vertäut, welche die Siedler über den Atlantik brachten. Eines der Schiffe, die 36 m lange »Susan Constant«, kann man besichtigen. Führer in historischen Kostümen erklären den Alltag der Kolonie im 17. Jh., eine Glasfabrik zeigt die Herstellungsmethoden der Zeit (✆ 804-253-4838, geöffnet: tägl. 9–19 Uhr Mitte Juni–Mitte Aug. und 9–17 Uhr Mitte Aug.–Mitte Juni).

Colonial Williamsburg, wie der liebevoll restaurierte Teil der Stadt heißt, die einst die zweite Hauptstadt der Kolonie war, ist ein riesiges Museum (vgl. Farbabb. 20). Ein Schmuckkästchen, eine Idylle, die den Eindruck aufkommen läßt, das Kolonialleben im 17. und 18. Jh. müßte das reinste Zuckerlecken gewesen sein. Dies gesagt, hört die Kritik an Colonial Williamsburg aber auch schon auf, denn es ist einfach eine Freude durch die ›alte Zeit‹ spazierenzugehen, in restaurierte und nachgebaute Häuser einzutreten und Eindrücke des Lebens im 18. Jh. zu gewinnen.

Anfang dieses Jahrhunderts war der alte Teil von Williamsburg vom Zerfall bedroht. Vom historischen und architektonischen Wert der Stadt überzeugt, gelang es dem Vorstand der Bruton Parish Church, W. A. R. Goodwin, in dem Ölmagnaten John D. Rockefeller jr. einen Geldgeber für die Restaurierung zu finden.

Im Jahre 1934 öffnete der erste Teil von Colonial Williamsburg. Das Vorhaben war der ehrgeizigste und größte Plan in den USA, ein Stück Geschichte des Landes wiederzubeleben. Auf 70 ha wurden 100 Originalhäuser restauriert und weitere 400 Gebäude nach alten Plänen neu errichtet. Dazwischen legte man über

Jamestown, die erste englische Siedlung

100 Gärten aus der Zeit wieder an und stattete die Häuser mit historischen Möbeln und Gerät aus. Das Ergebnis ist eine einmalige Bühne, um soziales und politisches Leben im Virginia des 18. Jh. wieder auferstehen zu lassen.

Vor dem Besuch von Colonial Williamsburg sollte man am Visitors Center anhalten, wo es nicht nur eine Fülle von Informationsmaterial gibt, sondern auch Eintrittskarten für bestimmte Häuser, Shows und handwerkliche Vorführungen verkauft werden. Das Center liegt am Colonial Parkway, der Weg ist von dort ausgeschildert (✆ 804-220-7645, geöffnet: Mitte März–Dez. von 8.30–20, Jan.–Mitte März 9–17 Uhr, schriftliche Anfragen an: Manager of Marketing Services, Colonial Williamsburg Foundation, P.O. Box C, Williamsburg, Va. 23187). Eintrittskarten und Informationen außerdem im Courthouse mitten in Colonial Williamsburg, von wo auch alle Touren starten.

Am westlichen Rand des historischen Teils von Williamsburg haben sich zahlreiche Restaurants und Geschäfte niedergelassen, in denen man zum Teil sehr geschmackvolle Reproduktionen aller möglichen Gegenstände des täglichen Gebrauchs aus der guten alten Zeit finden kann.

Nordwestlich von Williamsburg und Jamestown, entlang Route 5 am Nordufer des James River, liegen vier Plantagen, die einen Blick auf das Leben in Virginia im 18. Jh. erlauben.

Auf dem Weg nach Richmond, der Hauptstadt von Virginia, kann man die ›Plantagen des James‹ gut an einem Tag sehen. Von Williamsburg aus lautet die Reihenfolge der Plantagen: Sherwood Forest, Westover, Berkeley und Shirley. Falls die Zeit knapp ist, lohnt vor allem der Besuch von Shirley und Westover. Entlang der Plantation Route, wie die Nr. 5 auch genannt wird, ist nichts vom Winde verweht. Die Plantagen stehen wie unberührt seit ihrer Gründung hinter Pappeln und mächtigen Eichen am Ufer des James River; Tradition regiert das Land, auf dem einst die Pflanzerfamilien durch Tabak zu Reichtum kamen.

Sherwood Forest, 1730 gebaut, ist das einzige Holzhaus unter den James River-Plantagen und möglicherweise das längste *frame-house* in den USA. Im Jahre 1842 kaufte John Tyler, der zehnte Präsident der

USA, das Anwesen, das bis heute im Besitz der Familie ist. Das Haus mit einem schlichten, großen Ballraum ist mit Möbeln des 18. und 19. Jh. ausgestattet. Rund um die Plantage stehen viele alte Bäume, auch eine alte Tabakscheune aus dem 17. Jh. blieb erhalten (Besichtigung des Landes: 9–17 Uhr, für die Besichtigung des Hauses – mindestens vier Personen – muß eine Verabredung getroffen werden, ✆ 8 04–8 29–53 77).

Einige Meilen nördlich an der Route 249 liegt die kleine Landkirche St Parish Church, in der George und Martha Washington getraut wurden. **Westover,** mit einem steilen Dach und vier hohen Kaminen im frühen georgianischen Baustil errichtet, ist die großartigste Plantage am James River. Das Haus wurde 1730 von William Byrd II. gebaut, der hier ein Bilderbuchleben als *Southern Gentleman*, Schriftsteller, Pflanzer und Politiker führte. In London erzogen, kehrte Byrd nach dem Tode seines Vaters nach Virginia zurück, um die Plantage zu leiten. Seine Tagebücher, die Aufschluß über das gesellschaftliche und politische Leben der Kolonie geben, wurden erst 1930 entdeckt. Zwischen 1730 und 1740 gründete Byrd die Städte Richmond und Petersburg an Handelsposten seines Vaters, der sein Vermögen im Pelzhandel gemacht hatte (Westover ist für Besucher geschlossen, außer für wenige Tage während der Garden Week im Frühjahr, die Gärten um das Haus und zum James River sind tägl. 9–18 Uhr geöffnet).

Colonial Williamsburg, eines der besten ›lebenden‹ Museen der USA

Historisch gesehen ist **Berkeley** die interessanteste der James River-Plantagen. Im Jahre 1619 gab König James I. der Berkeley Company das Land, auf dem das Anwesen errichtet wurde. Kapitän John Woodley bestimmte bei der Landung mit Siedlern am 4. 12. 1619, »der Tag soll jährlich und andauernd heilig gehalten werden als ein Tag der Danksagung«. Seitdem besteht ein Streit über *Thanksgiving*, diesen amerikanischsten aller Feiertage, dessen Ursprünge allerdings auch die Pilgerväter ein Jahr später in Neu-England reklamierten.

Berkeley gehörte einst der Harrison-Familie, die einen Unterzeichner der Unabhängigkeitserklärung und einen Präsidenten zu den ihren zählt. Im Jahre 1726 wurde das Haus von Benjamin Harrison gebaut. Sein Enkel William Henry Harrison, der als Gouverneur in den Nordwest-Territorien diente, machte sich einen Namen in Kämpfen gegen die Indianer. Tippecanoe wurde er genannt, und mit diesem Spitznamen zog er 1840 in den Wahlkampf um die Präsidentschaft. »Tippecanoe and Tyler too« hieß der Slogan, der seinen Vizekandidaten mit benannte. Harrison starb einen Monat nach Amtsübernahme an Lungenentzündung, und sein Vize John Tyler wurde Präsident. Während des Bürgerkriegs errichtete der Unionsgeneral McClellan in Berkeley sein Hauptquartier. Im Jahre 1907 kaufte John Jamieson das Haus. Fünf Terrassen führen zum

Die Plantage Berkeley

Auf der Plantage Berkeley

Ufer des James River (Gärten und Haus geöffnet: tägl. 8–17 Uhr).

Shirley, eine außergewöhnlich gut erhaltene, noch betriebene Plantage, ist seit zehn Generationen im Besitz der Familien Hill und Carter. Das zweistöckige Gebäude wurde 1723 begonnen. Bis heute reichen die bewirtschafteten Felder an das Anwesen heran, hier erhält man einen Eindruck einer ›echten‹ Plantage, nicht nur eines historischen Schatzkästchens. Die Eingangshalle des Gebäudes ist für ihre ›fliegenden Treppen‹ berühmt, eine großartige Walnußholztreppe, die ohne sichtbare Verankerung gebaut wurde. Der Blick von Shirley über den James ist der schönste aller Plantagen (geöffnet: tägl. 9–16.30 Uhr, ✆ 8 04–8 29–51 52).

Der Shenandoah National Park

Obwohl die Vororte von Washington immer weiter ins grüne Virginia mäandern und Siedlungen sowie Shopping Malls und Straßen das Land verschlucken, dauert es nur eine Autostunde, bis man die Stadt hinter sich gelassen hat und durch die sanft wellende Landschaft von Virginia mit Farmen, Hecken, Wäldern und weißen Zäunen fährt. Die leuchtend weißen und braunen Zäune oder Steinmauern, die zunehmend ins Bild rücken, wenn man auf der Route 50 von Washington nach Westen fährt, zeigen an, daß man im ›Hunt-Country‹, im Land der Fuchsjagden ist, die ein Markenzeichen von Virginia sind. Seit Mitte des 18. Jh. wird hier zu Pferde gejagt, eine Tradition, die bis heute von mehr als 20 Jagdklubs am Leben erhalten wird.

Mitten im Hunt-Country liegt die kleine Stadt **Middleburg,** durch die man, falls die Ampel an der Hauptstraße grün zeigt, ruckzuck durchgefahren ist. Ein Besuch lohnt aber, auch eine Übernachtung in einem der beiden Inns. Den gut erhaltenen Ort aus der Kolonialzeit zu erforschen, kann wegen einer Reihe nobler Geschäfte entlang der Hauptstraße ein teures Vergnügen werden. Middleburg spürt zunehmend den Einfluß der näherrückenden Metropole Washington, so daß man nur hoffen kann, daß der kleine Ort noch lange seinen Charakter bewahren wird.

Ähnlich geht es der etwa 45 Meilen nördlich gelegenen Stadt **Lees-**

Washingtons Boom Towns

Weniger als 600 000 Einwohner hatte Washington noch bei der Volkszählung 1990, ein Rückgang von mindestens 30 000 Einwohnern gegenüber 1980. Rundum aber boomt es. Da entstanden in Maryland und Virginia Städte sowie Korridore entlang Autobahnen, die größer als Washington sind. Die Washington Metropolitan Area zählte 1990 weit über 4 Mio. Einwohner. Wenn man auf der I-95 Autobahn nach Baltimore fährt, wird klar, daß die Trennungslinien zwischen den beiden Städten und ihren Einzugsbereichen verschwimmen und in wenigen Jahren ein Baltimore-Washington-Korridor mit 8 Mio. oder mehr Menschen zusammengewachsen sein wird.

Fährt man die Wisconsin Ave. aus Washington hinaus durch Chevy Chase und Bethesda, bekommt man einen ersten Eindruck der Boom-Städte um Washington, die einmal als Schlafstädte begannen, bevor Arbeitgeber erkannten, daß es sinnvoll ist, ihren Arbeitskräften hinterherzuziehen und aus den Wohnstätten Dienstleistungszentren und Orte der High-Tech-Industrie wurden. Der Korridor Rockville-Gaithersburg entlang der I-270 beispielsweise ist die größte Stadt in Maryland, größer als Baltimore. Tysons in Virginia ist die größte Stadt des Staates, bei weitem bevölkerungsreicher als die Hauptstadt Richmond. Landkreise am Rande des District wie Montgomery County in Maryland oder Fairfax County in Virginia haben jeweils mehr Einwohner als Washington oder San Francisco.

Entlang der Autobahn zum Flughafen Dulles in Virginia entsteht das jüngste Beispiel des anscheinend ungebrochenen Wachstums- und Landhungers der Boom Towns: Reston mit einem neu eröffneten Town Center. Der nahe, noch etwas verschlafene Ort Herndon hingegen zeigt, wie die kleinen Vororte Washingtons einmal aussahen.

burg, die das ›Glück‹ hatte, gleich zu Beginn des Bürgerkriegs unter Unionskontrolle zu geraten, so daß sie vor Zerstörungen bewahrt wurde. Das Zentrum mit liebevoll restaurierten Häusern aus dem 18. und 19. Jh. ist eine – wenn auch nicht billige – Fundgrube für Antiquitätensammler. Einen Eindruck von der Geschichte des schmucken Städtchens bietet das Loundoun Museum (16 W. Loundoun St., geöffnet: Mo–Sa 9–17, So 13–17 Uhr). Im Information Center, Ecke Harrison und Loudoun Sts, gibt es eine kleine Broschüre »A Walk Around Leesburg«. Sie beschreibt Routen und gibt Anregungen für einen Spaziergang.

In Leesburg setzte sich US-Außenminister George Marshall zur Ruhe, dem die Westdeutschen nach dem Krieg so viel zu verdanken hatten. Eine Ende der 80er Jahre gegründete Gesellschaft bemüht sich, unter anderem mit Spenden aus Deutschland, das Marshall House zu erhalten. Das Dodona Manor genannte Gebäude liegt in einem herrlichen Park am Rande des historischen Distrikts von Leesburg zwischen E. Market St. und Edwards Ferry Rd.

Fährt man auf der Route 7 von Washington nach Leesburg, erkennt man, wie entlang dieses Korridors die Großstadt auf Leesburg zu kriecht und es mittlerweile zum Einzugsgebiet gemacht hat. Schon bald nachdem man Washington in Richtung Westen verlassen hat und erst recht westlich von Middleburg und Leesburg wachsen am Horizont die Blauen Berge in den Himmel, die Blue Ridge Mountains, die vor allem an klaren Tagen das Himmelblau in dunkleren Schattierungen widerspiegeln.

Die Blue Ridge Mountains sind die östlichste Aufwerfung der Appalachian Mountains, die sich von nordost nach südwest von Neu-England bis Georgia erstrecken. Der Gebirgszug bildet den landschaftlich schönsten Teil von Virginia. Dank einer 900 km langen Straße, die in den 30er Jahren als Arbeitsbeschaffungsmaßnahme während der Depression gebaut wurde, erschließt sich die Region Besuchern auf besondere Weise. Der Skyline Drive und der sich südlich daran anschließende Blue Ridge Parkway gehören zu den schönsten Straßen der USA.

Die nördlichen knapp 120 Meilen von Front Royal bis zur Autobahn I-64 bilden die Kammlinie des **Shenandoah National Park,** der sich links und rechts der Straße erstreckt. 70 Aussichtspunkte nach Osten und Westen, auf das auslaufende Hügelland Richtung Washington und über das herrliche Tal des Shenandoah machen die Fahrt zu einem besonderen Erlebnis. Teilweise ist es, als würde man durch den Himmel fahren und auf das Land zu seinen Füßen hinunterschauen. Durch den Park führt ein Teil des Appalachian Trail, jenes Tausende von Kilometer langen Wanderwegs, der Neu-England mit Georgia verbindet. Mit seinen Seitenwegen schafft er ein Netz von Wandermöglichkeiten im und um den Shenandoah National Park (Information: Superintendent, Shenandoah National Park, Route 4, P.O. Box 292, Luray, Va. 22835, ✆ 703-999-2266).

Während einer Tagestour von Washington kann man einen Teil des Skyline Drive entlangfahren und einen guten Eindruck von dem schönen Land westlich der Hauptstadt bekommen. Südlich der kleinen Stadt **Front Royal** beginnen der Nationalpark und der Skyline Drive. Am Eingang des Parks bekommt man eine Karte sowie eine Broschüre, welche auf die verschiedenen Aussichtspunkte und Besucherzentren aufmerksam machen. Die Fahrt lohnt zu jeder Jahreszeit. Eine Warnung

In Leesburg

WATERFORD

Eine gute Autostunde nordwestlich von Washington liegt der kleine Ort Waterford nicht weit von Leesburg (Route 15 von Leesburg, dann Route 662 nach Waterford). Wer ohne viel Zeitaufwand eine kleine historische Siedlung in Virginia kennenlernen möchte, hat mit Waterford ein ausgezeichnetes Ziel gewählt.

In Waterford

Im Jahre 1733 von Quäkern aus Pennsylvania gegründet, entstand die Stadt als Zentrum von Getreidefarmern mit einer Mühle. Während des Bürgerkriegs waren die Quäker als Gegner der Sklaverei auf Seiten der Union. Sie formten gegen ihre Überzeugungen eine Polizeitruppe, um sich vor Plünderungen konföderierter Soldaten zu schützen – die einzige Einheit von Virginia, die auf Seiten des Nordens kämpfte. Ende des 19. Jh. wurde Waterford durch die neu gebaute, westwärts führende Eisenbahn wirtschaftlich isoliert. Die alten Verkehrswege über Land und entlang dem Potomac sowie dem Chesapeake and Ohio Canal verloren ihre Bedeutung. Waterford geriet geradezu in Vergessenheit und verschont von neuerer Entwicklung. Heute ist Waterford eine liebevoll restaurierte kleine Künstler- und Farmergemeinde. Am ersten Samstag im Oktober findet dort unter Beteiligung der Anwohner ein Festtag mit Kunsthandwerkständen statt.

aber ist angebracht: Anfang Oktober, wenn der *Indian Summer* die Landschaft von Virginia in ein wogendes Farbenmeer verwandelt, preßt sich eine Autoschlange den Skyline Drive entlang, besonders an Wochenenden.

Die erste Möglichkeit, den Skyline Drive wieder zu verlassen, bietet sich an der Route 211. Man kann entweder nach Westen, nach **Luray,** hinunterfahren und die riesigen Tropfsteinhöhlen Luray Caverns besuchen, oder nach Osten Richtung Sperryville und Warrenton fahren. Versäumen Sie auf diesem Weg nicht den kleinen Abstecher nach **Washington,** Virginia, einem reizenden kleinen Dorf, mit dem womöglich besten Inn in Virginia. Für den vorausplanenden Reisenden hat die Firma Rogers Associates, 3301 Highway 101 N., Woodruff, S.C. 29388, etwas Besonderes zu bieten: Besprochene Kassetten (Englisch), welche die Fahrt entlang dem Skyline Drive erläutern. Geben Sie an, ob Sie die Fahrt in nördlicher oder südlicher Richtung machen wollen.

Dort, wo der Skyline Drive an der Autobahn I-64 aufhört, beginnt der Blue Ridge Parkway, der 469 Meilen nach Süden bis zu den Great Smokey Mountains in North Carolina verläuft. Führte der Skyline Drive durch unberührte Parklandschaft, so erstreckt sich die Blue Ridge Parkway entlang von Farmen und durch Felder. Bis etwa auf die Höhe von Roanoke verläuft der Parkway weiter auf einem Höhenrücken, südlich von Roanoke wird der Höhenzug so breit, daß man durch eine sanfte Hügellandschaft fährt. Dieser geographische Wechsel signalisiert auch eine Wasserscheide. Die Flüsse südlich von Roanoke entleeren sich in den Golf von Mexiko, während die nördlich von Roanoke in den Atlantik münden.

Der Blue Ridge Parkway verfügt ebenso wie der Skyline Drive über

Skyline Drive und Blue Ridge Parkway

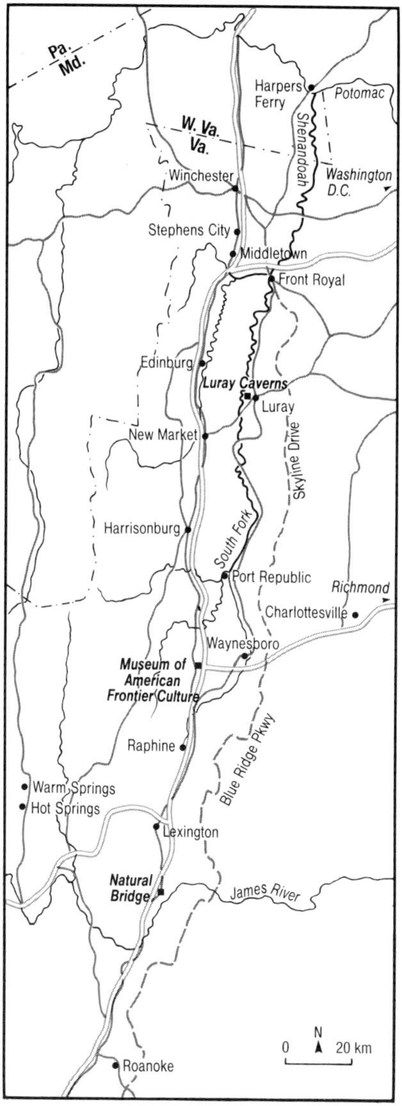

Meilensteine, die von seinem nördlichen Anfang her zählen. Am Meilenstein 63,6 liegt der James River Wayside. Hier, wo der James River, von den Allegheny Mountains kommend, sich durch die Blauen Berge gebrochen hat, ist ein idyllisches Ausflugsziel. Ein kleiner Pfad führt auf einer Brücke über den Fluß bis zu einer Schleuse des Kanawha-Kanals. Sie war einst Bestandteil eines Kanals von Richmond bis Buchanan, der bis zum Ohio weitergebaut werden sollte. Der Wasserweg wurde allerdings ebenso ein Opfer der Eisenbahn wie der C&O Canal in Washington.

Am Meilenstein 85,9 geht es zum Peaks of Otter, einem herrlichen Bergsee, von wo aus man auf zahlreichen Wegen wunderschöne Wanderungen machen kann. Am Meilenstein 176,2 geht es zur Mabry Mill, einer romantisch gelegenen Wassermühle.

Wer vorhat, den Parkway bis zu seinem südlichen Ende zu fahren, sollte unbedingt noch einige Meilen ›dranhängen‹ und der Stadt **Asheville** in North Carolina einen Besuch abstatten. Nicht nur wegen der sehenswerten Stadt, sondern vor allem auch wegen des phantastischen Biltmore House (✆ 704-255-1700, geöffnet: tägl. 9–17 Uhr). George Washington Vanderbilt, Enkel des Eisenbahnmagnaten und Industriellen Cornelius Vanderbilt, sah 1889 vor den Toren von Asheville den, wie er es nannte, »schönsten Fleck der Welt« und setzte seinen Plan in die Tat um, ein Haus ohnegleichen in den USA zu errichten – eine Kopie eines Loire-Schlosses mit allen modernen Annehmlichkeiten.

Auf dem Skyline Drive

Vanderbilt kaufte 50 000 ha Land und begann 1890, sein 250 Zimmer-Traumschloß mit Zentralheizung, fließendem Wasser, Eisschränken, Aufzügen, Kegelbahnen und einem Schwimmbad im Keller zu bauen. Einige der ersten Glühbirnen erleuchteten das Biltmore, das seinen Namen von Bildt, dem Ort der Vanderbilt-Vorfahren in Holland hat. Frederick Olmsted, der Architekt des Central Park in New York, legte die Gärten an.

Westlich des Shenandoah National Park erstreckt sich von Winchester im Norden bis Lexington im Süden das fruchtbare Shenandoah-Tal, umrahmt von den beiden Armen des gleichnamigen Flusses. Einst Heimat

In **Winchester,** der ›Apfel-Hauptstadt der Welt‹, wo im Frühjahr (Ende April, Anfang Mai) ein großes Apfelblüten-Fest stattfindet, erinnert ein kleines Museum an den Südstaaten-General Stonewall Jackson (415 N. Braddock St., ✆ 703-667-3242, geöffnet: tägl. 10–17 Uhr).

In der kleinen Stadt **New Market,** die man auch erreicht, wenn man vom Skyline Drive über Luray fährt, erinnert ein Museum an die wechselvolle Bürgerkriegsgeschichte entlang des Shenandoah. Ein anderes, auf seine Art einmaliges Museum, findet man weiter im Süden, in **Staunton.** An der Route 250, die über die Blauen Berge hinüber nach Charlottesville führt, liegt das Museum of American Frontier Culture (geöffnet: tägl. 9–17 Uhr). Das Museum präsentiert auf 30 ha die Farmhäuser von der Shawnee- und Catawba-Indianer sowie der Irokesen und der Cherokee, wurde das Shenandoah Valley bald die erste *american frontier* in Virginia. Siedler, die sich von den Tabakplantagen des Küstenlands abgewandt hatten, zogen landeinwärts gen Westen.

Während des Bürgerkriegs marschierten die Truppen des Südens durch das Tal, die hier die Städte und Armeen des Nordens umgingen und der Union so manche Niederlage beibrachten. Als der Norden das Tal schließlich eroberte, hatte General Sheridan die Anweisung, es so zu verwüsten, daß »die Krähen ihren Proviant mitnehmen müssen, wenn sie darüber fliegen«.

Volksfest in Waterford

Das Biltmore House in Asheville, North Carolina. George Washington Vanderbilt ließ Ende des 19. Jh. die 250 Räume seines Traumschlosses mit technischen Raffinessen errichten

Siedlern aus dem 18. und 19. Jh., die vor allem aus Irland, England und Deutschland kamen.

Die schönste Stadt des Shenandoah-Tals ist **Lexington.** Das originalgetreu restaurierte Zentrum lädt zu Spaziergängen auf alten Backsteinbürgersteigen ein. Lexington hatte mit Stonewall Jackson und Robert E. Lee berühmte Einwohner der Militärgeschichte. Bis heute pflegt die Stadt enge Beziehungen zum Militär durch das Virginia Military Institute, das auch das ›Westpoint des Südens‹ genannt wird. George Washington und Robert Lee gaben der Universität der Stadt, der viertältesten Hochschule der USA, ihren Namen. Ausführliche Informationen über Lexington gibt es am

Visitor Center (102 E. Washington St., ✆ 703-463-3777, geöffnet: tägl. Juni–Aug. 8.30–18, Mai–Sept. 9–17 Uhr).

Südlich von Lexington liegt eine der Naturschönheiten von Virginia, die leider sehr überlaufene Natural Bridge. Der 70 m hohe, 30 m breite Natursteinbogen begeisterte Thomas Jefferson derart, daß er ihn 1774 der Britischen Krone abkaufte und lange Zeit davon träumte, in der Nähe ein Haus zu bauen (Informationen über abendliche Beleuchtung ✆ 703-291-2121).

Westlich von Lexington, in den Allegheny Mountains, liegen die Bäder **Hot Springs** und **Warm Springs.** Der Landkreis Bath County ist so ländlich, daß es keine einzige Ampel gibt. Sein Zentrum aber, das Hotel Homestead in Hot Springs, besitzt alle Annehmlichkeiten eines großen Bade-Hotels. Im Jahre 1929 mit eleganter Halle und weißen Säulen errichtet, erlebt das Homestead seine tägliche Sternstunde beim Fünf-Uhr-Tee. Kellnerinnen im schwarzen Kleid mit weißer Schürze servieren bei leiser Klaviermusik, und das Leben des Hotels entfaltet sich vor den Augen des Besuchers. Für Golf-Fans gibt es im nahen **Healing Springs** drei 18-Loch-Anlagen, auf denen sie ihr Spiel perfektionieren können.

Eine Autostunde südwestlich von Hot Springs, gerade über die Grenze nach West Virginia hinüber, steht in **White Sulfur Springs** ein weiteres großes Badehotel aus einer, wie es scheint, vergangenen Zeit – das Greenbrier Hotel. 700 m hoch gelegen, mit Mineralquellen, die für ihre Rheuma-Heilkraft bekannt sind, ist es seit Mitte des 19. Jh. Reiseziel der *rich and famous.* 33 Präsidenten haben im Greenbrier gewohnt, dessen 547 Zimmer, 48 Suiten, 117 Gästehäuser und 1500 Angestellte den Bedürfnissen von bis zu 1200 Gästen nachkommen, die sich den Aufenthalt leisten können (The Greenbrier, Route 60, White Sulfur Springs, W.Va. 24986; ✆ 1-800-624-6070 oder 304-536-1110).

Schauplätze des Bürgerkriegs

Der District of Columbia lag an der Konfliktlinie zwischen dem Norden und dem Süden, als sich Mitte des 19. Jh. Entfremdung, Neid, Mißtrauen und die im Kern unterschiedlichen Lebensvorstellungen dieser Regionen in einem Krieg entluden, wie ihn die USA verheerender nie wieder erlebten – im Bürgerkrieg der Jahre 1861 bis 1865.

In Washington mußte die Bundesregierung zusehen, wie in den ersten Wochen des Jahres 1861 die Staaten des tiefen Südens aus der Union austraten, ihre Unabhängigkeit erklärten, eine neue Verfassung verabschiedeten und mit Jefferson Davis am 8.2. den ersten Präsidenten der Confederate States of America wählten. Nachdem auch die Staaten des ›Oberen Südens‹, North Carolina, Virginia, Tennessee sowie Arkansas von der Union abgefallen

waren und die Kapitale von Virginia, Richmond, Hauptstadt der Konföderierten wurde, war klar, daß zwischen James River und Potomac, zwischen und um die nur 150 km voneinander entfernten Hauptstädte, der Krieg am heftigsten toben würde. *On to Richmond* lautete der Schlachtruf des Nordens, und für die Südstaatler war nur zu deutlich, daß ihr neuer Staatenbund mit der Einnahme von Washington entscheidende Impulse erhalten würde.

In den ersten sechs Jahrzehnten des 19. Jh. hatten sich der Norden und der Süden auseinanderentwickelt. Das Reizthema Sklaverei trug entscheidend zum Ausbruch des Bürgerkriegs bei, wenn auch die Gründe wesentlich vielfältiger waren. Zu Beginn des Bürgerkriegs hatten die USA rund 32 Mio. Einwohner, davon 4 Mio. Sklaven. Norden und Süden hatten sich vor allem in der Wirtschaftsweise deutlich voneinander entfernt. Zwischen 1800 und 1860 sank im Norden der Anteil der in der Landwirtschaft tätigen Bevölkerung

von 70% auf 40%, im Süden blieb er bei 80%. 10% der Südstaatler lebten in Städten, im Gegensatz zu 25% der Nordstaatler.

Im Norden hatte die Entwicklung zu moderner Industrie und kapitalistischer Wirtschaftsweise mit einer freien, wenn auch lohnabhängigen Arbeiterschaft begonnen, im Süden herrschte eine quasi feudale Plantagenwirtschaft mit Leibeigenen vor, die allerdings enorm produktiv war. Im Süden erschienen Zeitungsanzeigen wie: »Neger zu verkaufen – eine Negerin und zwei Kinder, eines acht, das andere drei Jahre. Besagte Neger können auf Wunsch gemeinsam oder getrennt abgegeben werden.« Im Norden benutzte Harriet Beecher Stowe Anzeigen wie diese, um ihre Anklage gegen die Sklaverei zu schreiben, »Onkel Toms Hütte«.

»Go west, young man«, riet in der Depression der 40er Jahre des 19. Jh. der spätere demokratische Präsidentschaftskandidat Horace Greeley, und Millionen folgten seinem Rat. Damit spitzte sich eine Krise zu, die unmittelbar zum Bürgerkrieg führte. Während im Osten die Sklaverei in die Zuständigkeit der einzelnen Staaten fiel, unterstanden die westlichen Territorien der Bundesregierung, und die Frage mußte geklärt werden, ob die Sklaverei dort zugelassen werden sollte. Trotz einer Reihe von Kompromissen – Kalifornien war sklavenfrei, die restlichen von Mexiko gewonnenen Gebiete kannten die Sklaverei – gelang es nicht, das wachsende Mißtrauen und den Streit beizulegen, der zwischen Nord und Süd schwelte.

In jedem Krieg fällt ein erster Schuß, und mit einigem Recht kann man zur Beantwortung der Frage, wo dies im Bürgerkrieg geschah, auf das zwei Autostunden von Washington an der Grenze von West Virginia und Maryland gelegene Städtchen Harpers Ferry schauen. John Brown, der in Kansas gegen die Sklaverei gekämpft hatte, träumte von einem sklavenfreien Staat in den Appalachen. Am 16. 10. 1859 führte er 18 Mann, darunter fünf Schwarze, in den kleinen Ort Harpers Ferry, besetzte das Zeughaus, nahm Geiseln und ließ die Kunde von seinem sklavenfreien Territorium verbreiten. Zwei Tage später war Browns merkwürdiger Versuch, Sklaven zu befreien, vorüber, zwei Monate später wurde er gehängt. Brown wurde zum Märtyter – »John Brown's Body« ein Marschlied der Unionsarmeen.

Abraham Lincolns Wahl zum Präsidenten im November 1860 war ein schwerer Schlag für den Süden. Zum ersten Mal hatte ein Präsident ohne die Unterstützung des Südens sein Amt erhalten, was für die Südstaatler deutlich werden ließ, wieviel politische Macht der Süden an die Union verloren hatte. Als der Krieg am 12. 4. 1861 mit dem Bombardement von Fort Sumter vor Charleston, South Carolina, begann, glaubten beide Seiten, um das Erbe ihrer Unabhängigkeit von England und ihre republikanische Vergangenheit zu kämpfen. »Alles, was wir wollen«, sagte Jefferson Davis beim ersten konföderierten Kongreß in Richmond, »ist, allein gelassen zu werden.« In Washington sprach Lincoln am 4. 7. zum Kongreß der Union: »Unsere Volksregierung ist oft ein Experiment genannt worden. Zwei Fragen hat das Volk bereits beantwortet: Es hat die Regierung erfolgreich eingerichtet und erfolgreich ausgeübt. Eine Aufgabe bleibt: sie erfolgreich zu bewahren.«

Groß war die Ungeduld auf beiden Seiten, ins Feld zu ziehen und den Krieg zu beenden. Für den Süden bedeutete das, Washington anzugreifen, für den Norden, Richmond einzunehmen. Keine 50 km westlich von Washington, nahe dem Städtchen Manassas, massierte der Süden Truppen, gegen welche der Norden mit einem seiner zahlreichen zögerlichen Generale marschierte. Reporter, Kongreßabgeordnete und Schaulustige begleiteten die Unionstruppen Richtung Manassas, um mitzuerleben, wie man dem Süden den Garaus machen würde. Doch der anfangs erfolgreiche Angriff des Nordens am 21. 7. stockte, lief sich fest am Henry House Hill, wo der General des Südens, Thomas Jackson, seine Truppen kommandierte und wegen des Bewunderungsrufs »There is Jackson standing like a stone wall« den Namen Stonewall Jackson erhielt. Am Tag nach den Gefechten bei Manassas zog Lincoln die Konsequenz aus der Gewißheit, daß dies ein langer Krieg werden würde, und ließ 500 000 Soldaten für drei Jahre rekrutieren.

Der Norden (Blauröcke) und der Süden (Grauröcke) haben die Schlachtfelder des Kriegs unterschiedlich benannt. Der Norden bezeichnete sie nach der nächstgelegenen auffälligen Landschaftsmarkierung, zumeist einem Flüßchen, der Süden nach der nächstgelegenen Ortschaft. Als Folge der unterschiedlichen Benennungen – Antietam (Norden) und Sharpsburg (Süden) beziehen sich auf dasselbe Schlachtfeld in Maryland – scheint der Bürgerkrieg in manchen Broschüren und Büchern vor Schlachten nur so zu wimmeln.

Bis 1863 gelang dem Norden in Virginia wenig. Lincolns entschlußlose Generäle wurden ein ums andere Mal ausmanövriert, allerdings litt der Süden zunehmend unter dem Aderlaß der Kämpfe – etwa nach dem blutigsten

Historische Darstellung der Kämpfe zwischen Nordstaatlern und Konföderierten

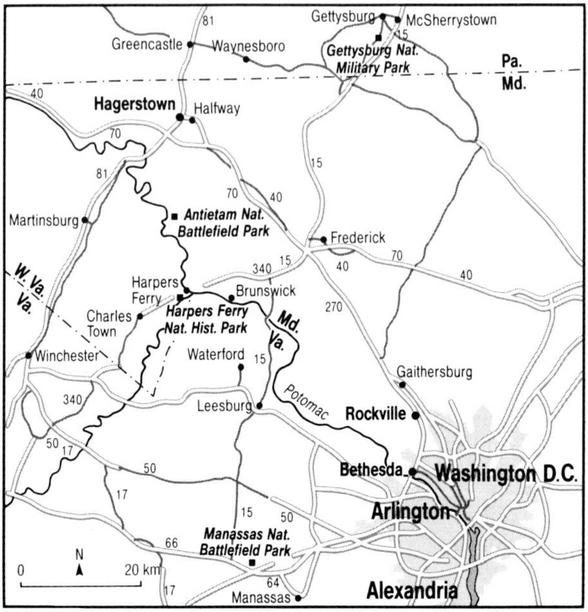

Schauplätze des Bürgerkriegs

Schlachttag des Kriegs in Antietam, wo 6000 Soldaten fielen und 17000 verwundet wurden. Beunruhigt durch die stetig steigenden Truppenzahlen des Nordens, führte General Lee seine Virginia-Armee Anfang 1863 durch das Shenandoah Valley nach Norden, um der Union in Pennsylvania auf eigenem Boden eine entscheidende Niederlage zuzufügen. Lees Armee von 75000 Mann stieß schließlich bei Gettysburg auf Teile der 90000 Mann starken Potomac-Armee des Nordens, die mit General George Gordon Meade gerade einen neuen Kommandeur erhalten hatte.

Am 1. und 2.7. gelang es Lees Truppen nicht, die Unionsflanken zu durchbrechen. Lees Versuch, am 3. 7. mit frisch herangeführten Truppen unter General George Pickett die Mitte der Unionsstellungen zu überrennen, gehörte zu den blutigsten Momenten des Kriegs und war der endgültige Wendepunkt. 14000 konföderierte Soldaten liefen über offenes Feld in das Artilleriefeuer von Batterien aus Vermont, Ohio und New York. Die vordersten Spitzen erreichten die Unionsstellungen, wo sie geschlagen wurden, und wie eine ablaufende Welle zogen sich die um die Hälfte dezimierten Konföderierten von dem Punkt zurück, der als ›High Water Mark‹, als Hochwassermarke des konföderierten Ansturms auf die Einheit der USA, in die Geschichtsbücher einging. Auch wenn der Krieg noch zwei Jahre andauerte, nach der Schlacht von Gettysburg war er für den Süden verloren.

Lees Kapitulation am 9. 4. 1865 im Städtchen Appomattox im südlichen Virginia war nüchtern und kurz. Alle Soldaten des Südens konnten nach Hause gehen, frei vor Strafverfolgung. Ihre Pferde durften sie mitnehmen,

der siegreiche General Ulysses Grant verpflegte gar Lees Armee – ein erster Versuch, die Wunden des Kriegs zu heilen, der mehr als 620 000 Soldaten das Leben gekostet hatte. Das waren mehr Tote als die USA in allen anderen Kriegen ihrer Geschichte zusammengenommen beklagen mußten. Vielleicht beflügelt deshalb der ›nördliche Aggressionskrieg‹, ›Krieg gegen die Abspaltung‹ und ›Krieg zwischen den Staaten‹ genannte Bürgerkrieg bis heute die Phantasie der Amerikaner auf ungeahnte Weise. Über 250 Vereine diskutieren heftigst jede Wendung des Kriegs, Magazine liefern Bilder und Analysen, und wem das Reden nicht genug ist, der zieht jedes Jahr hinaus zu den Schlachtfeldern, um die Kämpfe originalgetreu nachzustellen (vgl. Farbabb. 21, 23).

An Vororte von Washington grenzend, ist das **Manassas National Battlefield** für Besucher der Hauptstadt die nächstgelegene Möglichkeit, einen Eindruck von den Kämpfen des Bürgerkriegs zu bekommen. Gut 30 Meilen westlich der Hauptstadt liegt der Park in der sanften Hügellandschaft, die zu den Blauen Bergen hinreicht (✆ 703-754-7107, geöffnet: im Sommer 9–18, im Winter 9–17.30 Uhr).

Nach zwei Schlachten im Bürgerkrieg tobte in den vergangenen Jahren eine dritte Schlacht, diesmal um Manassas. Die scheinbar unaufhaltsam über die Landschaft von Virginia ziehende Besiedlung hatte die Grenzen des Parks erreicht, an dem ein Einkaufszentrum entstehen sollte. Nach langem Gezerre entschied der US-Senat, das Gelände von einer Immobilienfirma zu übernehmen und dem Park anzuschließen.

Beginnen sollte man den Besuch am Visitors Center auf dem Henry Hill, von wo man zugleich einen Überblick über den Park bekommt. Vom Besucherzentrum führen ausgewiesene Spazierwege und Rundfahrten durch den Park. Ein Museum im Besucherzentrum erklärt zuvor mit Bild- und Tonvorträgen Gelände und Geschehnisse.

Im Jahre 1748 war Robert Harper überwältigt von der Schönheit des Zusammenflusses von Shenandoah und Potomac. Zugleich erkannte er die Möglichkeit, hier mit einem Fährdienst und einer Wassermühle Geschäfte zu machen. 1790 bestimmte George Washington **Harpers Ferry** zum Ort für das erste nationale Zeughaus und Waffenlager. 400 Menschen fanden Arbeit, der Ort wuchs als wichtiger Handelsknotenpunkt für Baumwolle, Mehl und Holz.

Zeugnisse aus jener Zeit findet man im Historic Park mit seinen alten Backsteinhäusern, dem John Brown-Museum, einem Bürgerkriegsmuseum und dem Master Armorers House, wo 1803 die erste Schloßflinte für die US-Armee hergestellt wurde. Auch das Backsteinhaus Browns Fort kann man besichtigen.

Am Visitors Center des Harpers Ferry National Historical Park (✆ 304-535-6371; geöffnet: außer 25.12. tägl. 8–17 Uhr) wird ein Film über den Ort gezeigt, dort sind auch Karten erhältlich. Während der Sommermonate stellen Parkbedienstete in Kostümen aus dem 19. Jh. historische Szenen nach. Von der High St. führen 44 in den Fels geschlagene Stufen am Harper-Haus vorbei zur 1830 errichteten St Peter's Catholic Church, in der während des Bürgerkriegs Gottesdienste gehalten wurden. Der Priester hißte den Union Jack über der Kirche und zeigte so seine Neutralität an.

Weiter geht der Weg zum Jefferson Rock mit herrlichem Ausblick über die Flußtäler. Oberhalb von Jefferson Rock liegt der Friedhof, wo Robert Harper und Gefallene des Bürgerkriegs begraben sind. Von Harpers Ferry führen zahlreiche Wanderwege in die umliegenden Berge; Karten gibt es im Visitors Center.

Von Shepherdstown ist es nur eine kurze Fahrt zum Visitors Center des 31 km^2 großen **Antietam National Battlefield Park** nördlich von Sharpsburg an der Route 65 (geöffnet: außer Thanksgiving, 25.12. und 1.1. tägl. 8–18 Uhr). Die Landschaft atmet Stille und Zeitlosigkeit, wenn man zwischen den Monumenten und Kanonen wandert, wo am 17.9.1862 der blutigste Tag des Bürgerkriegs stattfand.

An der idyllischen Stelle, an der die Burnside Bridge ihre Bogen über den flachen Antietam spannt, fällt es schwer, sich das Gemetzel vorzustellen. Unter den zahlreichen Menschen, welche die Kämpfe miterlebten, waren Abner Doubleday, der später das Baseball-Spiel erfand, und Clara Barton, die als Krankenschwester diente und später das Rote Kreuz der USA ins Leben rief.

Einen guten Blick über den Park bietet ein Aussichtsturm. Neben den Informationen im Visitors Center erfährt man am meisten über Antietam während einer ein- oder vierstündigen Wander- oder Radtour mit einem der Führer, die Park Ranger, oft aber auch Historiker sind (telefonische Anmeldung empfohlen ✆ 301-432-5124).

Der **Gettysburg National Military Park** gibt ohne Zweifel den umfassendsten und tiefsten Eindruck von einem Schlachtfeld des Bürgerkriegs. Zwei Stunden von Washington entfernt erreicht man nach landschaftlich schöner Fahrt entlang der Berge auf der Route 15 das gut ausgeschilderte Parkgelände (Straßen geöffnet: 6–22 Uhr). Der Besuch sollte unbedingt am Visitors Center beginnen, wo eine markierte Karte Aufschluß über Umfang und Verlauf der dreitägigen Schlacht gibt (geöffnet: 9–17 Uhr). Dort kann man auch einen Führer anheuern, der einem dann im eigenen Wagen circa zwei Stunden auf einer Rundfahrt den Park erklärt (Voranmeldung empfohlen ✆ 717-334-1124). Zahlreiche Fuß- sowie Fahrradwege und ein Reitweg sind ausgeschildert. Gedenksteine, Denkmäler und Kanonenstellungen zeugen eindrucksvoll von der Vielzahl von Einheiten aus allen Teilen der damaligen USA.

Neben dem Besucherzentrum steht eines von nur drei Cycloramen in den USA, 360°-Gemälde, die in den Tagen vor dem Kino sehr beliebt waren (geöffnet: tägl. 9–17 Uhr). In dem Rundbau wird langsam das 6 m hohe, fast 120 m lange, 1881 von Paul Philoppoteaux gemalte Bild erhellt, das den dritten Schlachttag darstellt. Picketts Angriff bis zur ›High Water Mark‹ des Kriegs gibt einen dramatischen und recht realistischen Eindruck von den Kämpfen am 3.7.1863. Unmittelbar am Parkgelände bietet ein wenig ansehnlicher Aussichtsturm einen guten Rundblick. Während des Jahres finden in und um Gettysburg Feste und Ausstellungen – von Heißluftballontagen bis zu Antiquitätenshows – statt (Auskunft: Gettysburg Travel Council, 35 Carlisle St., Gettysburg, Pa., ✆ 717-334-6274).

Unmittelbar an das Parkgelände angrenzend, liegt die Eisenhower National Historic Site, die Farm, auf die sich Präsident Ike Eisenhower und seine Frau 1961 nach Ende seiner Amtszeit zurückzogen. Die bestens erhaltene, sehenswerte Farm ist mit einem Shuttle-Bus zu erreichen. Eintrittskarten bekommt man im Eisenhower Tour Center neben dem Visitor Center des Parks (✆ 714-334-1124, geöffnet: tägl. 8.30–16.30 Uhr). Am südlichen Ende des Parks liegt Granite Farm, die während der

Auf dem Schlachtfeld Gettysburg

Gettysburg Address

Am 19. 11. 1863, gut vier Monate nach den Kämpfen von Gettysburg, nutzte Lincoln die Einweihung eines Soldatenfriedhofs auf dem Schlachtfeld, um vor sieben Gouverneuren und 30 000 Zuhörern die freiheitlichen Grundsätze seiner Politik zu erklären. Mit der Gettysburg Address, die in ihrer Kürze und Schlichtheit zur berühmtesten Rede des Bürgerkriegs, ja Lincolns Präsidentschaft wurde, versuchte der Präsident den Sinn des Kriegs für die Einheit und Freiheit der Nation zu bestimmen.

Vor 87 Jahren brachten unsere Väter auf diesem Kontinent ein neues Volk hervor, in Freiheit empfangen und dem Gedanken geweiht, daß alle Menschen gleich geschaffen sind.

Jetzt führen wir einen großen Bürgerkrieg, der erproben soll, ob ein Volk, das so empfangen und solchen Gedanken geweiht wurde, lange bestehen kann. Wir haben uns hier versammelt auf einem großen Schlachtfelde dieses Krieges. Wir wollen einen Teil dieses Feldes als letzten Ruheplatz für die Kämpfer weihen, die hier ihr Leben hingaben, damit dieses Volk leben könne. Uns aber fürwahr gebührt und geziemt es, dies zu tun.

Aber in einem weiteren Sinne können wir diesen Boden nicht weihen, nicht heiligen, nicht segnen. Die tapferen Männer, die lebenden und die toten, die hier gekämpft haben, haben ihn geheiligt, weit über das, was unsere arme Kraft hinzutun oder wegnehmen kann. Was wir hier sagen, wird die Welt wenig beachten, noch lange in Erinnerung behalten, aber was jene taten, kann sie nie vergessen. Wir, die Lebenden, werden hier vielmehr zu dem unvollendeten Werk geweiht, das die Kämpfer so weit und so tapfer gefördert haben. Wir werden hier geweiht zu der großen Aufgabe, die uns noch bleibt, damit wir von diesen verehrten Toten eine größere Hingebung an die Sache lernen, der sie das letzte volle Maß ihrer Hingebung opferten, damit wir hier den festen Entschluß fassen, daß diese Toten nicht vergebens gestorben sein sollen; daß dieses Volk unter Gott eine neue Geburt der Freiheit erlebe, und daß die Herrschaft des Volkes durch das Volk und für das Volk nicht von der Erde verschwinde.

Schlacht als Lazarett diente. Heute wird die Farm in den Sommermonaten von Parkbediensteten in historischen Kostümen bewirtschaftet.

Beim **Appomattox Court House,** 25 Meilen östlich von Lynchburg in Virginia, wo der Bürgerkrieg mit Lees Kapitulation am 9. 4. 1865 zu Ende ging, herrscht auch heute Frieden und Ruhe. Der restaurierte Ort in den grünen Hügeln von Virginia besteht aus wenigen Backsteinhäusern und Tavernen, einem Laden, dem Gerichtsgebäude und dem Privathaus von Wilmer McLean, wo Lee und Grant zusammentrafen. Jahrzehntelang verfiel Appomattox, bis in den 30er Jahren die Restaurierung begann, die erst in den 50er Jahren abgeschlossen wurde.

Am Morgen des 9. 4. 1865 schickte Lee einen Obersten nach Appomattox, um einen passenden Ort für die Kapitulation zu finden. Das Gerichtsgebäude fand der Oberst geschlossen, traf aber auf McLean, der sagte: »Vielleicht ist mein Haus gut genug«. Lee traf dort zuerst ein, Grant kurz nach ihm. Nach einem Händedruck setzten sich die beiden Generäle im Wohnzimmer des Hauses. Grant, der Lee nicht verletzen wollte, sprach von West Point und dem Krieg gegen Mexiko, als man noch auf einer Seite gekämpft hatte.

Schließlich aber wurden die Übergabebedingungen festgelegt, und Grant fragte nach der konföderierten Truppenstärke. »Ich weiß es nicht«, antwortete Lee, »Verluste an Toten und Verwundeten waren extrem, außerdem gibt es Deserteure.« Grant ließ 25 000 Verpflegungsrationen zu den Konföderierten bringen. Kaum war Lee wieder zu seinen Truppen geritten, überfielen Unionsoffiziere McLeans Haus und boten Geld für Tische, Stühle, Bilder – kurz alles, was Souvenirwert hatte. McLeans Protest, er wolle nichts verkaufen, fand wenig Beachtung.

Bis zum 12. 4., auf den Tag vier Jahre nachdem vor Fort Sumter die ersten Kanonenschüsse gefallen waren, druckten Grants Truppen Passierscheine, damit die konföderierten Soldaten unbehelligt nach Hause gelangen konnten. Heute lebt niemand mehr in Appomattox. Das wiederaufgebaute Gerichtsgebäude bietet Informationen über den Ort, an dem die USA ihren Frieden wiederfanden (geöffnet: tägl. 9–17 Uhr, ✆ 8 04–3 52–89 87).

In Appomattox

Baltimore

Washingtonians denken bei Baltimore an eine ›reale‹ Stadt mit ›altmodischen Stadtteilen‹ und ›soliden‹ Bürgern, die noch mit den Händen arbeiten. Baltimorians denken bei Washington an einen geleckten Nationalschrein, dessen Bürger ständig Sorge tragen, ob sie richtig gekleidet sind und auf der richtigen Party mit den richtigen Leuten sprechen.

Sie haben's erkannt: Zwischen den beiden nur 37 Meilen voneinander entfernten Städten liegen Welten, und die Bewohner haben Spaß daran, sich gegenseitig zu verulken: Baltimore bringt seit Generationen schillernde Charaktere hervor wie H. L. Mencken, Frank Zappa und John Waters. Washington bringt niemanden hervor.

Gesichter in Washington sind mager, streng und von Magengeschwüren gezeichnet, die von zuviel Fitness-Training und fettarmer Diät begünstigt sind. Gesichter in Baltimore sind rund und voll und sitzen auf Körpern, die wie aus Würsten gemacht scheinen. Baltimore ist Provinz. Wenn Ted Koppel in seiner populären Fernsehsendung »Night-Line« einen Gast auffordert, seine Antwort einfach zu formulieren, denkt er an den Zuschauer in Baltimore. Washington hingegen ist weltläufig, unverständlich und abgehoben. Und noch eines: Washington will Baltimores Baseball Team, die »Orioles«. Soviel zum Hintergrund, vor dem die beiden Städte aber ganz gut miteinander auskommen, was schon an der Zahl der Nummernschilder aus D.C. zu sehen ist, wenn man samstagabends in das Little Italy-Viertel von Baltimore kommt.

Die Innenstadt von Baltimore

Die Gegend um Baltimore wurde seit 1660 von Weißen besiedelt. Im Jahre 1729, als noch niemand an Washington dachte, unterzeichnete Gouverneur Calvert die Gründungsurkunde der Stadt, die nach dem irischen Eigentümer der Kolonie Maryland, Lord Baltimore, benannt wurde. Die Stadt etablierte sich bald als Umschlagplatz für Getreide und als Produktionsort von Eisen. Während die Hauptstadt von Maryland, Annapolis, nach der Revolution an Bedeutung verlor, wuchs Baltimore auf der Woge eines Wirtschaftsbooms, der bis in dieses Jahrhundert andauerte.

Zu Beginn des 18. Jh. hatten die Werften der Stadt internationales Renommee mit ihrem schnellen »Baltimore Clipper« gewonnen. Die Briten sahen in Baltimore seit dem Revolutionskrieg ein Piratennest. Während des Kriegs von 1812 versuchten britische Truppen, Baltimore einzunehmen, nachdem sie Washington in Brand gesteckt hatten. Der Vormarsch gelang ihnen nicht, und auch von See her konnten sie nicht eindringen, nachdem Fort McHenry ein 25stündiges Bombardement überstand und am Morgen des 14. 9. 1814 wieder die amerikanische Flagge hißte. Ein Rechtsanwalt und Amateurpoet namens Francis Scott Key war Zeuge des offensichtlich bewegenden Moments und schrieb danach »The Star Spangled Banner«, die spätere Nationalhymne der USA.

Baltimore wurde früh ein Tor zur Erschließung des Westens der USA. Privatfirmen bauten gebührenpflichtige Straßen (Turnpikes) nach New York, Harpers Ferry und über Cumberland bis Wheeling am Ohio River. Während der Bau des C&O Canal ein Reinfall war, wurde die Baltimore und Ohio-Eisenbahn ein Erfolg. Bis zum Bürgerkrieg war Baltimore, das auch Handelsbande mit Südamerika entwickelte, ein Zentrum der Metallwirtschaft und des Schiffbaus.

Zu Beginn des Bürgerkriegs war Baltimore für die Union eine unsichere Stadt mit stark sezessionistischen Strömungen und wurde daher ›sicherheitshalber‹ von Truppen besetzt. Bis in dieses Jahrhundert hinein blieb Schwerindustrie das Rückgrat der Wirtschaft von Baltimore. Wie viele andere Städte vor allem im Mittelwesten geriet die Stadt in eine schwere Wirtschaftskrise, von der sie sich seit Ende der 70er Jahre durch neue Dienstleistungs- und High-Tech-Industrien erholt.

Baltimore ist ähnlich wie Philadelphia oder Chicago eine Stadt mit schier undurchschaubarem Nationalitätenmix, darunter einem sehr starken deutschen Anteil. Vor allem im 19. Jh. hatten Deutsche nicht unbedeutenden Einfluß in der Stadt, und rund um Union Square sind die zweistöckigen Häuser der Bürger zumeist deutscher Abstammung zu sehen. Aus ihren Reihen stammte einer der berühmtesten Söhne der Stadt, der Journalist H. L. Mencken, den seine Anhänger den »Attila der Kritiker« nannten. Jährlich gedenkt man dem

Sing out on the 4th!

The Star Spangled Banner

Words by
Francis Scott Key

Music by
John Stafford Smith (?)

On the shore, dimly seen thro' the mists of the deep,
Where the foe's haughty host in dread silence reposes,
What is that which the breeze, o'er the towering steep,
As it fitfully blows half conceals, half discloses?
Now it catches the gleam of the morning's first beam,
In full glory reflected now shines on the stream;
'Tis the Star Spangled Banner, O long may it wave
O'er the land of the free and the home of the brave!

Oh, thus be it ever when freemen shall stand
Between their lov'd homes and the war's desolation!
Blest with vict'ry and peace, may the heav'n rescued land
Praise the Pow'r that hath made and preserved us a nation!
Then conquer we must, when our cause it is just,
And this be our motto, "In God is our trust."
And the Star Spangled Banner in triumph shall wave
O'er the land of the free and the home of the brave!

Inner Harbour von Baltimore

1956 gestorbenen **Mencken** mit einem Mencken-Fest (1, Besichtigung seines Hauses, 1524 Hollins St., Union Square: Mi–So 10–17 Uhr).

Mencken war nicht der einzige Autor, der mit Baltimore verbunden ist. Edgar Allen Poe, der hier »Der Rabe« schrieb, ist auf dem Friedhof der **Westminster Church** (2) im Hafenviertel von Baltimore begraben. Am ersten und dritten Freitagabend und Sonntagmorgen im Monat findet eine Führung zum Grab statt (Information: ✆ 3 01–5 28–72 14); Upton Sinclair wurde 1878 in Baltimore geboren, Gertrude Stein studierte Medizin an der Johns Hopkins University und F. Scott Fitzgerald verfaßte hier »Zärtlich ist die Nacht«. »Ich gehöre hier her«, schrieb er, »wo alles zivilisiert ist und homosexuell und verkommen und höflich.«

Wohl jeder Besucher, der über die Autobahn I-95 oder den Washington-Baltimore Parkway von Washington in die Stadt am Patapsco River kommt, wird zunächst zum Hafen fahren. Man folgt den Ausfahrtsschildern Downtown und kommt direkt und schnell zum **Inner Harbour** genannten Hafenbecken mitten im Zentrum (s. Farbabb. 25). Hier war einmal der geschäftige Hafen von Baltimore, bevor der Niedergang der Industrie in eine schwere Krise führte.

Im Jahre 1980 erlebte der Inner Harbour ein Comeback als großes Vergnügungszentrum mit Restaurants, Geschäften und vor allem dem eindrucksvollen **National Aquarium.** Neueste Errungenschaft ist der 1990 eröffnete Meeressäugetier-Pavillon mit Delphinen und Beluga-Walen

(3, 501 Pratt St., ✆ 3 01–5 76–38 10, geöffnet: Mo–Do 10–17, So 10–20 Uhr).

Eine weitere Attraktion des Inner Harbour ist die **»Constellation«,** eine 1797 vom Stapel gelaufene Fregatte, die bis nach dem Zweiten Weltkrieg Dienst tat (4, Besichtigung: tägl. 10–16 Uhr). Vom Inner Harbour legen mehrere Schiffe zu Fahrten rund um den Hafen, entlang dem Patapsco River zum Fort McHenry oder auch in die Chesapeake Bay ab (Informationen vor Ort oder unter ✆ 3 01–3 27–72 45, 3 01–6 85–42 88, 3 01–5 22–42 14, 3 01–3 47–55 52).

Einen Überblick über den Inner Harbour und die Stadt gewinnt man von **Federal Hill** (5) auf der Südseite des Hafens. Von der dem Hafen abgewandten Seite kann man hinübersehen zum gut erhaltenen **Fort McHenry,** wo ein Besucherzentrum Filme und eine Ausstellung zeigt (6, geöffnet: tägl. 9–17, im Sommer bis 20 Uhr). Anfang September wird alljährlich das Bombardement des Forts während des Kriegs mit England 1814 nachgestellt.

Östlich des Inner Harbour liegen zwei Stadtteile, die altes Lokalkolorit von Baltimore zeigen. Little Italy mit einer Reihe von Restaurants bietet vor allem kulinarische Vergnügen.

Am Fuße des Broadway, in **Fell's Point** (7), lebt das alte Baltimore an den Piers und in den Bars auf, die lange offen halten und morgens um sechs die ersten Drinks ausschenken. Natürlich herrscht hier keine völlige Idylle, viele der alten Backsteinhäuser sind restauriert, aber man findet Spuren der alten Zeit, aus der Baltimore wuchs. Fell's Point ist eine Mischung aus Hafenviertel, Greenwich Village, etwas Georgetown und ein bißchen Williamsburg.

Beim Rundgang durch die Innenstadt nordwestlich des Inner Harbour

Baltimore 1 H. L. Mencken-Haus 2 Westminster Church mit dem Grab von Edgar Allan Poe 3 National Aquarium 4 Fregatte »Constellation« 5 Federal Hill 6 Fort McHenry 7 Fell's Point 8 Lexington Market

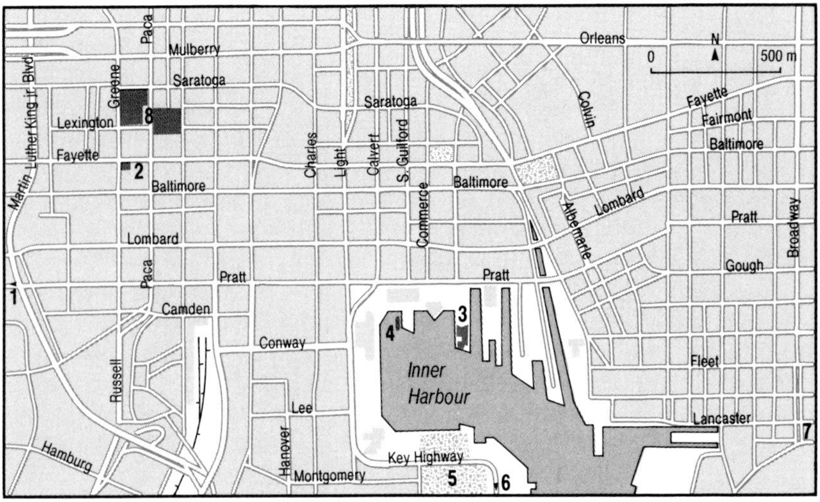

Alte Fabrik im Inner Harbour von Baltimore

gilt es, an der Lexington St., Ecke Paca St. auf keinen Fall den **Lexington Market** (8) zu versäumen, einen typischen Wochenmarkt mit Gemüse, Blumen und Lebensmitteln.

Philadelphia

Die ›Stadt der brüderlichen Liebe‹, das bedeutet der aus dem Griechischen stammende Name Philadelphia, wird zu Recht die ›Wiege der amerikanischen Nation‹ genannt. Eine verwitterte Plakette am Eingang zur Unabhängigkeitshalle (Independence Hall) weist das anmutige, rote Backsteingebäude als ›Geburtsort der Vereinigten Staaten von Amerika‹ aus. Kein Führer und kein Ranger im umliegenden, 20 ha großen Independence National Historical Park, der nicht irgendwann im Brustton der Überzeugung die Independence Hall als geschichtsträchtigstes Gebäude im Lande bezeichnet.

Philadelphia, die zweitgrößte Stadt an der amerikanischen Ostküste, hat zwar die Macht und den Platz im Schlaglicht der Geschichte an Washington abgeben müssen, aber hier steht die Wiege der Nation – und die Wiege hat für den Besucher den Vorteil, daß sie klein und überschaubar ist. Als der Quäker William Penn 1682 als Teil seines ›heiligen Experiments‹ der Religionsfreiheit Philadelphia in der Neuen Welt gründete, wählte er dafür eine Halbinsel zwischen dem Delaware und dem Schuylkill River. Sein Stadtplaner vermaß dort ein streng geometrisches

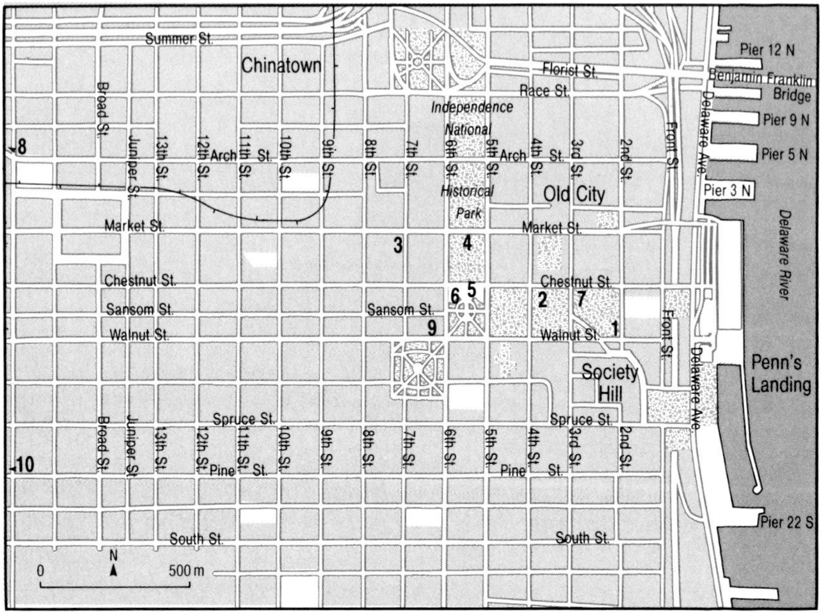

Philadelphia 1 City Tavern 2 Carpenters' Hall 3 Graff House 4 Liberty Bell 5 Independence Hall 6 Congress Hall 7 Visitor Center 8 Philadelphia Museum of Art 9 Norman Rockwell Museum 10 Rosenbach Mueum and Library

Straßennetz, aufgehängt an Plätzen, die wie die Fünf eines Würfels angelegt sind. Dabei ist es im historischen Kern der Stadt bis heute geblieben.

Zwischen Penn's Landing am Delaware und dem Fairmount Park am Schuylkill River erstreckt sich heute die Innenstadt von Philadelphia mit dem Rathaus und der hohen Statue des Gründers im Mittelpunkt. Daran grenzen die modernen Hochhäuser an, wie das Freedom Plaza des deutschen Architekten Helmut Jahn. Vom Rathaus reicht der Blick nach Nordwesten den Benjamin Franklin Pkwy entlang bis zum berühmten Philadelphia Museum of Art, auf dessen Stufen Sylvester Stallone als »Rocky« zu Filmruhm gelangte. Die Geschichte der Stadt aber begann im Osten, am Ufer des Delaware.

Von dort nahm Philadelphia im 18. Jh. einen schnellen Aufschwung als Hafen-, Handels- und Handwerksstadt, was ihr bald den Spitznamen ›Athen von Amerika‹ einbrachte. Zwischen 1774 und 1800 wurde der Name Philadelphia dann zum Synonym für Revolution und Unabhängigkeit, die Stadt zum Hort für viele der kreativsten und weitreichendsten politischen Ideen der Neuzeit.

Seit 1772 trafen sich US-Patrioten in der **City Tavern** (1), die exakt rekonstruiert wurde. Paul Revere ritt zwei Jahre später schnurstracks von Boston zur Tavern, um die letzten Neuigkeiten über die Auseinandersetzung mit England zu überbringen. Im Herbst 1774 schließlich trat im Zunfthaus der Schreiner (**Carpenters' Hall,** 2) der erste Kontinentalkongreß mit Delegierten aus 12 Staaten zusammen – Georgia lehnte ab – und formulierte eine Petition an den König, die inneren Angelegenheiten der Kolonien selbst in die Hand nehmen zu wollen: Der erste Schritt auf dem Weg zur Souveränität war getan.

Als sich der zweite Kontinentalkongreß im Mai 1775 im State House der Kolonie Pennsylvania (später Independence Hall) versammelte, hatte der Krieg mit England schon begonnen, langatmige Diskussionen darüber, wie man die Bande mit der Kolonialmacht erhalten könnte, entfielen, und George Washington wurde zum Oberkommandierenden der kontinentalen Streitkräfte gewählt. Thomas Jefferson schrieb die Worte: »Unsere Sache ist gerecht. Unsere Union ist perfekt.«

Ein Jahr später, am 15.5.1775, rief John Adams die Kolonien dazu auf, sich als Staaten Regierungen zu geben, ein entscheidender Schritt auf dem Weg zur Unabhängigkeit. Währenddessen schrieb im ersten Stock des Hauses von Jacob Graff, einem jungen Deutschen (**Graff House,** 3), Thomas Jefferson innerhalb von zwei Wochen die Unabhängigkeitserklärung, welche die Delegierten am 4.7.1776 verabschiedeten.

Vier Tage später wurde die Unabhängigkeitserklärung erstmals öffentlich auf dem Independence Square hinter dem Tagungsort verlesen, und die **Liberty Bell** (4) erklang vom Turm der Independence Hall. Die heute auf der anderen Seite der Mar-

Die Independence Hall in Philadelphia

ket St. in einem Pavillon, der an eine U-Bahnstation erinnert, ausgestellte Glocke bekam ihren berühmten Riß nicht an jenem historischen Tag, sondern erst rund 50 Jahre später – nach 1846 wurde sie nicht mehr angeschlagen. Im Turm der **Independence Hall** (5) hängt heute eine Glocke, die aus einer englischen und einer amerikanischen Kanone des Unabhängigkeitskriegs (Schlacht von Saratoga) sowie jeweils einer von den Südstaaten und Nordstaaten im Bürgerkrieg (Schlacht von Gettysburg) benutzten Kanone gegossen wurde.

Die Schwäche des neuen Kongresses war nur zu offensichtlich. Die Artikel der Konföderation, welche der Kongreß 1777 verabschiedete, gaben der neuen, zentralen politischen Gewalt im Land keine große

Wandgemälde in Philadelphia

Autorität. Zeugnis der geringen Macht war die zweimalige Flucht des Kongresses aus Philadelphia: im Jahre 1777 vor den Rotröcken des englischen Generals Sir William Howe und 1783 vor meuternden Soldaten der eigenen Armee, die ihren Sold forderten.

Obwohl der Kongreß auf Wanderschaft ging und in Princeton, in New York und Annapolis zeitweise Unterschlupf fand, war Philadelphias Rolle als Wiege des neuen Staates noch keineswegs ausgespielt. Am 25. 5. 1787 traten in der Independence Hall die 55 Delegierten der verfassungsgebenden Versammlung zusammen, die intellektuelle Elite des jungen Staates. Der französische Botschafter berichtete nach Hause: »Selbst in Europa hat es nie eine Versammlung gegeben, in der mehr Talent, Wissen, Interesse und Patriotismus vertreten waren.«

George Washington – bereits eine Legende – präsidierte der dreimonatigen Versammlung. Nachdem die Verfassung verabschiedet worden war, benannte der Kongreß bis zum Jahr 1800 Philadelphia als Hauptstadt der Union und tagte im ehemaligen Gerichtsgebäude von Philadelphia (**Congress Hall,** 6), bis die neue Hauptstadt am Potomac bezugsfertig war.

Vor dem Besucher liegt dieses Anfangsstück US-amerikanischer Geschichte wie ein offenes Buch im grünen, überschaubaren Independence National Park. Eine klar erkennbare Abfolge all die historischen Stätten und Gebäude zu besuchen, gibt es nicht. Vielmehr sollte man im **Visitor Center** (7) an der Ecke Chestnut und Third Sts beginnen, wo Informationen, Broschüren und Karten auch auf Deutsch erhältlich sind. Dann bummeln Sie einfach durch den herrlichen Park und genießen Geschichte live.

Man würde Philadelphia mit einem reinen ›Geschichtsbesuch‹ nicht gerecht. Einhundert Jahre nach der amerikanischen Revolution veränderte die Industrielle Revolution das Gesicht der Stadt bis heute. Ein Meer von aneinandergereihten, oft bescheidenen Backsteinhäusern ist das typische bauliche Ergebnis dieser Epoche, die Hunderttausende von Arbeitern nach Philadelphia brachte und der Stadt zu großer ethnischer Vielfalt verhalf. Zumeist getrennt in verschiedenen Stadtteilen lebten und arbeiteten Italiener, Deutsche, Polen und Iren. *City of Neighborhoods* wird Philadelphia deshalb genannt.

Fragen Sie einen Bürger von Philadelphia, woher er stammt, wird er wahrscheinlich nicht Philly antworten, wie die Stadt in Kurzform genannt wird, sondern Kingsessing, Northern Liberties, Strawberry Mansion, Brewerytown oder Germantown. Viele der Viertel sind in beklagenswertem, oft Slum-ähnlichen Zustand, andere, wie Society Hill südlich des historischen Distrikts, wurden mit Liebe und viel Geld restauriert. Manayunk, am Schuylkill River – oft als Manchester von Amerika bezeichnet – ist der Stadtteil der Textilarbeiter, der trotz einiger Künstler und Designer, die sich dort niedergelassen haben, seinen alten Charakter bewahrt hat.

In der Fitler Square Neighborhood zwischen Panama und Pine Sts entlang der 23rd St. sind neben dem nett wieder hergerichteten Platz die Häuser rundherum sehenswert. Einige der Backsteinhäuser wurden großzügig und mit hübschen architektonischen Details ausgestattet. Daneben findet man die einfachen Häuser für Textilarbeiter. Entlang der Waverly St. zwischen der 23rd und 26th St. sowie entlang der Panama St. steht eines dieser winzigen Heime neben dem anderen, ein Zimmer pro Stockwerk – früher eine Familie pro Stockwerk.

Der South Street Strip am südlichen Ende von Society Hill zwischen dem Delaware River und der Broad St. ist ein erfolgreich ›neuerweckter‹ Stadtteil. An lauen Sommerabenden drängt sich hier das

Das Philadelphia Museum of Art

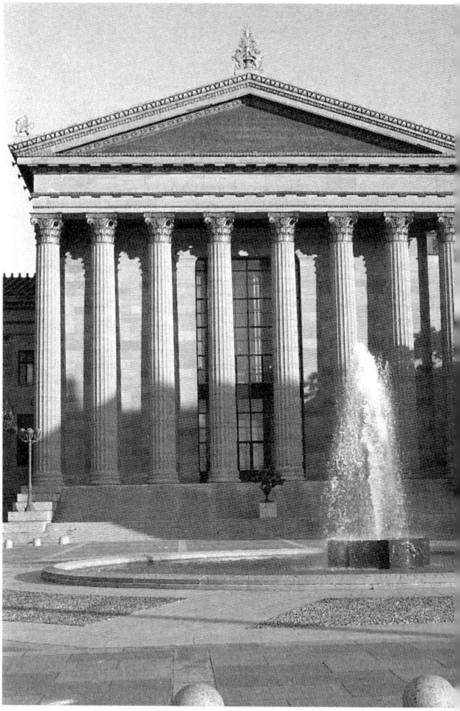

Publikum entlang Dutzenden von Geschäften und Restaurants. Chinatown, nördlich von Market St. zwischen der 8th und 11th St., scheint hingegen ein Stadtteil auf verlorenem Posten, an dessen Rändern die moderne neue Innenstadt mit Kongreßzentrum und Hochhäusern nagt. Gleichwohl lohnt ein Besuch und ein Ausflug in den nahen Reading Terminal (12th und Arch St.), heute eine Markthalle voller Atmosphäre.

Neben dem **Philadelphia Museum of Art** am Ende des Benjamin Franklin Pkwy (8, ✆ 215-787-5488, geöffnet: Di–So 10–17 Uhr, freier Eintritt So 10–13 Uhr) seien hier noch drei Beispiele für die reiche Kulturszene von Philadelphia genannt: Das **Norman Rockwell Museum** (9, 6th und Sansom Sts, ✆ 215-922-4345, geöffnet: tägl. 10–16 Uhr), wo alle 324 von dem bekannten Künstler für die »Saturday Evening Post« gestalteten Titelseiten ausgestellt sind – Präsident Ronald Reagan schätzte ihn wegen seiner klaren Darstellung der einfachen amerikanischen Werte. Buch- und Literaturliebhaber werden ihre Freude am **Rosenbach Museum and Library** haben (10, 2010 Delancey Pl., ✆ 215-732-1600, geöffnet: Di–So 11–16 Uhr), wo unter anderem das handgeschriebene Manuskript von James Joyces »Ulysses« ausgestellt ist.

Ecke 22nd St. und Benjamin Franklin Pkwy zeigt das **Rodin Museum** die größte Sammlung des Künstlers außerhalb Frankreichs (✆ 215-787-5431, geöffnet: Di–So 10–17 Uhr). Das berühmte Philadelphia Symphony Orchestra spielt von September bis Mai in der Academy of Music (Broad und Locust Sts, ✆ 215-893-1900) und während der Sommermonate im Mann Music Center im West Fairmount Park (✆ 215-878-7707).

Das Land der Amish

In der Südostecke des Staates Pennsylvania, mit Philadelphia am östlichen Rand, formen 13 Landkreise das Pennsylvania Dutch Country, häufig auch Amish Country genannt. Mit dem Wort Dutch fangen einige Ungereimtheiten über diese Region der USA an, denn die Amish sind keine Holländer, sondern Deutsche und Schweizer, und der Name ist eine über die Jahrzehnte eingeschliffene Verfälschung von Deutsch.

Im Amish Country, dessen Herzstück die Stadt Lancaster und der umliegende Landkreis Lancaster County bilden, leben vornehmlich Amish und Mennoniten. Beide protestantischen Religionsgruppen, die sich in rund 20 Sekten untergliedern, stammen ursprünglich aus der Schweiz. Die Mennoniten-Bewegung, benannt nach ihrem Führer Menno Simons, begann im 16. Jh. in der Zeit der Reformation. Es war eine radikale religiöse Gruppe, die für Gewaltlosigkeit, Trennung von Staat und Kirche, Erwachsenentaufe und freie Religionswahl eintrat.

Verfolgt und zu Tausenden umgebracht, griffen 1710 acht Mennoniten-Familien unter Führung des Bischofs Hans Herr die Einladung von William Penn auf, in seinem

Staat zu leben und siedelten in Lancaster County. Der Einladung folgte auch eine Reihe von Amish-Familien. Im Jahre 1693 hatte sich der dogmatische Mennoniten-Bischof Jacob Amman mit Gefolgsleuten von den Mennoniten abgespalten. Heute leben in den USA rund 85 000 Amish, die größte Zahl in Ohio, gefolgt von Lancaster County.

Wer bei dem Stichwort Pennsylvania Dutch an Bauern denkt, die hinter einem Eselsgespann pflügen und an einfache, geschlossene schwarze Pferdekutschen, der meint die Amish. Während Mennoniten eine Reihe von modernen Errungenschaften der Zivilisation, wie Automobile und elektrischen Strom benutzen, leben die Amish, die *Plain Old People,* wie ihre Vorväter ohne elektrisches Licht, schicken ihre Kinder für acht Jahre in eine Schule mit einem gemeinsamen Klassenzimmer (wofür sie eine Genehmigung des Obersten Gerichtshofs haben) und leben in einer geschlossenen, traditionellen Gemeinschaft, als deren Sinnbild der gemeinsame Haus- und Scheunenbau steht.

Und hier liegt die zweite Ungereimtheit: Die Amish, deren ganze Lebensweise Einfachheit und Abgeschiedenheit reflektiert, sind eine Touristenattraktion, und vor allem östlich von Lancaster – entlang der Route 30 und auch der Route 340 – blüht der Kommerz. Gelegentlich, besonders an Wochenenden, kann man das Gefühl bekommen, in einem Zoo zu sein, dessen Schaustück diese seltsamen, nach romantischen Regeln lebenden, schwarzgekleideten Menschen mit breitkrempigen Hüten und weißen Häubchen sind.

Diese bedauerliche Entwicklung sollte aber von einem Besuch des Amish Country nicht abhalten. Verläßt man Route 30 und vor allen Dingen westlich von Lancaster, ist man rasch in einer sanften, reichen Hügellandschaft mit weißen Bauernhöfen und gedeckten Holzbrücken, die den Charme des Amish Country ausmachen. Lancaster ist eine gemütliche Stadt, mit historischem Kern und einer Markthalle, die auf alle Fälle einen Besuch lohnt.

Zwei Informationszentren versorgen mit Material und auch Führern, die im Auto mitfahren. Sie vermitteln ebenfalls Adressen von Bed and Breakfast-Häusern oder Bauernhöfen, die sich bestens eignen, um etwa für ein paar Tage diesen schönen und ungewöhnlichen Teil des Landes per Fahrrad zu erkunden. (The Mennonite Information Center, 2209 Millstream Rd., Lancaster, Pa. 17602, ✆ 717-299-0954; The Pennsylvania Dutch Visitors Bureau, Greenfield Rd., Ausfahrt von Route 30 direkt nördlich von Lancaster, 501 Greenfield Rd., Lancaster, Pa. 17601, ✆ 717-299-8901).

Annapolis

»Ego Alley« wird das Wasser des City Dock genannt, denn an schönen Sommertagen und vor allem an Wochenenden liegen im Herzen von Annapolis Segeljachten, die Image verheißen. Wenn sie weiß und elegant in den Hafen gleiten oder draußen in der Bucht ihre farbenfrohen Spinnaker aufblähen, dann scheint es, als gehöre Annapolis dem Freizeitsport und Tourismus.

Die Stadt an der Chesapeake Bay, durchkreuzt und umschlossen vom Wasser des Severn River und South River, hat goldene Zeiten ebenso erlebt wie Jahrzehnte des Dornröschenschlafs. Heute versucht sie wie so viele andere Städte, eine Balance zu halten zwischen alter Identität und modernem Wachstum, das den Stadtsäckel füllt. Acht Jahre jünger als ihre große Nachbarstadt Baltimore am Ende der Bay, die heute mit ihrem Tiefwasserhafen Im- und Exportmetropole von Maryland ist, schlug in Annapolis immer das politische Herz des Staates.

Während der Kolonialzeit und bis lange ins 19. Jh. hinein, als der Handel auf dem Wasserweg stattfand, das Hinterland von Annapolis mit Tabak und Getreide kultiviert war und die *watermen*, wie die Fischer der Bay heißen, ihre Körbe voller Austern und Krebse an Land brachten, lebte in Annapolis praktisch jedermann dank der Chesapeake Bay (vgl. Farbabb. 13). Heute prosperiert die Stadt, weil die meisten Einwohner nahe der Bay leben wollen. Die *skipjacks* und *bugeyes*, wie die traditionellen Fischerboote heißen, sind

Der Hafen von Annapolis

längst eine kleine Minderheit gegenüber den Einmastern und Zweimastern, den Motorbooten und Katamaranen der Freizeitkapitäne.

Es ist nicht nur die Bay mit ihren unzähligen Verästelungen und der unberührten Natur, welche die Menschen aus den Großstädten im Norden und Westen anzieht, sondern die Stadt selbst mit ihrem historischen Kern, ihren alten Backsteinhäusern, von denen Thomas Jefferson einmal sagte, sie seien schöner als in jeder anderen amerikanischen Stadt. 155 000 Menschen leben heute in und um Annapolis, 34 000 in der Stadt selbst. 4,5 Mio. Touristen ließen 1988 mehr als 400 Mio. Dollar zurück, ein Grund, warum Annapolis sich ein Symphonieorchester, ein Opernensemble und drei Theater-

gruppen leisten kann. Washington und Baltimore sind eine Stunde entfernt, und viele, die am Wasser leben wollen, nehmen die Stunden im Pendelverkehr in Kauf.

Umweltbewußt sind die Stadt und ihre Bürger geworden, strikte Bauauflagen bewahren das Zentrum und begrenzen das Wachstum. Der besser verdienende Bevölkerungsanteil in Annapolis liegt deutlich über dem Durchschnitt der US-Städte, und rund die Hälfte aller Einwohner lebt direkt oder indirekt von der Bundes- oder Staatsregierung.

Der Entschluß, den historischen Stadtkern von Annapolis zu restaurieren, blieb nicht ohne Kritik. Häuserpreise schossen in die Höhe, und es ist überraschend zu hören, daß ein Drittel der Bevölkerung von Annapolis Schwarze sind, die, aus der Innenstadt ›heraussaniert‹, heute in öffentlich bezuschußten Wohnungen am Stadtrand leben.

Im Jahre 1649 flohen ein Dutzend Puritaner aus Virginia, wo sie ihrer Religion wegen verfolgt wurden, nach Maryland und siedelten an der Mündung des Severn River. Sie nannten die Stadt Anne Arundel Town nach der Frau des zweiten Lord Baltimore, des Eigentümers der Kolonie Maryland. 1695 wurde sie in Annapolis umgetauft, nach der Prinzessin und späteren Königin von England, ein Jahr nachdem Gouverneur Francis Nicholson die Hauptstadt der nun königlichen Kolonie von St Mary hierher verlegt hatte. Gerbereien und Werften waren die Industrien der jungen Stadt, die bald Künstler und Handwerker anzog.

Seinen politischen Höhepunkt erlebte Annapolis, als die wandernde Hauptstadt nach der Unabhängigkeit neun Monate lang hierher verlegt wurde. Eine Zeit, in der George Washington am 23.12.1783 als Oberkommandierender der Streitkräfte zurücktrat und damit die Unterordnung des Militärs unter die zivilen Gewalten der Nation begründete. Am 14. 1. 1784 wurden im State House, dem Parlamentsgebäude von Maryland, die Pariser Verträge ratifiziert und damit die Souveränität der USA endgültig besiegelt.

Als die Hauptstadt weiterzog und schließlich 1800 in den Anfängen von Washington landete, begann für Annapolis eine ruhigere Zeit, die bis nach dem Zweiten Weltkrieg dauerte. Gebäude verfielen, Annapolis war nur noch für zwei Dinge bekannt: Die 1845 gegründete Offiziers-

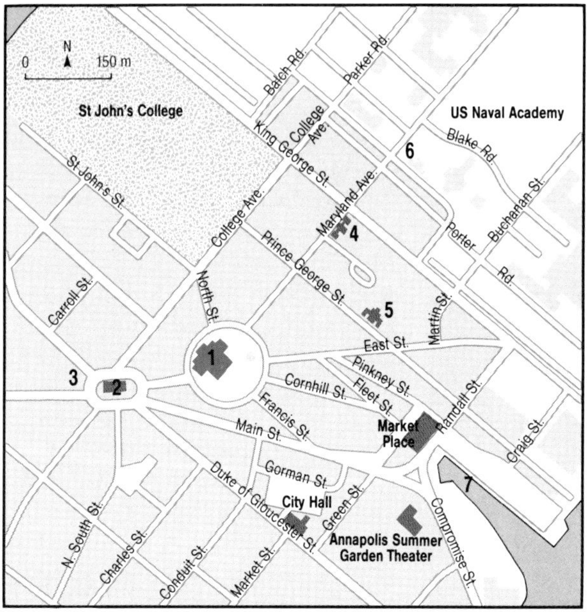

Annapolis
1 State House
2 St Anne's Church
3 Banneker-Douglass Museum of Afro-American Life and History
4 Hammond-Harwood House
5 William Paca House
6 Marine-Museum
7 City Dock

akademie der Marine sowie Austern und Krebse. Crabtown wurde die Stadt genannt und wäre es womöglich auch geblieben, hätte nicht in den 60er Jahren die Bürgergruppe Historic Annapolis Inc. die ersten erfolgreichen Kämpfe gegen Abriß und für Sanierung geführt, die den heutigen Charakter der Stadt bewirkten.

Gouverneur Francis Nicholson entwarf den Plan für Annapolis – ebenso wie später für Williamsburg – selbst. Ins Zentrum stellte er zwei Rondelle, eines am höchstgelegenen Punkt für das State House, das zweite unweit davon für die Kirche. Von den beiden Rondellen führen die Straßen fort und kreuzen sich in charmanter Unregelmäßigkeit. Ein Spaziergang – Annapolis ist eine Fußgängerstadt – durch die Duke of Gloucester St., Prince George St. und Maryland Ave. zeigt den Charakter der Stadt im 18. Jh.

Das **State House** ist das am längsten ununterbrochen genutzte Parlamentsgebäude der USA (1, geöffnet: 9–17 Uhr). Seitdem die Abgeordneten und Senatoren 1905 in einen Anbau umzogen, sind die alten Sitzungskammern zugänglich. Neben dem State House steht ein kleines Backsteingebäude, das früher das Schatzamt beherbergte. Dort ist heute das Tourbüro der Historic Annapolis Inc. untergebracht (✆ 301-267-8149).

Im zweiten Rondell, dem Church Circle, steht die **St Anne's Church** aus dem Jahre 1859 (2, geöffnet: tägl. 9–18 Uhr). Unweit des Church Circle ist in der alten Mount Moriah African Methodist Episcopal Church das **Banneker-Douglass Museum of Afro-American Life and History** untergebracht, das wechselnde Ausstellungen über das Leben der Schwarzen in den USA zeigt (3, ✆ 301–974–2893, geöffnet: Di–Fr 10–15, Sa 12–16 Uhr, vgl. S. 120). Banneker, der L'Enfant beim Entwurf der Hauptstadt unterstützte, schickte einen Plan zu Jefferson nach Paris. Im Begleitbrief mahnte er an, die Freiheiten der Unabhängigkeitserklärung seien für Schwarze nicht verwirklicht. Jefferson lobte in seinem Antwortbrief den Plan und überging die Mahnung mit Schweigen.

Das **Hammond-Harwood House,** 19 Maryland Ave., eines der schönsten Kolonialhäuser der USA, ist mit Möbeln aus dem ausgehenden 18. Jh. eingerichtet (4, ✆ 301–269–1714, geöffnet: im Sommer Di–Sa 10–17, So 14–17, im Winter Di–Sa 10–16, So 13–16 Uhr). William Buckland, der Architekt, zeichnete auch für den Innenausbau von Gunston Hall in Virginia verantwortlich (vgl. S. 207).

Einen der schönsten Gärten aus dem 18. Jh. besitzt das **William Paca House** an der Prince George St. (5, ✆ 301–267–6656, geöffnet: Di bis Sa 10–16 Uhr). Vom Eingang Nr. 3 an der Maryland Ave. sind Teile der **Marine-Akademie** zugänglich. Dazu gehören die mit ihrer Kuppel weithin sichtbare Kapelle ebenso wie ein **Marine-Museum** (6, ✆ 301–267–3363, geöffnet: tägl. 9–16.30 Uhr).

Einen Höhepunkt der neugefundenen Rolle als Touristenstadt und Seglermekka erlebt Annapolis jedes Jahr in den ersten beiden Oktoberwochen, wenn im **City Dock** (7) und dem Hafen die größte Segelboot- und Motorbootschau der USA stattfinden. Über diese wie andere Ereignisse in

Das State House in Annapolis

Das William Paca House

Annapolis informiert das Visitor Center (6 Dock St., ✆ 301-268-8687, geöffnet: tägl. 9–17 Uhr).

Chesapeake Bay

Bei einem Blick auf die Landkarte erscheint es, als würde der Staat Maryland aus seiner Mitte heraus aufgefressen. Da sitzt dieses enorme Wassermonster mit seinen in alle Richtungen tentakelnden Armen, nagt am Land und hat Maryland in zwei Hälften gespalten. Ein Drittel des Staates hat das Wasser schon verschluckt und jedes Jahr kommen 150 ha hinzu. Aber obwohl die Wassermassen der Chesapeake Bay an den Ufern nagen, ist die Bucht doch vielmehr Lebensspender als Feind, ja man kann sagen, sie ist das Herz von Maryland, und ohne den Pulsschlag der Bucht würde das Leben stillstehen (s. Farbabb. 29).

Grund zur Sorge besteht allerdings, denn der Puls der Bucht ist schwächer geworden. Die Chesapeake Bay, eine Anglisierung des Indianernamens Chesepiooc – die große Bucht, in der viele Fische mit harten Schalen schwimmen –, hat einen enormen Wassereinzugsbereich. Die Bucht ist ein ertrunkener Fluß – der Susquehanna River. Er hat seinen Lauf durch das heutige Maryland gebahnt, und als vor 18 000 Jahren die Gletscher der letzten Eiszeit schmolzen, füllten die Wassermassen das Tal zur Bucht aus. Die Chesapeake Bay ist das größte Mündungsgebiet am Atlantik.

48 Ströme und Flüsse entleeren sich in die Bucht, allen voran der Susquehanna, dessen Wassereinzugsgebiet bis weit in den Staat New York hineinreicht. Vom Westen fließen der Potomac, der Rappahannock und der James River mit ihrer Wasserlast, die aus den Bergen von Virginia und West Virginia kommt. Sie tragen nicht nur Sand und Sedimente in die Bay und lassen deren Wasserstand steigen, sie führen auch all die Gifte und Substanzen einer modernen Industriegesellschaft mit sich, und das hat die von Natur aus trüben Wasser der Bay sauer, überdüngt und rundweg ungesunder werden lassen.

Im Jahre 1940 lebten rund um die über 300 km lange und zwischen 7 und 35 km breite Bucht 3,7 Mio. Menschen; 1990 waren es über 13,5 Mio., Tendenz weiter steigend. Allein die von ihnen produzierten Abwassermengen zu entsorgen, ist eine teure Aufgabe. Der Bootsverkehr von Freizeitkapitänen produziert obendrein ungeklärte Abwässer einer Stadt von 50 000 Einwohnern – gar nicht zu reden von den Industrieabwässern aus mindestens drei Staaten.

Unter all den Belastungen hat das Leben der Bay, die nur 1% der eingeleiteten Giftstoffe in den Atlantik transportiert und 99% auf ihrem Grund ablagert, stark gelitten. Fangquoten für Austern, Krebse und Fische wurden eingeführt, die Fangzahlen für Austern und Krebse gingen seit 1960 um 50% zurück, für Barsche und andere Fische um 90%.

Im Jahre 1980 beschlossen die Anliegerstaaten Maryland und Virginia gemeinsam mit Pennsylvania einen Rettungsplan für die Bucht.

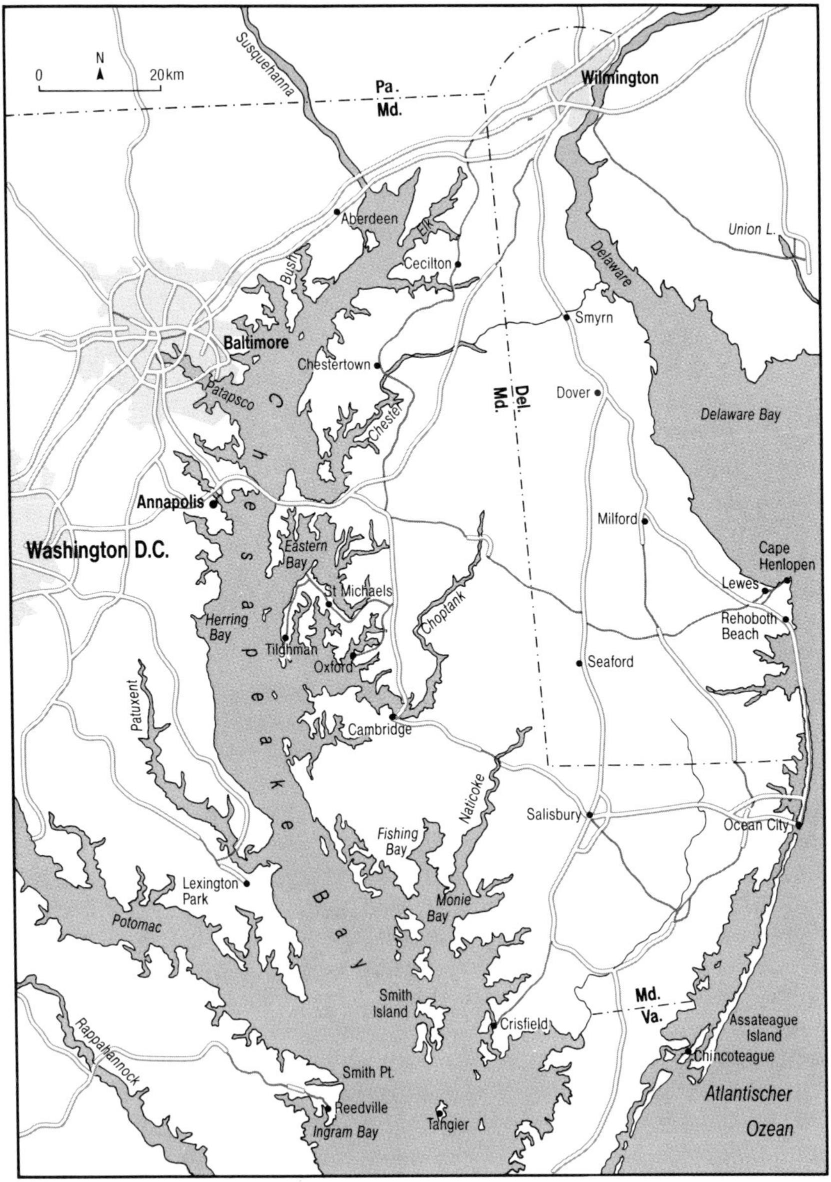

Chesapeake Bay und die Atlantikküste

Milliardensummen sind nötig, um allein den gegenwärtigen Zustand der Bay zu stabilisieren, geschweige denn, ihn zu verbessern. Hoffnungsvoll stimmt die Tatsache, daß das Umweltbewußtsein rund um die Bay stark gewachsen ist und ein öffentliches Bewußtsein schafft, in dem

Hilfe für die bedrohte Chesapeake Bay wahrscheinlicher wird.

Die Eastern Shore, die Ostküste der Bay, vermittelt einen Eindruck von dem ruhigeren Leben vergangener Zeiten entlang der Bay. Ein neuer Zuwandererstrom von Urlaubern und Wochenendhausbesitzern kam, da man seit 1952 über die Bay Bridge die Gestade dieser zwischen Bucht und Atlantik gelegenen Halbinsel erreichen kann. Die Chesapeake Bay Bridge, wie ihr vollständiger Name lautet, besteht aus zwei Brükken, die zu den längsten Eisenkonstruktionen der Welt gehören. 1952 und 1973 gebaut, schwingen sie sich zu respektabler Höhe auf, um den Hochseeschiffsverkehr nach Baltimore passieren zu lassen.

Am Ostufer angekommen, befindet man sich auf der Delmarva-Halbinsel, eine Abkürzung aus den drei Staaten Delaware, Maryland und Virginia, die sich in das Land teilen. Nach Norden führt die Route 301 vorbei an der Chestertown-Gegend, einem der ruhigsten und ursprünglichsten Teile der Eastern Shore. Entlang der Route 50 geht es nach Süden, vorbei an idyllischen kleinen Orten wie St Michaels und Oxford bis zu den modernen Städten Cambridge und Salisbury. Von Crisfield am Pocomoke Sound fahren Fähren zu den beiden bewohnten Inseln Smith Island und Tangier Island. Über die Route 404 oder Route 14 und Route 1 gelangt man geradewegs nach Osten an die Badestrände von Rehoboth and Ocean City.

Wer James Micheners »Die Bucht«, einen Roman über die Besiedlungsgeschichte der Chesapeake Bay, gelesen hat und eine typische Stadt der Eastern Shore sehen möchte, ist richtig in **Chestertown.** Die Stadt ist ein Juwel georgianischer Architektur, insbesondere entlang der Water St. Die privaten Häuser sind während der jährlichen Kent County House and Garden Tour Ende April sowie anläßlich der Candlelight Walking Tour am dritten Samstag im September zugänglich (Information ✆ 3 01-8 21-69 33). Jedes Jahr im Mai führt die Stadt ihre eigene Tea Party auf, die an die Zwangsentladung der Brigantine »Geddes« im Jahre 1774 erinnert (Information ✆ 3 01-7 78-29 36).

Dank eines der ältesten Colleges in Maryland, Washington College, hat Chestertown ein reiches kulturelles Leben. Den kostenlosen, von der

Die Chesapeake Bay Bridge

Handelskammer herausgebrachten Führer »Walking Tour of Old Chester Town« erhält man entweder im Chestertown News Stand, 207 1/2 High St. oder beim Maklerladen Cooper-Barroll, Ecke High und Court Sts.

Nördlich von Chestertown führt die landschaftlich sehr schöne Route 213 zum Sassafras River und zum Chesapeake and Delaware Canal, welcher die Bay mit der Delaware Bucht verbindet. Von dem kleinen Ort **Cecilton** führt die Route 282 nach Westen zur **Mount Harmon Plantation** (✆ 3 01–2 75–27 21 oder 88 19, geöffnet: im Sommer Di–Do 10–15, So 13–16 Uhr, im Winter nach Verabredung).

Über die Grenze nach Delaware hinüber und nördlich von Wilmington liegen die Baudenkmäler der DuPont-Familie, die einen Besuch wert sind. Dazu gehören die **Nemours Mansion and Gardens** an der Rockland Rd. zwischen Route 202 und 141, ein Louis XVI.-Schloß mit französischem Garten, das Alfred DuPont 1910 bauen ließ (✆ 3 02–6 51–69 12, zweistündige Touren werden Di–Sa um 9, 11, 13 und 15, So um 11, 13 und 15 Uhr angeboten) sowie das **Hagley Museum** und die **Eleutherian Mills** an der Route 141 mit dem Haus der DuPont-Familie und den Schießpulvermühlen, die das Vermögen begründeten (✆ 3 02–6 58–24 00, geöffnet: 9.30–16.30, Führung um 13.30 Uhr) und schließlich das **Winterthur Museum and Gardens** (✆ 1–8 00–4 48–38 83, geöffnet: Di–Sa 9–17, So 12–17 Uhr), ein hervorragendes Museum für amerikanische Möbel und Innenausstattung. Die Gärten zählen besonders während der Azaleenblüte zu den schönsten der USA.

Südlich der Bay Bridge gelangt man von der Route 50 über die Route 33 nach **St Michaels** und zur Tilghman Island. St Michaels ist bei allen Restaurierungen immer noch eine geschäftige kleine Stadt mit Fischerei geblieben. Die Werften der berühmten Baltimore Clipper aber gehören der Vergangenheit an. Das Chesapeake Bay Maritime Museum an der Mill St. hat eine ausgezeichnete Sammlung all der alten Schiffe und Boote, die hier gebaut wurden (✆ 3 01–7 45–29 16, geöffnet: im Sommer So–Fr 10–17, Sa 10–19 Uhr, im Winter tägl. 10–16 Uhr).

Unbedingt einen Besuch ist **Oxford** wert. Die Kleinstadt, in der die Zeit stehengeblieben ist, war einmal ein geschäftiger Tabakhafen. Südlich von

Salisbury zweigt die Route 413 nach **Crisfield** ab. Von den Piers der kleinen Hafenstadt legen täglich um 12.30 die Postboote zur 45minütigen Überfahrt nach Smith Island und Tangier Island ab. Im Sommer verkehren zudem Ausflugsboote, die am selben Tag wieder zurückfahren. Beide Inseln kann man auch von der Westseite der Bay erreichen (von Reedville nach Tangier Island und von Smith Point nach Smith Island) beide am Ufer des Northern Neck in Virginia. **Smith Island,** benannt nach Captain John Smith, der als erster Engländer die Bay hinaufsegelte, und **Tangier Island** sind flache Marschinseln, deren Bewohner vom Fischfang leben und wo man hervorragend Krebse essen kann.

In St Michaels

Die Atlantikküste

Falls es so etwas wie einen Hausstrand von Washington gibt, dann erstreckt er sich entlang der Atlantikküste von Delaware und Maryland von Rehoboth bis Ocean City. Kilometerlange Sandstrände auf zumeist der Küste vorgelagerten Inseln laden zum Bräunen und Bade ein. In drei Stunden (oder mehr, je nach Verkehr) kann man die Küste erreichen und zwischen recht verschiedenen, allerdings während der Sommermonate gleichermaßen überlaufenen Badeorten wählen. **Ocean City** mit viel Neon, jungen Leuten und Hochhäusern ist der Ort »where the action is«, wie ein Werbespruch lautet. **Rehoboth** ist eher für Familien mit Kindern geeignet.

Abseits des Massenbetriebs bieten sich andere Strände an, die zwar weniger Restaurants und Bars, aber auch weniger Besucher aufweisen. Nördlich von Rehoboth, nicht an der Straße nach Lewes, von wo die Fähre nach Cape May, New Jersey, ablegt, sondern weiter entlang dem Meer, erreicht man den Cape Henlopen State Park mit endlosen leeren weißen Sandstränden. Südlich von Ocean City führt die Route 611 zum **Assateague State Park** (sprich: Assatiek). Vom Besucherparkplatz läuft man in südlicher Richtung zu leeren Stränden.

Folgt man der Route 113 nach Süden bis über die Virginia State Line und dann der Route 175 nach

Osten, kommt man nach **Chincoteague** (sprich: Tschincotiek). Chincoteague ist nicht nur ein noch relativ unberührter Ort mit mehreren guten Bed and Breakfast Inns und kleinen Hotels, von dort kann man auch auf den südlichen Teil von Assateague weiterfahren. Geschützt vor baulicher Erschließung durch umliegende Naturschutzgebiete, ist hier noch eine reiche Vogelwelt zu beobachten, die Strände sind weit und menschenleer.

Am südlichen Ende der Delmarva-Halbinsel entstand von 1960 bis 1964 eine 28 km lange Brücken- und Tunnelkonstruktion, ein Meisterwerk der Ingenieurskunst, das in die Virginia Beach-Norfolk-Region hinüberführt. Den weitaus größten Teil des Wegs fährt man wenige Meter über dem Atlantik. Zwei Tunnel wurden gebaut, um den Schiffsverkehr in die Chesapeake Bay und zur größten Basis der US-Navy in Norfolk durchzulassen. Über den Chesapeake Bay Bridge-Tunnel gelangt man wieder auf das Festland von Virginia und kann entweder nordwestlich nach Williamsburg (vgl. S. 227f.) fahren oder weiter nach Süden zu den Outer Banks von North Carolina, einer vorgelagerten Inselkette mit endlosen breiten Stränden und kleinen Badeorten.

Alte Tankstelle bei St Michaels

Kartenverzeichnis

Praktische Reiseinformationen

Vor Reiseantritt

Information

Fremdenverkehrsamt der Vereinigten Staaten, Bethmannstr. 56, 6000 Frankfurt/M. 1, ✆ 9 69–29 52 11; zuständig auch für Österreich und die Schweiz

Diplomatische Vertretungen der USA

... in der Bundesrepublik Deutschland
Botschaft der USA
Deichmanns Aue 29
5300 Bonn 2, ✆ 02 28/33 91
Geöffnet: Mo–Fr 9–12 Uhr

... in Österreich
Botschaft der USA
Bolzmanngasse 16
A-1091 Wien IX, ✆ 01/31 55 11

Generalkonsulat der USA
Franz-Josef-Kai 1
A-5020 Salzburg, ✆ 06 62/4 64 61

... in der Schweiz
Amerikanische Botschaft
Jubiläumstraße 93
CH-3005 Bern, ✆ 0 31/43 70 11

Amerikanisches Generalkonsulat
Zollikerstraße 141
CH-8008 Zürich, ✆ 01/55 25 66

Klima und Reisezeit

Washington, auf demselben Breitengrad wie Nord-Sizilien gelegen, hat über das ganze Jahr gesehen recht extreme Klimaschwankungen. Die Sommermonate sind heiß und tropisch feucht. Das Thermometer kann auf über 40 °C klettern, die feuchte Hitze hängt bleischwer über dem Land. Dann hilft nur die Flucht an die Strände des Atlantik, wo milde Wassertemperaturen zum Bade einladen. Die Winter in der Region sind zwar zumeist mild, können aber über Wochen bitterkalt sein – eine Kälte, die durch die hohe Luftfeuchtigkeit oft noch verstärkt empfunden wird. Die Region erlebt jeden Winter mehrere heftige Schneestürme, die das Leben in den Städten für Tage weitgehend zum Erliegen bringen.

Die idealen Reisemonate für Washington und die umliegenden Staaten sind von April bis Mitte Juni und Ende Sept. bis Ende Nov. Die Nachttemperaturen sind niedrig, die Tagestemperaturen erreichen 15–25 °C. Im Frühjahr überzieht die Blüte von den Carolinas (im März) nach Norden hin das Land, im Herbst beginnt die Laubfärbung im September in den Bergen von Pennsylvania und erreicht im Oktober um Washington ihre schönsten Farben. Der *Indian Summer* mit milden Tagestemperaturen dauert in Washington oft bis Ende Nov.

Gesundheitsvorsorge

Für die Einreise in die USA sind keine besonderen Impfungen notwendig. Alles, was mit Krankheit in den USA zusammenhängt, ist relativ teuer. Es kann daher sinnvoll sein, für die Dauer des Aufenthalts eine zusätzliche Reisekrankenversicherung abzuschließen. Die Reiseapotheke mit einer Grundausrüstung zu versehen, sei ebenfalls angeraten, da Rezepte für Arzneimittel teuer sind. Ärztliche Behandlung muß in der Regel sofort bezahlt werden, eine Kreditkarte schützt vor unliebsamen Überraschungen.

Karten

Für Washington und die *Mid-Atlantic*-Staaten gibt es detailliertes Kartenmaterial. Rand McNally bietet Karten der Region der Einzelstaaten und Stadtpläne an. Ein Newcomer im Kartengeschäft mit neuen, präzisen Karten ist ADC (Alexandria Drawing Company).

Reisepapiere

Seit 1990 benötigen deutsche Staatsbürger kein Touristenvisum mehr für die Einreise in die USA. Den Bestimmungen nach reicht ein gültiger Reisepaß. Ohne Visum gilt es dann, im Flugzeug längere Formulare auszufüllen, und die Einreisekontrolle wird leicht zum langen und nervenden Frage- und Antwortspiel.

Falls genügend Zeit ist, sollte man deshalb weiter zu einem US-Konsulat oder der US-Botschaft mit Paßphoto und gültigem Paß gehen und die notwendigen Formulare für ein Touristenvisum ausfüllen. Es kann auch per Post beantragt werden. Touristenvisa werden kostenlos erteilt und können für beliebig viele Einreisen gelten. Wie lange die tatsächliche Aufenthaltsgenehmigung in den USA ist, entscheidet der Grenzbeamte bei der Einreise. In der Regel wird die gewünschte Aufenthaltszeit zugestanden. Zudem kann man die Aufenthaltszeit – wenn auch nur nach langwierigen Prozeduren – verlängern lassen, und zwar bei den Immigration Offices in den Hauptstädten der einzelnen Bundesstaaten. Dabei hilft es immer, einen gültigen Rückflugschein vorlegen und darstellen zu können, daß man über genügend Mittel für den Aufenthalt verfügt.

Zollbestimmungen

Auf vielen internationalen Flughäfen der USA stehen große Container für Waren wie etwa Gemüse, Obst, Fleisch und Pflanzen, die unter keinen Umständen eingeführt werden dürfen. Für Haustiere benötigt man amtsärztliche Zeugnisse (genaue Auskünfte beim Center for Disease Control, Public Health Service, Atlanta, Ga. 30 333). Zollfrei einführbar ist alles, was dem persönlichen Gebrauch während einer Reise dient sowie (nur einmal innerhalb von sechs Monaten) 1350 g Tabak (oder 50 Zigarren bzw. 200 Zigaretten); 1 l alkoholische Getränke; Geschenke bis zu einem Wert von 100 Dollar. Videogeräte müssen deklariert werden. Informationen über Zollformalitäten erteilen die Generalkonsulate oder U.S. Customs Service; P.O. Box 7118, Washington D.C. 20044, ✆ 202/566–8195

Anreise

... mit dem Flugzeug

Der Großraum Washington D.C. verfügt über drei Verkehrsflughäfen. Baltimore/Washington International Airport (BWI), in Maryland zwischen Baltimore und Washington gelegen, und Dulles International Airport in Virginia sind die beiden internationalen Flughäfen. Washington National Airport, in unmittelbarer Stadtnähe am Potomac gelegen, fertigt den Großteil der Inlandsflüge von und nach der Hauptstadt ab. Die Lufthansa fliegt täglich von Frankfurt nach Dulles. United Airlines und Pan Am bieten ebenfalls Direktflüge von Frankfurt nach Dulles an.

Vom La Guardia-Flughafen in New York fliegen Pan Am und Trump-Shuttle abwechselnd im 30 Minuten-Takt zum National Airport. Im Stundentakt verbindet der Zug Metroliner die Union Station in Washington mit Philadelphia und Manhattan. Busse der Greyhound/Trailways Gesellschaft fahren zur Station 1st und L St. N.E.; ✆ 202-565-2662 für Information und Fahrpreise.

Ankunft

Nach der Paß- und Zollkontrolle hilft mit ersten Informationen und bei Problemen Traveler's Aid; Hilfe steht rund um die Uhr auch unter ✆ 202-546-3120 bereit. Der International Visitors Information Service hat ebenfalls einen Schalter am Dulles-Flughafen und hilft mit Auskünften in deutscher Sprache unter ✆ 703-661-8747. IVIS-Stadtbüro mit 24stündigem Telefonservice: ✆ 202-783-6545.

Von Dulles erreicht man Washington entweder per Taxi (ca. 40 $) oder mit dem Bus (Washington Flyer). Der Downtown Express Bus (12 $) fährt alle 30 Min. bis 21.50 und um 23.00 Uhr zur Ecke K und 15th St. N.W. Weitere Busse verbinden Dulles mit der Metro (U-Bahn) in Falls Church oder mit Bethesda in Maryland. Eine weitere Linie verbindet Dulles mit dem National Airport. Der Flughafen von Baltimore ist durch einen Expreßbus mit dem National Airport verbunden (12 $). Washington Flyer bietet zudem Busverbindungen von großen Hotels in D.C., Northern Virginia und Southern Maryland an: ✆ 202-685-1400 oder 800-431-5472. Von Baltimore kann man die Union Station in Washington zwischen 10 und 21 Uhr per Zug erreichen (10 $); ✆ 800-USA-RAIL.

Am National Airport wird der Fahrgast zu den entsprechenden Taxis für D.C., Virginia oder Maryland gewiesen. Außerdem ist der National Airport an das Metro-Netz angeschlossen. Leihwagen sind an allen Flughäfen verfügbar. Mietwagen, Anschlußflüge in den USA, Eisenbahn- und Busfahrkarten bucht man zumeist billiger vor der Abreise in Europa.

Unterwegs in Washington

Metro

Die Metro, die U-Bahn von Washington, ist ein sicheres, sauberes und schnelles Verkehrsmittel, das die Hauptstadt gut erschließt. Wenn es ein Manko gibt, dann die mangelhafte Markierung der Metro-Eingänge. Die Metro-Linien sind durch Farben gekennzeichnet, alles, was man sich merken muß, um nicht verloren zu gehen, ist die richtige Farbe, die Endstation in der Richtung des eigenen Ziels und die Zielstation.

Am Eingang der Metro-Stationen kauft man aus Automaten einen Fahrschein, der, in einen markierten Schlitz gesteckt, den Zugang freigibt und am Ausgang den verbrauchten Tarif entwertet. Fahrkarten mit einem Restwert, der nicht mehr für eine Fahrt ausreicht, können an speziellen Automaten aufgewertet werden. Die Metro fährt Mo–Fr von 6 bis Mitternacht, Sa 8 bis Mitternacht, So von 10 Uhr bis Mitternacht. An Feiertagen gilt der Sonntagsfahrplan.

Während der Rush-hour von 6–9.30 und 15–18.30 Uhr gelten erhöhte Fahrpreise. Kinder unter fünf Jahren in Begleitung eines zahlenden Fahrgastes fahren umsonst. Das Metro-System wird ergänzt durch die Routen der Metro-Busse, die von den Metro-Stationen Stadtteile und Stationen anfah-

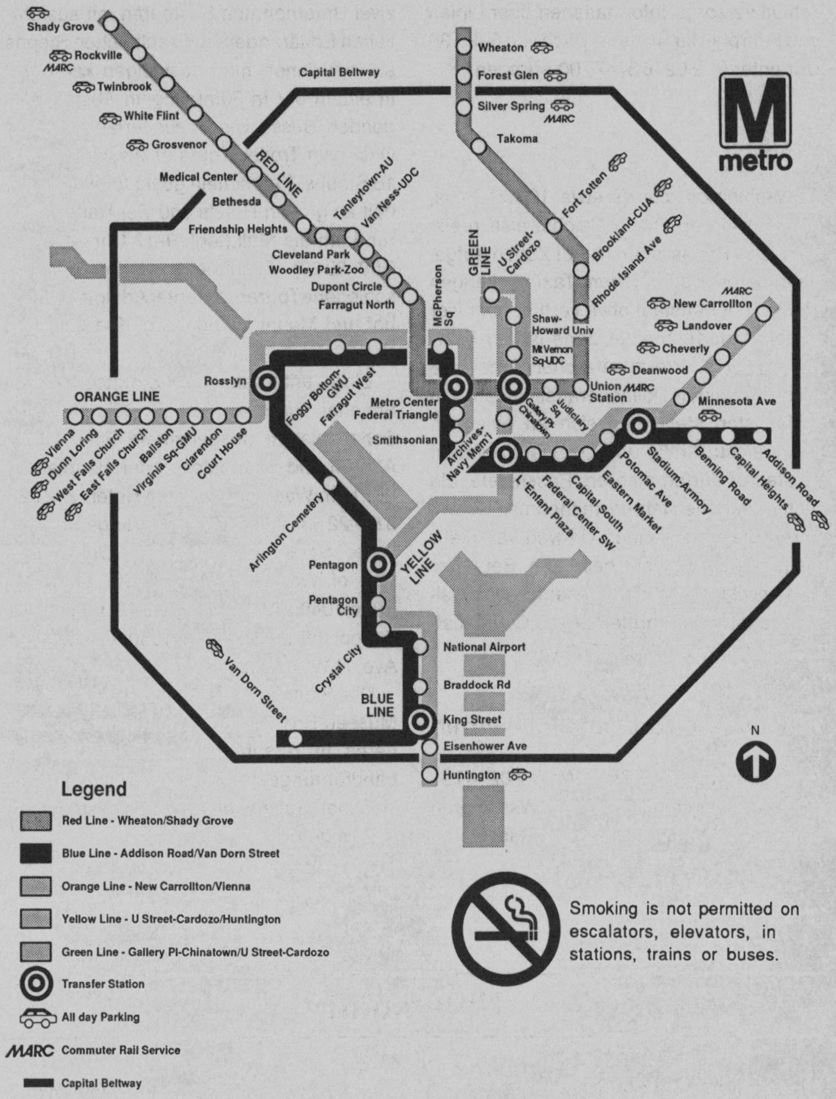

ren, welche die Züge nicht erreichen. Es werden die gleichen Fahrscheine benutzt. Das Metro-System ist für Behinderte im Rollstuhl durch Aufzüge und ebenerdigen Einstieg zugänglich. Ein Viertel aller Metro-Busse ist mit Lifts für Rollstühle ausgestattet.

Busse

Aus pleite gehenden Busfirmen formte die Stadt 1973 das Metrobus-System, das, wie der Name schon sagt, von und zu allen Metro-Stationen Anschluß bietet und mit 1600 Bussen Stadtteile ohne U-Bahnanschluß versorgt. Informationen über Linien und Fahrplan kann man täglich von 6–23.30 Uhr unter ✆ 202–637–7000 erfragen.

Taxis

In Washington gibt es etwa 10000 Taxis, und Taxifahren ist vergleichsweise preiswert. Das Preissystem ist auf Zonen aufgebaut, deren Plan in jedem Taxi aushängen muß. Die Innenstadt etwa verfügt über vier Zonen. Innerhalb einer Zone ist der Fahrpreis 2.50 $. Pro zusätzlicher Zone muß man rund einen Dollar veranschlagen. Am einfachsten stellt man sich an eine verkehrsreiche Straße und gibt Handzeichen. Taxifahrer dürfen mehrere Passagiere, die nicht zusammen fahren, mitnehmen, sofern deren Ziele nicht einen Umweg von mehr als fünf Häuserblocks bedeuten. Bei Ärger und Beschwerden im insgesamt zuverlässigen Taxi-Dienst anrufen bei: D.C. Taxicab Commission, ✆ 202–767–8370.

Führungen, Touren, Rundfahrten

Gray-Line 4th und E Sts S.W. ✆ 202–479–5900 veranstalten Touren um Washington und nach Mount Vernon. In der Stadt bieten zwei Unternehmen Bustouren mit ausführlichen Erklärungen und zahlreichen Stopps an, bei denen man aussteigen kann und in einem der in 30minütigem Abstand folgenden Busse wieder weiterfahren kann: Old Town Trolley Tours of Washington mit 16 Stopps, Fahrschein gültig für einen Tag, hält an großen Hotels und vier Haltestellen rund um die Mall (tägl. 9–17 Uhr, ✆ 202–269–3020). Tourmobile offeriert vier verschiedene Touren, darunter Arlington-Friedhof und Mount Vernon (tägl. 9–18.30 Uhr, ✆ 202–554–7950).

Eine unterhaltsame Stadttour bietet Scandal Tours an (vgl. S. 30), eine von Schauspielern ausgerichtete Fahrt durch Affären und Skandälchen der Hauptstadt, Start am Washington Hilton Hotel (✆ 202–387–2253). Touren mit Erklärungen in deutscher Sprache veranstalten Guide Service of Washington, 733 15th St. N.W., Suite 1040, ✆ 202–628–2842, und Berlitz School of Languages, 1050 Connecticut Ave. N.W. ✆ 202–331–1160.

Die Smithsonian Institution hält für die Museen Broschüren in deutscher Sprache bereit. Im Hirshhorn Museum gibt es Tonbandführungen auf deutsch und in der National Gallery of Art deutschsprachige Führungen.

Unterkunft

Unterkunft in Washington

Hunderte von Hotels halten in und um Washington mehr als 50000 Zimmer für Besucher bereit, und es scheint schier unmöglich, den Überblick zu behalten. Die Washington Convention and Visitors Association, 1212 New York Ave. N.W., Washington D.C. 20005, ✆ 202–789–7000, hilft mit einer Übersichtsbroschüre und Informationen. Die Hotel Association of Washington, P.O. Box 33578, Washington D.C. 20033, ✆ 202–833–3350, hält ebenfalls Übersichten bereit. Capital Reservations ist oft in der Lage, Zimmer mit erheblichen Nachlässen zu reservieren, ✆ 800-VISIT-DC. Bed and Breakfast sowie Inns in historischen Häusern sind eine meist gemütliche Alternative zu Hotels. Bei Reservierungen helfen Bed'n'Breakfast Ltd., P.O. Box 12011, Washington D.C. 20005, ✆ 202-328-3510 und The Bed & Breakfast League Ltd., 3639 Van Ness St. N.W., Washington D.C. 20008, ✆ 202-363-7767. Beide geben auch Hinweise auf Inns in der Umgebung der Hauptstadt. In den Großstädten bieten die großen und teuren Hotels am Wochenende Spezialtarife an, die oft auch Luxushotels erschwinglich machen.

Über 150 $ pro Nacht

Willard InterContinental Hotel, 1401 Pennsylvania Ave. N.W., Washington D.C. 20004, ✆ 202-628-9100, 800-327-0200

Watergate Hotel, 2650 Virginia Ave. N.W., Washington D.C. 20037, ✆ 202-965-2300, 800-424-2736

Hay Adamas Hotel, 1 Lafayette Square, Washington D.C. 20006, ✆ 202-638-6600, 800-424-5054

Georgetown Inn, 1310 Wisconsin Ave. N.W., Washington D.C. 20007, ✆ 202-333-8900, 800-424-2979

Sheraton Carlton, 923 16th St. N.W., Washington D.C. 20006, ✆ 202-638-2626, 800-325-3535

100–150 $ pro Nacht

Georgetown Dutch Inn, 1075 Thomas Jefferson St. N.W., Washington D.C. 20007, ✆ 202-337-0900

Ramada Renaissance Hotel, 1143 New Hampshire Ave. N.W., Washington D.C. 20037, ✆ 202-775-0800

DuPont Plaza Hotel, 1500 New Hampshire Ave. N.W., Washington D.C. 20036, ✆ 202-483-6000, 800-421-6662

Hotel Tabard Inn, 1739 N St. N.W., Washington D.C. 20036, ✆ 202-785-1277

Waterfront Villas, 600 Water St. S.W., Washington D.C. 20036, ✆ 202-554-1250; einige wenige Hausboote entlang dem Hafen; frühzeitig buchen: 1100 6th St. S.W., Suite 500, Washington D.C. 20024.

Unter 100 $

Best Western Center City, 1201 13th St. N.W., Washington D.C. 20005, ✆ 202-682-5300

The Carlyle Suites, 1731 New Hampshire Ave. N.W., Washington D.C. 20009, ✆ 202-234-3200

Connecticut Woodley, 2647 Woodley Ave. N.W., Washington D.C. 20008, ✆ 202-667-0218

University Inn, 2134 G St. N.W., Washington D.C. 20037, ✆ 202-342-8020

International Youth Hostel, 1009 11th St. N.W., Washington D.C. 20001, ✆ 202-737-2333

Unterkunft in Virginia

Abington

Martha Washington Inn, 150 W. Main St., Abington, Va. 24210, ✆ 703-628-3161; 70–140 $

Charlottesville

Reservierungen für die zahlreichen Inns in und um Charlottesville macht der Guesthouse Bed and Breakfast Information Service P.O. Box 5737, Charlottesville, Va. 22905, ✆ 804-979-7264

Auskunft auch im Visitors Center, Virginia Route 20 und Autobahn I-64, ✆ 804-977-1783

Courtyard by Marriott, an der US 29 eine gute Meile nördlich des Bypass US 250, 638 Hillsdale Dr., Charlottesville, Va. 22901, ✆ 804-973-7100; zwischen 70 und 80 $

Prospect Hill, Ausfahrt 27 der Autobahn I-64; an Zion Crossroads auf der Route 250 nach Osten bis zur Route 613, 3 Meilen bis Prospect Hill, Trevillians, Va. 23170, ✆ 703-967-0844; ausgezeichneter Inn mit hervorragender Küche eine halbe Autostunde östlich von Charlottesville, 120–200 $

Chincoteague

Island Motor Inn, 711 N. Main St., Chincoteague, Va. 23336, ✆ 804-336-3141; 70–100 $

Channel Bass Inn, 100 Church St., Chincoteague, Va. 23336, ✆ 804-336-6148; 100–150 $

Lexington
Ramada Inn Lexington, Ausfahrt 53 an Autobahn I-81, nahe US 11, P.O. Box 703, Lexington, Va. 24450, ✆ 703-463-6666; 38–50 $

Richmond
Courtyard by Marriott, Ausfahrt 38 oder 38B von I-64, 6400 W. Broad St., ✆ 804-282-1881; 56–70 $
Hyatt Richmond, Ausfahrt 38 oder 38B von I-64, 6624 W. Broad St., ✆ 804-285-1234; 79–120 $

Shenandoah National Park
Skyline Lodge, 10 Meilen südlich US 211 am Skyline Drive, P.O. Box 727, Luray, Va. 22835, ✆ 703-999-2211; 50–70 $, geschlossen vom 15.12. bis 30.3.

Virginia Beach
Cavalier Hotels, Oceanfront and 42nd St., P.O. Box 885, Virginia Beach, Va. 23451, ✆ 804-425-8555; 50–150 $
Colonial Inn, 2809 Atlantic Ave., Virginia Beach, Va. 23451, ✆ 804-428-5370; 40–110 $

Washington
Inn at Little Washington, nahe Route 211 und Skyline Drive, P.O. Box 300, Washington, Va. 22747, ✆ 703-675-3800; 160–240 $

Williamsburg
Holiday Inn Patriot, 3032 Richmond Rd., Williamsburg, Va. 23185, ✆ 804-565-2600; 40–90 $
Williamsburg Inn, P.O. Box B, Williamsburg, Va. 23187, ✆ 804-229-1000, 800-446-8956; Zimmer auch in über 20 restaurierten Häusern in Colonial Williamsburg, 185–225 $
Williamsburg Lodge, P.O. Box B, Williamsburg, Va. 23187, ✆ 804-229-1000 oder 800-446-8956; 75–165 $

Unterkunft in Maryland

Annapolis
Courtyard by Marriott, nahe Kreuzung US-50 und State Route 450, 2559 Riva Rd. Annapolis, Md. 21401 ✆ 301-266-1555; 64–74 $
Governor Calvert House, 58 State Circle, Annapolis, Md. 21401, ✆ 301-263-2461; historischer Inn, 118–155 $

Baltimore
Stouffer's Harborplace, 202 E. Pratt St., Baltimore, Md. 21202, ✆ 301-547-1200 oder 800-468-3571; 100–210 $
Shirley Madison Inn, 205 W. Madison St., Baltimore, Md. 21201, ✆ 301-728-6550

Ocean City
Best Western Flagship, 26th St. und Boardwalk, Ocean City, Md. 21842, ✆ 301-289-3384; 50–150 $
Seabonay Motel, 28th St. und Boardwalk Ocean City, Md. 21842, ✆ 301-289-9194; 30–95 $

Oxford
Robert Morris Inn, P.O. Box 70, Oxford, Md. 21654, ✆ 301-226-5111; 90–140 $

Unterkunft in West Virginia

Harpers Ferry
Hilltop House, Ridge St., Harpers Ferry, W. Va., 25425, ✆ 304-535-6321
Spanglor Manor, 55 High St., Harpers Ferry, W. Va. 25425, ✆ 304-535-2330

Shepherdstown
Bavarian Inn and Lodge, Shepherdstown, W. Va. 25443, ✆ 304-876-2551

Unterkunft in Pennsylvania

Philadelphia
The Barclay, Rittenhouse Square East, Philadelphia, Pa. 19103, ✆ 215-545-0300; über 150 $

Four Seasons, 1 Logan Square, Philadelphia, Pa. 19103, ✆ 215-963-1500; über 150 $
Society Hill Hotel, 3rd und Chestnut Sts, Philadelphia, Pa. 19106, ✆ 215-925-1919; ab 80 $
Comfort Inn at Penn's Landing, 100 N. Delaware Ave., Philadelphia, Pa. 19106, ✆ 215-627-7900; ab 90 $
Eine sehr gemütliche Bed and Breakfast-Unterkunft in historischem Haus am Independence National Historic Park ist The Thomas Bond House, 129 S. 2nd St., Philadelphia Pa. 19106, ✆ 215-923-8523; ab 80 $

Gettysburg
Eine umfangreiche Liste von Hotels und Inns versendet: Gettysburg Travel Council Dept. 91, 35 Carlisle St., Gettysburg, Pa. 17325, ✆ 717-334-6274

Gettysburg Travelodge, 10 E. Lincoln Ave., Gettysburg, Pa. 17325, ✆ 717-334-6235
Bed and Breakfast Inns: The Old Applefort Inn, 218 Carlisle St., Gettysburg, Pa. 17325, ✆ 717-337-1711

Brafferton Inn, 44-46 York St., Gettysburg, Pa. 17325, ✆ 717-337-3423

Essen und Trinken

Restaurants

Washington mit seinen Restaurants internationaler Küche und regionaler Kochkunst bietet Besuchern eine schier endlose Auswahl an Speisen und Getränken. Washington hat keine lokale Küche, sondern repräsentiert vielmehr auch in Speis' und Trank die Botschaften der Welt und die Abgeordneten aus allen Staaten der USA. Noch vor 15 Jahren war Washington als kulinarische Wüste bekannt. Aber diese Zeiten sind lange vorbei, und 1990 waren die Restaurants der Hauptstadt selbst den Kritikern der »New York Times« anerkennende Worte wert.

Bei allen Restaurants, sei es in Washington oder außerhalb, empfiehlt es sich, unbedingt vorher anzurufen. Öffnungszeiten variieren und Tischreservierungen sind oft notwendig. Die Chesapeake Bay, berühmt für Austern und Muscheln, sorgt mit Krebsen für Köstlichkeit auf dem Tisch. Dabei mag die Soft Shell Crab, die in einem mit ihrer hauchdünnen Schale zubereitet wird, nicht jedermanns Geschmack sein. Crabcakes aber und Crab Imperial sind allgemein beliebt. Zahllose Restaurants entlang der Bay, in Annapolis und beispielsweise Ernie's Original Crab House (1623 Fern St., Alexandria, Va., ✆ 703-836-1623) kochen die Krebse der Bay in einem salzigen Sud. Man bestellt sie im halben Dutzend (pro Person) möglichst groß, um für die bevorstehende Arbeit belohnt zu werden. Bald wird die Ladung Krebse auf die Papiertischdecke des Tisches geschüttet, und mit Hilfe eines kleinen Holzhammers und eines Messers geht's los. Lassen Sie sich ruhig zeigen, wie man die Krebse am besten zerlegt. Und ziehen Sie keine gute Kleidung an, denn beim Krebsessen geht es robust zu. Eine weitere Adresse in Washington ist The Dancing Crab, 4611 Wisconsin Ave. N.W., ✆ 202-244-1882. Es empfiehlt sich immer, vorher anzurufen und eine Zahl von Extra Jumbo Crabs vorzubestellen. Saison ist von Mitte Mai bis Mitte Sept.

Eine Renaissance hat in den letzten Jahren in den USA der Diner erlebt. In den

Restaurants, meist aus Chrom und Glas, wird vor den Augen der Gäste gekocht. Man sitzt entweder an einer langen Theke oder in Viererabteilen und kann, in Nostalgie verloren, »Wake up little Susie« hören und mitsingen. Wurde einst im Diner nur nach Mutterns Rezepten gekocht, so gibt es heute auch Diner mit französischer Küche. Der echte Diner aber bleibt der hausbackenen US-Küche und dickflüssigen Shakes treu:

American City Diner, 5532 Connecticut Ave. N.W. ✆ 202-244-1949
Silver Diner, 11806 Rockville Pike, Rockville, Md., ✆ 301-770-2828
Bethesda Tastee Diner, 7731 Woodmont Ave., Bethesda, Md., ✆ 301-652-3970
Bob and Edith's Diner, 2310 Columbia Pike, Arlington, Va., ✆ 703-920-6103

Amerikanische Küche
Adirondacks, Union Station, 50 Massachusetts Ave. N.E., ✆ 202-682-1840; in den ehemaligen Empfangsräumen des Präsidenten – sehr teuer
Morton's of Chicago, 3251 Prospect St. N.W., ✆ 202-342-6258; für Steak-Freunde, sehr teuer
The Prime Rib, 2020 K St. N.W., ✆ 202-466-8811; nomen est omen, teuer
Sam & Harry's, 1200 19th St. N.W., ✆ 202-296-4333; Steaks, teuer
Old Ebbitt Grill, 675 15th St. N.W., ✆ 202-347-4800; eines der traditionsreichsten Restaurants der Hauptstadt, teuer bis moderat
Tabard Inn, 1739 N St. N.W., ✆ 202-833-2668; im Sommer wird in einem Innenhof serviert, teuer bis moderat
City Cafe, 2213 M St. N.W., ✆ 202-797-4860; moderat
New Orleans Cafe, 1790 Columbia Rd. N.W., ✆ 202-234-5111; preiswert
Whitey's Restaurant, 2761 N. Washington Blvd., Arlington, Va., ✆ 703-528-9825; sehr amerikanisch, preiswert

Tex-Mex
Austin Grill, 2404 Wisconsin Ave. N.W., ✆ 202-337-8080; preiswert
Red, Hot & Blue, 1600 Wilson Blvd., Arlington, Va., ✆ 703-276-7427; Ribs und Zwiebelringe, preiswert bis moderat
Rio Grande Cafe, 4919 Fairmont Ave., Bethesda, Md., ✆ 301-656-2981; preiswert
Hard Times Cafe, 1404 King St., Alexandria, Va., ✆ 703-683-5340; das Original und 3028 Wilson Blvd., Arlington, Va., ✆ 703-528-2233; Chili, preiswert

Fisch
Sea Catch, 1054 31st St. N.W., ✆ 202-337-8855; im Sommer Terrasse am C & O Canal, teuer bis moderat
The Daily Catch, 1118 King St., Alexandria, Va., ✆ 703-638-4989; teuer bis moderat
Crisfield, 8012 Georgia Ave., Silver Spring, Md., ✆ 301-589-1306; moderat
Tony & Joe's Seafood Place, 3000 K St. N.W., im Washington Harbour-Komplex, ✆ 202-944-4545

Französische Küche
Jean Louis, 2650 Virginia Ave. N.W., ✆ 202-298-4488; sehr teuer
La Chaumiere, 2813 M St. N.W., ✆ 202-338-1784; teuer
La Colline, 400 N. Capitol St. N.W., ✆ 202-737-0400; teuer
L'Auberge Chez François, 332 Springvale Rd., Great Falls, Va., ✆ 703-759-3800; teuer; ist den kleinen Ausflug unbedingt wert, meist lange im voraus ausgebucht, deshalb frühzeitig reservieren
Le Gaulois, 1106 King St., Alexandria, Va., ✆ 703-739-9494; moderat

Italienische Küche
Galileo, 1110 21st St. N.W., ✆ 202-293-7191; hervorragend, sehr teuer
I Ricchi, 1220 19th St. N.W., ✆ 202-835-0459; teuer

Primi Piatti, 2013 I St. N.W., ✆ 202-223-3600; teuer bis moderat
I Matti, 2436 18th St. N.W., ✆ 202-462-8844; moderat

Chinesische Küche
China Inn, 631 H St. N.W., ✆ 202-842-0909; preiswert
Fortune, 5900 Leesburg Pike, Falls Church, Va., ✆ 703-998-8888; preiswert

Japanische Küche
Sushi Ko, 2309 Wisconsin Ave. N.W., ✆ 202-333-4187; moderat
Japan Inn, 1715 Wisconsin Ave. N.W., ✆ 202-337-3400

Orientalische Küche
Bombay Club, 815 Connecticut Ave. N.W., ✆ 202-659-3727; indisch, teuer bis moderat
Aditi, 3299 M St. N.W., ✆ 202-625-6825; indisch, preiswert
Bacchus, 1827 Jefferson Pl. N.W., ✆ 202-785-0734; libanesisch, preiswert
Dar Es Salam, 3056 M St. N.W., ✆ 202-342-1925; marokkanisch, teuer
Duangrat's, 5878 Leesburg Pike, Baileys Crossroads, Va., ✆ 703-578-0622; thailändisch, moderat
Meskerem, 2434 18th St. N.W., ✆ 202-462-4100; äthiopisch, preiswert
Queen Bee, 3181 Wilson Blvd., Arlington, Va., ✆ 703-527-3444; vietnamesisch, preiswert

Vegetarische Küche
Mandurai, 3318 M St. N.W., ✆ 202-333-0997; preiswert

Lateinamerikanische Küche
Las Pampas, 3291 M St. N.W., ✆ 202-333-5151; moderat
El Caribe, 1828 Columbia Rd. N.W., ✆ 202-234-6969; moderat, ein zweites Restaurant 3288 M St. N.W., ✆ 202-338-3121
Lauriol Plaza, 1801 18th St. N.W., ✆ 202-387-0035; moderat

Ausgewählte Restaurants in Virginia
Abington: First Lady's Table, 150 W. Main St., ✆ 703-628-3161; südstaatliche Gastfreundschaft und Küche, moderat bis teuer
Basye: Sky Chalet Country Inn, westlich von Basye neben Route 263, ✆ 703-856-2147; gute Küche in abseits gelegenem Inn, teuer
Danville: Baron's Restaurant, 671 Woodlawn Dr., ✆ 804-822-0120; moderat bis teuer
Charlottesville: Old Mill Room, im Boars Head Inn an der Route 250, 1 Meile westlich der Kreuzung 250 mit US 29, ✆ 804-296-2181; Kolonialatmosphäre mit alter Mühle, moderat bis teuer
Le Snail Restaurant, 320 W. Main St., ✆ 804-295-4456; moderat bis teuer
Chincoteague: Channel Bass Inn, 100 Church St., ✆ 804-336-6148; Country Inn mit ausgezeichnetem Restaurant, moderat bis sehr teuer
Fredericksburg: La Petite Auberge, 311 William St., ✆ 703-371-2727; historisches Restaurant, moderat bis teuer
Irvington: Cap'n B's, im Tides Inn südlich von Irvington an der Route 200, ✆ 804-438-5000; teuer
Leesburg: Laurel Brigade Inn, 20 W. Market St., ✆ 703-777-1010; moderat bis teuer
Lexington: Willson Walker House, 30 N. Main St., ✆ 703-463-3020; im Sommer wird auf der Terrasse serviert
Middleburg: Red Fox Inn and Tavern, 2 E. Washington St., ✆ 703-687-6301; historisches Restaurant, moderat bis teuer
Richmond: Sam Miller's Warehouse, 1210 E. Cary St., ✆ 804-643-1301; Austern und Steaks; moderat bis teuer
The Tobacco Company Restaurant, 1201 E. Cary St., ✆ 804-782-9555; moderat bis teuer

Virginia Beach: The Lighthouse, Rudee Inlet an 1st St. und Atlantic Ave., ✆ 804-428-7974; Fisch und Hummer, moderat bis teuer
Washington: The Inn at Little Washington, ✆ 703-675-3800; besonders schöner und gepflegter Inn am Fuße der Blue Ridge Berge, exzellentes Restaurant, sehr teuer
Williamsburg: King's Arms Tavern, Duke St. nahe Gloucester im historischen Bezirk, ✆ 804-229-1000; Essen in kolonialer Atmosphäre, moderat bis teuer
Regency Dining Room im Williamsburg Inn, Francis St., ✆ 804-229-1000, sehr elegant und teuer
The Trellis, Merchant Square, ✆ 804-229-8610; gute abwechslungsreiche Speisekarte, teuer bis moderat
Wytheville: The Log House Restaurant, 520 E. Main St. (Route 11), ✆ 703-228-5488; Steaks und Atmosphäre des 18. Jh., moderat

Ausgewählte Restaurants in Maryland
Annapolis: Harbour House, 87 Prince George St. am City Dock, ✆ 301-268-0771; Fisch und Blick auf den Hafen, moderat bis teuer
The Treaty of Paris, im Maryland Inn, 16 Church Circle, ✆ 301-263-2641; gute Küche in historischem Restaurant
Baltimore: Brass Elefant, 924 N. Charles St., ✆ 301-547-8480; italienische Küche in einem Stadthaus aus dem 18. Jh., teuer
Chart House, 601 E. Pratt St., ✆ 301-539-6616; sehr guter Blick auf den Hafen, teuer
Gunnings Crab House, 3901 S. Hanover St., ✆ 301-354-0085; traditionelle Krebs-Gerichte, preiswert
Louie's Bookstore and Cafe, 518 N. Charles St., ✆ 301-962-1224; gute Salate, preiswert
Frederick: The Turning Point Inn, 3406 Urbana Pike, ✆ 301-831-8232; Inn-Atmosphäre und gute Küche, moderat bis teuer
Ocean City: Frager's Island, 60th St. im Coconut Malorie Hotel, ✆ 301-524-5500; schöne Sonnenuntergänge kann man von der Terrasse beobachten, moderat bis teuer
Harrison's Harbour Watch, am Ende des Boardwalk am Inlet Village, ✆ 301-289-5121; Fisch und Ausblick auf die Buchtdurchfahrt, moderat
Oxford: Robert Morris Inn, On the Tred Avon, ✆ 301-226-5111; historischer Inn in einem der schönsten Orte an der Bay; moderat bis teuer
St Michaels: Longfellow's Restaurant on the Harbour, 125 Mulberry St. am Hafen, ✆ 301-745-2624; moderat
The Inn at Perry Cabin, 0,5 Meilen westl. von St Michaels nahe State Route 33 an Watkins Lane, ✆ 301-745-5178; teuer

Kultur und Unterhaltung

Kino

Washington hat nach wie vor einige Kinos, die die Bezeichnung Lichtspieltheater verdienen. Zahlreiche neue Anlagen, die neun und mehr Kinos beherbergen, sind ebenfalls hervorragend. Einige ältere Multi-Theater, wie das K-B Janus 3 am DuPont Circle und das K-B Cerberus/Foundry in Georgetown, haben leider Minitheater mit größeren Fernsehschirmen. Ausgezeichnete Kinos im District sind das Uptown, 2436 Connecticut Ave., das K-B Fine Arts 1919 M St. N.W. oder die neuen Kinos in der Union Station.

Eine Kino-Besonderheit von Washington ist das American Film Institute Theater im

Kennedy Center, ✆ 202-785-4600. AFI zeigt Retrospektiven über Regisseure, Stars oder unterschiedliche Genres; Vorstellungen zwischen 17 und 18 Uhr sowie 20 und 21 Uhr. Einziger Nachteil: Die Filme wechseln jeden Tag. Ein weiteres Programmkino mit ausgefallenen und fast vergessenen Filmen ist das Biograph, 2819 M St. N.W. Wer im Kino gerne essen, trinken und rauchen möchte, der geht in die Cinema'N'Drafthouses in Bethesda, 7719 Wisconsin Ave., ✆ 301-656-3337 und Arlington, 2903 Columbia Pike, ✆ 703-486-2345. Anfangszeiten für Filme haben in den USA eine Bedeutung! Es gibt keine Werbung, lediglich ein, zwei Vorschauen, und los geht's.

Nachtleben

New Yorker behaupten, das Nachtleben in Washington erschöpfe sich in der Beleuchtung des Kapitols. Das Nachtleben der Hauptstadt hat jedoch in den vergangenen zehn Jahren eine Renaissance erlebt und bietet etwas für jeden Geschmack – von Bluegrass und Swing bis Punk und Blues: The Beat goes on! Aktuelle Hinweise enthalten die Veranstaltungsbeilage der »Washington Post« am Freitag oder die Wochenzeitung »City Paper«.

Konzerthallen

Capital Center, Route 202 in Landover, Md., ✆ 301-350-3400, und Robert F. Kennedy Stadium (RFK), E. Capitol St., ✆ 202-546-3337, mit 20000 und 50000 Plätzen

Wolf Trap in Vienna an der Dulles Toll Rd., ✆ 703-255-1860, ist eine der schönsten Konzerthallen an der Ostküste. Von Aufführungen des Bolschoi-Theaters über Opern und Broadway-Stücke bis Country wird eine breite Palette angeboten. Wolf Trap liegt halb unter freiem Himmel. Der bestuhlte Teil ist überdacht, dahinter erstrecken sich ansteigend weite Wiesen, auf denen man der Vorstellung folgt, dabei sein Gläschen Wein trinkt und vorher ein Picknick genießt.

In der Anlage ähnlich wie Wolf Trap, aber auf Rock-Konzerte spezialisiert und einfacher gehalten, ist der Merryweather Post Pavillon an der Route 29 in Columbia, Md., ✆ 301-982-1800.

Downtown sind das Warner Theater, 513 13th St. N.W., ✆ 202-626-1050, und Constitution Hall, 18th and D Sts, ✆ 202-638-2661, die beiden populärsten Konzerthallen.

Cartor Barron an der Colorado Ave. nahe 16th St. N.W., ✆ 202-426-6943, ist ein Open-air-Amphitheater, in dem an warmen Wochenenden vor allem Soul, Funk, Jazz und Rhythm & Blues gespielt wird.

Rock und Hitparade

Eine Institution in Georgetown ist das Bayou an der K St., ✆ 202-333-2897, einer der größten Live-Musik-Klubs, der hoffnungsvolle Anfänger, Kultgruppen und örtliche Favoriten präsentiert.

Studentenpublikum trifft man in Dylan's Cafe an der Prospect St. nahe Wisconsin Ave., ✆ 202-337-0593. Downtown boomt die Musikszene zwischen 7th und 9th St. sowie E und F Sts. Dazu gehören der 9.30 Club mit New York club noir-Stil, 930 F St. N.W., ✆ 202-393-0930; d.c.space an 7th und E Sts, der sich von einem normalen Restaurant am Mittag zu einem der progressivsten Klubs am Abend entwickelt, ✆ 202-347-4960; Hard Rock Café, auch »the embassy of Rock'n'Roll« genannt, 999 E St. N.W., ✆ 202-737-7625. An der 18th St. nahe M St. liegt das Roxy, ✆ 202-296-9292.

In Adams Morgan werden Reggae und exotische Speisekarte im Kilimanjaro, 1724 California St. N.W., ✆ 202-328-3838, und im New Beat Club, 1725 Columbia Rd. N.W., ✆ 202-332-2211 geboten. In Arlington bringt Quincy's, 5444 Columbia Pike, ✆ 703-671-2774, lokale und nationale Gruppen und verwandelt sich am Sonntagabend in einen Swing-Tanzboden mit kostenlosem Unterricht. Als der ›größte Nachtklub an der Ostküste‹ wirbt der wahrhaft gigantische Klub Hammerjack's nahe dem Inner Harbour von Baltimore an der S. Howard St., ✆ 301-752-3302.

Jazz
Einer der ältesten und bekanntesten Jazz-Klubs von Washington ist Blues Alley in einer winzigen Seitenstraße nahe Wisconsin Ave. und M St. N.W., ✆ 202-337-4141. Zu Blues Alley gehört auch der beste Jazz-Klub in Baltimore, Ethel's Place, 1225 Cathedral St., ✆ 301-837-2288. Kleiner und informeller ist die Jazz-Bar One Step Down, 2517 Pennsylvania Ave. N.W., ✆ 202-331-8863. In Takoma Park, 6914 4th St. N.W. findet man Takoma Station, ✆ 202-829-1999, eine Kneipe mit Fried Chicken, Guinness vom Faß und Musikern, die keinen Wert auf große Ankündigungen legen.

Entlang der Georgia Ave. knüpfen einige Jazz-Klubs an die goldene Zeit des Jazz in Washington in den 40er Jahren an. Dazu gehören Eugertha's, 6817 Georgia Ave. N.W., ✆ 202-291-1991, tägl. Musik, Mo Musikertreff, Chaconia Lounge, 52176 Georgia Ave., ✆ 202-829-4313, und Ibex, 5832 Georgia Ave., ✆ 202-726-1800, sind Klubs, die im gleichen Gebäude auch eine Disko eingerichtet haben. Jimmy McPhail's Gold Room, 1122 Bladensburg Rd. N.E., ✆ 202-399-1444, veranstaltet mittwochs einen Workshop für jüngere Musiker.

In Alexandria mixt Wharf ein wenig Rhythm & Blues in das Programm, 119 King St., ✆ 703-836-2834, und einen Block weiter, 219 King St., wird in der 219 basis St. Lounge progressiver Jazz und Jazz-Rock gespielt, ✆ 703-549-1141.

Regional bekannt und beliebt ist in Annapolis die King of France Tavern im Maryland Inn, 16 Church Circle, ✆ 301-263-2641.

Country und Folk
Bluegrass und Folkmusic sind Trumpf im Birchmere, 3901 Mt Vernon Ave., Alexandria, Va., ✆ 703-549-5919; Swing, Two Step und Waltz im Country Junction, 11410 Rockville Pike, Rockville, Md., ✆ 301-231-5761.

Rock und Discos
Paul Mall, 3225 M St., ✆ 202-965-5353; Paper Moon, 31st und M Sts, ✆ 202-965-6666; Library, 3287 M St., ✆ 202-338-7027; River Club (Big Band), 3223 K St., ✆ 202-333-8118; 1063 Wisconsin Ave., ✆ 202-342-7373; Dome, 2100 M St., ✆ 202-457-8180; 9.30 Club, 930 F St., ✆ 202-939-0930; Ritz, 919 E St., ✆ 202-638-2582; 15 Minute Bar, 1030 15th St., ✆ 202-408-1855; Cagneys, 1 DuPont Circle, ✆ 202-659-8820; Chicago's, 19th St. und DuPont Circle, ✆ 202-463-8888; Cities, 2424 18th St., ✆ 202-328-7194; Perry's, 1811 Columbia Rd., ✆ 202-234-6218; Opera, 1777 Columbia Rd., ✆ 202-265-6600; Tracks (*gay*, aber am Dienstagabend ist *straight night*), 1111 1st St., S.E., ✆ 202-488-3320

Piano Bars
Swiss Cafe, 5519 Connecticut Ave. N.W., ✆ 202-966-7600; Cafe Giovani, 4201 Connecticut Ave. N.W., ✆ 202-244-3200; Federal Bar im Vista Hotel, 1400 M St., ✆ 202-429-1700; Fairfax Bar im Ritz Carlton, 2100 Massachusetts Ave. N.W., ✆ 202-293-2100; Flutes Champagne Bar, 1025 Thomas Jefferson St. N.W., ✆ 202-333-3733; Fish Market, 100 King St., Alexandria, ✆ 702-836-5676.

Theater und Konzerte

Als Hauptstadt der USA ist Washington natürlich vor allem für das politische Theater bekannt, das im Weißen Haus und auf dem Capitol Hill gespielt wird. Bis Mitte dieses Jahrhunderts war das Polittheater praktisch die einzige Show. Seitdem hat sich Washington zu einer Theater- und Konzertstadt gemausert.

Die großen Bühnen
Arena Stage, 6th und Maine Sts S.W., ✆ 202-488-3300, der Komplex beherbergt drei Theater: das Arena, das Kreeger Theater und den Old Vat Room; Arena ist für modernes Theater bekannt.

Ford's Theater, 511 10th St. N.W., ✆ 202-347-4833; das Theater, in dem Lincoln ermordet wurde, ist restauriert und bietet Musik-Shows, Tourneetheater und Familienstücke.

Kennedy Center, neben dem Watergate-Komplex, nahe New Hampshire und Virginia Aves N.W., ✆ 202-254-3600, ist das Kronjuwel im Kulturbetrieb von Washington; hier gastieren die großen Orchester und Dirigenten der Welt, hier werden Broadway-Stücke und Weltklasse-Theater gespielt. Das nach John F. Kennedy benannte Zentrum beherbergt die Oper, ✆ 202-254-3770, das Eisenhower Theater, ✆ 202-254-3670, die Concert Hall, ✆ 202-254-3776, das Terrace Theater, ✆ 202-254-9895, das Theater Lab, ✆ 202-254-3600, und das American Film Institute Theater, ✆ 202-785-4600.

Das National Theater, 1321 Pennsylvania Ave. N.W., ✆ 202-628-6161, ist in den letzten Jahren zu einer Bühne für Broadway-Shows geworden, die hier oft gezeigt werden, bevor sie in New York Premiere haben.

Das Shakespeare Theater at the Folger, 201 E. Capitol St. S.E., ✆ 202-546-4000, ist eines der bedeutendsten Shakespeare-Theater der USA.

Neben diesen Bühnen existieren mehr als ein Dutzend kleinere Theater, deren Programme man der Veranstaltungsbeilage der »Washington Post« am Freitag entnehmen kann.

Für Kinder wird im Discovery Theater im Smithsonian Arts und Industry Building gespielt, 900 Jefferson Dr. S.W., ✆ 202-357-1500

Ethnische Theater: African Heritage Dancers and Drummers, 4018 Minnesota Ave. N.E., ✆ 202-399-5252; Feet First Dancers, 7649 Old Georgetown Rd., Bethesda, Md., ✆ 301,656-9076

Außer an den Schaltern der Theater sind Karten bei folgenden Stellen erhältlich: Ticket Center, ✆ 202-432-0200; Ticketron, ✆ 202-659-2601; Ticket Place, 12th und F Sts N.W., ✆ 202-842-5387. An dem kleinen Pavillon auf dem Mittelstreifen von F St. bekommt man sowohl reguläre Eintrittskarten als auch solche zum halben Preis für Vorstellungen am selben Tag.

In der Shopping Mall entlang Pennsylvania Ave. zwischen 20th und 21st Sts hat die Agentur Top Centre einen Verkaufsschalter, wo der freie Markt Purzelbäume schlägt. Die Agentur verfügt über beste Plätze für Konzerte und Sportveranstaltungen und verkauft sie zu horrenden Preisen samt Limousinen-Dienst, ✆ 202-452-9040.

Praktische Informationen von A bis Z

Abkürzungen

Die USA sind ein Land der Abkürzungen. Für den Besucher der Hauptstadt und der umliegenden Staaten sind vor allem deren Kennzeichnungen wichtig:

D.C. – District of Columbia
Md. – Maryland
Va. – Virginia
W.Va. – West Virginia

Del. – Delaware
Pa. – Pennsylvania
N.C. – North Carolina
Delmarva – das Land östlich der Chesapeake Bay, bestehend aus Delaware, Maryland und Virginia

Ärztliche Versorgung

Georgetown University Hospital, 3800 Reservoir Rd. N.W., Washington D.C., ✆ 202-687-5055; im Notfall ✆ 202-784-2118

George Washington University Hospital, 901 23rd St. N.W., Washington D.C., ✆ 202-994-6000; im Notfall ✆ 202-994-3884

Apotheken (Pharmacy) sind häufig in großen Supermärkten zu finden. Die nächste Filiale von Ketten wie Dart Drug, Peoples Drugs oder Rite Aid sind im Telefonbuch verzeichnet. Nachtapotheke ✆ 202-628-0720; Unfalldienst und Krankenwagen ✆ 911; außerhalb von Washington über den Operator, ✆ 0, die Unfalldienstnummer erfragen oder sich verbinden lassen, da ✆ 911 nicht überall gilt.

Ausblicke

Zu den bekannten Aussichtspunkten in Washington gehören das Washington Monument, die Westterrasse des Kapitols und der Turm des Old Post Office an der Pennsylvania Ave. Weniger bekannt, aber unbedingt lohnend ist der Blick von Robert E. Lees Arlington House über dem Arlington Cemetery; von der Aussichtsterrasse der Washington National Cathedral, Wisconsin Ave. und Woodley Rd. N.W.; von der Terrasse des Washington Hotel, 15th St. und Pennsylvania Ave. und von Bord eines der Ausflugsschiffe, die auf dem Potomac kreuzen; darunter das Restaurantschiff Dandy, ✆ 703-683-6076; die Happy Daze VI, ✆ 703-569-8708; die Admiral Tilp, ✆ 703-684-0580 und die Irish Mist 703-861-1991; Spirit of Washington, Pier 4, 6th und Water Sts S.W., ✆ 202-554-8000. Vom Pier 4 legt auch zweimal täglich um 9 und 14 Uhr von März bis Okt. ein Ausflugsschiff zur Plantage Mount Vernon ab. Die Fahrt dauert 90 Min., in Mount Vernon sind eindreiviertel Stunden Aufenthalt vorgesehen.

Auf dem Chesapeake and Ohio Canal verkehrt ein von Eseln geschleppter Kahn. Die Fahrt beginnt an der Thomas Jefferson St. in Georgetown und dauert mindestens 90 Min. Fahrzeiten von Mitte April bis Mitte Okt. unter ✆ 202-472-4376 oder am Informationsschalter, Foundry Mall, 1055 Thomas Jefferson St.

Auskunft

District of Columbia
In der Shopping Mall neben dem Willard Hotel, 1455 Pennsylvania Ave. N.W., liegt das umfassendst ausgestattete Besucher-Informationszentrum der Stadt (✆ 202-789-7038 oder 202-789-7039, geöffnet: tägl. 9–17 Uhr). Informationskiosks stehen am Lincoln Memorial, Washington Monument, Ellipse, Jefferson Memorial und Lafayette Park.

Eine täglich aktualisierte Tonbandaufzeichnung mit Informationen über Konzerte, Kunstausstellungen, Straßenfeste und -veranstaltungen ist abzufragen bei der Washington D.C. Convention und Visitors Association, ✆ 202-737-8866, oder dem National Park Service, ✆ 202-485-PARK. Die Smithsonian Institution hält in ihren Museen Informationsmaterial bereit, außerdem lohnt sich ein Besuch im Smithsonian Castle, wo eine elektronische Übersichtskarte mit Informationen hilft; Smithsonian Information Center ✆ 202-357-2700.

Bei der Ankunft an den Flughäfen liegt zumeist das Magazin »Washington Flyer« mit aktuellen Hinweisen und einem Veranstaltungskalender aus. In Buchhandlungen, Zeitungsständen, Cafés und anderen Geschäften gibt es die wöchentlich erscheinende Zeitung »City Paper« mit ausführlichen Listen aller Museen, Theater und Klubs. Die Freitagsausgabe der »Washington Post« hat eine Wochenendbeilage, die über Kinoprogramme, Konzert- und Theateraufführungen sowie besondere Veranstaltungen wie Auktionen, Shows, Ausstellungen und historische Veranstaltungen unterrichtet.

Maryland
Maryland Office of Tourism Development, Redwood Tower, 9th Floor, 217 E. Redwood St., Baltimore, Md. 21202, ✆ 800-543-1036, geöffnet: tägl. 9–17 Uhr. An der Autobahn I-95 nahe Laurel sind tägl. von 8.30–18 Uhr Informationskioske geöffnet. Eine weitere Informationsstelle gibt es im State House in Annapolis, ✆ 301-974-3400, geöffnet: tägl. 9–17 Uhr. In Baltimore versorgt die Baltimore Area Convention and Visitors Association, 1 E. Pratt St., Plaza Level, Baltimore, Md. 21202, ✆ 301-659-7300, Besucher mit Informationen. Für ausländische Gäste steht zudem das International Visitors Center, ✆ 301-837-7150, bereit.

Virginia
Virginia Division of Tourism, 1021 E. Cary St., Richmond, Va. 23219, ✆ 804-786-4484, geöffnet: tägl. 9–17 Uhr. In westlicher Richtung auf der Autobahn I-66 nahe Manassas ist ein Informationskiosk tägl. von 8.15–17 Uhr geöffnet, ebenso an der Autobahn I-95 in südlicher Richtung nahe Fredericksburg. Richmond hat ein Informationszentrum: 1700 Robin Hood Rd. von der Ausfahrt 14 Autobahn I-95, geöffnet: tägl. 9–20 Uhr

Delaware
Delaware State Travel Service, Delaware Tourism Office, 99 Kings Hwy, Dover, Del. 19903, ✆ 800-282-8667 in Delaware und 800-441-8846 von anderen Staaten, geöffnet: tägl. 9–17 Uhr

Autofahren

In und um Washington wird, wie zumeist in den USA, defensiver gefahren als in Deutschland. Die Verkehrsregeln unterscheiden sich unwesentlich von den bekannten. Wichtig ist die Höchstgeschwindigkeit auf Autobahnen. Sie liegt in der Regel in den dicht besiedelten Räumen um Washington bei 55 mph, etwa 90 km/h, außerhalb der Metropolen bei 65 mph. Auf Landstraßen ist die Höchstgeschwindigkeit 50 mph, in Ortschaften 25–30 mph und damit ähnlich den gewohnten 50 km/h.

In Washington werden Parksünder scharf verfolgt. Strafzettel von 20–50 $ sind üblich. Parken an Wasserhydranten ist horrend teuer, da das Auto abgeschleppt wird.

An Kreuzungen mit Stoppschildern in allen Richtungen wird abwechselnd angefahren, je nachdem, wer zuerst an die Kreuzung kommt. Anfangs wirkt es chaotisch, aber es funktioniert. Wo nicht anders angezeigt, darf man an einem Stopp auch bei roter Ampel nach rechts abbiegen.

Wenn möglich, sollte man die Rush-hour meiden – die Straßen sind dann chronisch verstopft. Wichtige Einfallstraßen, wie der Rock Creek Pkwy, werden während der morgendlichen Rush-hour stadteinwärts und am Nachmittag stadtauswärts zur Einbahnstraße. Andere, wie Connecticut Ave., reservieren Fahrspuren stadteinwärts oder stadtauswärts während der Rush-hour.

Um Washington D.C. zu erleben, ist nicht unbedingt ein Auto notwendig. Will man allerdings Außenbezirke der Stadt oder die Umgebung erkunden, ist ein Fahrzeug unerläßlich. Leihwagen sind an allen Flughäfen und über Hotels zu bekommen. Es lohnt sich, bereits in Europa zu buchen, da oft billigere Tarife oder Tarife ohne Meilenbegrenzung angeboten werden.

Autorennen

Die Staaten um die Hauptstadt, insbesondere North Carolina, haben eine lange Tradition im *Stock Car-* und *Dragster Racing.* Auf zahlreichen Rennstrecken finden praktisch an jedem Freitagabend und Wochenende Rennen statt. Dazu gehören: Old Dominion Speedway, Route 234, Manassas, ✆ 703–361-RACE; Capitol Raceway, Route 3 S., Crofton, ✆ 301–721–7281; Mason Dixon Dragway, Route 40, Hagerstown, ✆ 301–791–5193.

Autovermietung

An den Flughäfen bieten alle großen ›Car-Rental‹ Firmen Autos an, Hertz auch am Greyhound-Busbahnhof. Es ist meist preiswerter, Autos von Europa aus zu buchen und vorzubestellen.

Behinderte

Der öffentliche Nahverkehr sowie die Einrichtungen der Smithsonian Institution und des National Park Service sind in weit überdurchschnittlichem Maße auf Besucher mit Behinderungen eingestellt. Die Metro sowie mittlerweile über ein Drittel der Metro-Busse sind für Rollstuhlfahrer zugänglich. Das Smithsonian und der National Park Service bieten besondere Touren für Behinderte an. Auskunft Smithsonian ✆ 202–357–2700 oder 202–357–1729 täglich zwischen 9 und 17 Uhr. Das Smithsonian hält darüber hinaus einen besonderen Führer »A Guide for Disabled Visitors« bereit, erhältlich im Smithsonian Castle an der Independence Ave. oder anfordern von: Visitor Information Associates Reception Center, Smithsonian Building, Smithsonian Institution, Washington D.C., 20560. Der National Park Service bietet ebenfalls spezielle Touren für behinderte Besucher an, ✆ 202–426–1729

Blumen und Blüten

Jedes Jahr im April und Mai verwandeln sich Washington und die umliegenden Staaten in ein Farbenmeer aus Blumen und Blüten. Meist schon im März machen die Magnolienbäume den Anfang, am schönsten rund um den Rowlings Park entlang E St., N.W. zwischen 20th und 18th Sts.

Ebenfalls häufig schon Ende März oder in den ersten Apriltagen blühen die japanischen Kirschbäume rund um das Tidal Basin und entlang der Halbinsel des East Potomac Park. Biologen und Meteorologen bemühen sich jedes Jahr, die Zeit der Blüte vorauszusagen. Ab Mitte März lohnt deshalb ein Anruf bei der Ecological Services Library, ✆ 202–426–6796.

Einen unvergleichlichen Eindruck der Blütenpracht in der Hauptstadt bietet der 180 ha große Park des National Arboretum an der Bladensburg Rd. N.E., Eingang Ecke 24th und R Sts (geöffnet: Mo–Fr 8–17, Sa, So 10–17 Uhr). Zehntausende von Azaleen, Rhododendren, Magnolien und Dogwoods zeigen ihre Blüten.

Eine Tradition in der Region um Washington sind Touren durch die Gärten privater wie auch historischer Häuser. Sie vermitteln einen sonst verschlossenen Einblick in den Lebensstil der einstigen Bewohner und in einige der schönsten Gärten der Region. In Maryland ruft man ab Ende März Maryland House and Garden Pilgrimage an, ✆ 301–821–6933; in Virginia das Headquarter der Annual Historic Garden Week, 12 E. Franklin St., Richmond, Va. 23219, ✆ 804–644–7776 oder 804–643–7141. In

Washington lohnt der Besuch von Dumbarton Oaks während des ganzen Jahres. Vor einem empfehlenswerten Besuch von Hillwood und dem 10 ha großen Park, 4155 Linnean Ave. N.W., Washington D.C. 20008, sollte man ✆ 202-686-5807 anrufen, um die Öffnungszeiten zu erfragen. Zumeist in der zweiten Aprilwoche lädt das Weiße Haus zur White House Spring Garden Tour ein, nähere Informationen: The White House, 1600 Pennsylvania Ave. N.W., Washington D.C. 20500, ✆ 202-456-7041

In Georgetown werden im April eine Garten- und eine Häusertour angeboten. Für die Gartentour wendet man sich an Children's House 3224 N St. N.W., Washington D.C. 20017, ✆ 202-333-4953 oder 202-338-4229. Für die Häusertour wendet man sich an Georgetown House Tour, St John's Church, 3240 O St. N.W., Washington D.C. 20007, ✆ 202-338-1796. Für beide Touren ist es empfehlenswert, im voraus Plätze zu reservieren.

Bücher

The Guide to Black Washington, Sandra Fitzpatrick und Maria Goodwin, New York 1990
Arlington National Cemetery: Shrine to Americas Heroes, James Edward Peters, Washington 1978
The Outdoor Sculpture of Washington D.C., James M. Goode, Washington 1974
Best Addresses, A Century of Washington's Distinguished Apartment Houses, James M. Goode, Washington 1988
Old Alexandria, Where America's Past is Present, Nettie Allen Voges, Washington 1975
Die Bucht, James A. Michener, München 1979
Lincoln, Gore Vidal, Hamburg 1985

Der Automobilklub American Automobil Association (AAA) veröffentlicht jährlich aktualisierte »Tour Books« mit einem schier unerschöpflichen Reservoir an Informationen. Das Bändchen »Mid-Atlantic« umfaßt die in diesem Reiseführer beschriebene Region.

Buchhandlungen, Zeitungen und Landkarten

Buchhandelsketten mit zahlreichen Filialen und guter Auswahl sind Waldenbooks und Olsons's Books and Records. Kramer Books, 1517 Connecticut Ave. einen Block nördlich des DuPont Circle, verfügt auch über ein Café und ein Restaurant. Bücher, Protokolle und andere Publikationen, die mit der US-Regierung zu tun haben, sind im Government Printing Center & Bookstore, 710 N. Capitol St. erhältlich.

Deutschsprachige Zeitungen und Zeitschriften findet man im News Room, 1735 Connecticut Ave. N.W. und dem International Learning Center, 1715 Connecticut Ave. N.W. Karten der USA, von Washington und der Umgebung sowie Reiseführer, 1636 I St. N.W. (geöffnet: Mo–Fr 9–17.30 Uhr).

Deutschsprachige Institutionen

Goethe Institut, 1607 New Hampshire Ave. N.W., vierter Stock, Washington D.C. 20009, ✆ 202-387-3355, Deutsches Historisches Institut, 1607 New Hampshire Ave. N.W., Washington D.C. 20009, ✆ 202-387-3355, American Institute for Contemporary German Studies, 11 DuPont Circle N.W., Suite 350, Washington D.C. 20036, ✆ 202-332-9312; im Leseraum liegen deutsche Tageszeitungen und Magazine aus

Diplomatische Vertretungen

Deutsche Botschaft
4645 Reservoir Rd. N.W., Washington D.C. 20007, ✆ 202-298-4000,

Österreichische Botschaft
2343 Massachusetts Ave. N.W., Washington D.C. 20008, ✆ 202-483-4474

Schweizer Botschaft
2900 Cathedral Ave. N.W., Washington D.C. 20008, ✆ 202-745-7900

Drogen

Die Hauptstadt der USA hat sich in den letzten Jahren leider auch zur ›Murder Capital‹ mit 1990 über 700 Toten entwickelt, und der Hauptgrund dafür ist schwunghafter Drogenhandel. Washington ist keine der großen Einfuhrmetropolen wie Miami oder Los Angeles, vielmehr gibt es dort eine Endverbraucherszene mit zahlreichen Drogenmärkten und Gangs, die ihre Absatzgebiete mit Waffengewalt verteidigen. Im großen und ganzen ist der Drogenhandel und die damit verbundene Gewalt auf die Stadtteile N.E. und S.E. sowie auf die östlichen Teile von N.W. begrenzt. Die Touristengebiete von Washington gelten als sicher. Straßen östlich der 16th St. N.W. sollten nach Dunkelheit unbedingt gemieden werden.

Einkaufen

Downtown-Einkaufsstraßen sind K St. und L St. zwischen 15th und 20th Sts sowie Connecticut Ave. von K St. bis nördlich DuPont Circle. In Georgetown reihen sich Geschäfte entlang M St. und Wisconsin Ave.

Feiertage

1. 1.: New Year's Day
15. 1.: Martin Luther King jr. Day
Dritter Montag im Februar: Presidents' Day
Letzter Montag im Mai: Memorial Day
4. 7.: Unabhängigkeitstag, Nationalfeiertag
Erster Montag im September: Labor Day
12. 10.: Columbus Day
11. 11.: Veterans' Day
Vierter Donnerstag im November: Thanksgiving
25. 12.: Weihnachtstag

Festivals

Kein Monat im Kalender, während dem nicht in oder um Washington zahlreiche Feste und Festivals stattfinden. Die Vielfalt erklärt sich vornehmlich aus den zahlreichen Nationalitäten und ethnischen Gruppen, die in der Region leben und alle ihre mitgebrachten Traditionen weiterpflegen: Vom Vietnamesischen Neujahr bis zum Ukrainischen Unabhängigkeitstag reicht die Palette. Die umfassendste Information bietet der Führer »Fairs und Festivals« der Smithsonian Institution. Die Veranstaltungsbeilage der »Washington Post« am Freitag ist eine gute Informationsquelle. Einige der bekanntesten Feste sind:

- Washingtons Geburtstagsparade in Alexandria, im Feb.
- Kirschblüten-Fest, Ende März, Anfang April
- Feuerwerk auf der Mall, am 4. 7.
- Black American Festival in Alexandria, im Juli
- Hispanic Festival in Adams Morgan, im Aug.
- Adams Morgan-Tag, im Sept.

In Virginia finden im Sept. und Okt. zahlreiche Feste zur Zeit der Apfelernte und der Laubfärbung statt. Adressen und Daten sind zu erfragen bei der Virginia Division of Tourism, 202 N. 9th St., Suite 500, Richmond, Va. 23219, ✆ 804-786-4484.

Mitte März findet in Monterey, Va., im Highland County an der Grenze zu West Virginia das Highland Ahornsirup (Maple)-Festival statt. In der ›Schweiz von Virginia‹, wie sich der Landkreis nennt, kann man unverfälschte Traditionen erleben. Hotelbuchungen sind Wochen im voraus zu empfehlen.

Auskunft: Chamber of Commerce, P.O. Box 223 Monterey, Va. 24465, ✆ 703-468-2550.

Frauen allein in Washington

Im Grunde genommen müssen Frauen in Washington keine besonderen Regeln beachten. Die Vorsicht gebietet es, wenn überhaupt, dann nur am Tage und in Begleitung, die dubiosen Stadtteile der Hauptstadt in North West, North East und South East zu besuchen. In North West verläuft die Grenze sichtbar entlang der 14th St. und nördlich M St. Die U-Bahn gilt als sicher. Im Notfall anrufen D.C. Rape and Crisis Center, Hotline, ✆ 202-333-7273

Galerien

Washington bietet eine Vielzahl von (Verkaufs-)Galerien. Am dichtesten drängen sie sich entlang 7th St. N.W. zwischen D und E Sts und rund um den DuPont Circle. In Alexandria ist vor allem die Torpedo Factory zu nennen. In den Galerien liegt kostenlos der Führer »A Guide to Washington Area Art Galleries« aus, der monatlich erscheint und über Galerien und ihr Angebot unterrichtet. Eine ausgezeichnete Informationsquelle ist außerdem die alle zwei Monate erscheinende Zeitschrift »Museum & Arts«.

Geld und Geldwechsel

Sowohl der Dulles als auch der Flughafen von Baltimore haben Umtauschschalter, mit allerdings kurzen Öffnungszeiten. In der Stadt sind Banken wie Riggs Bank, First American Bank, American Security Bank oder Crestar Bank wochentags von 9–14 oder 15 Uhr geöffnet. Verschiedene Banken öffnen außerdem Freitagnachmittags von 15–18 Uhr. Am Samstagvormittag hält Deak-Perrera, 1800 K St. N.W. von 10–14 Uhr einen Umtauschschalter offen. American Express, 1150 Connecticut Ave. N.W., ist wochentags von 9–18 Uhr geöffnet.

Außerdem kann man Geld in nahezu allen großen Hotels umtauschen. Viel Bargeld sollte man allerdings nicht bei sich führen, da Kreditkarten nahezu überall akzeptiert werden.

Dollarnoten sind in Größe und Farbe identisch und laden deshalb zu Verwechslung ein. Den *greenback*, wie der Dollar auch genannt wird, gibt es in folgenden Stückelungen: 1, 2, 5, 10, 20, 50 und 100 Dollars. An Münzen sind im Umlauf 1 Cent, auch *penny* genannt, 5 Cents oder *nickel* genannt, 10 Cents oder *dime* genannt und 25 Cents, meist als *quarter* bezeichnet. Sollten Sie eine Halbdollar-Münze oder Dollar-Münze bekommen, so ist das ok. Sie sind gültig, aber eher Sammlerobjekte.

Gesetzliche Bestimmungen

Für jüngere Besucher ungewohnt, aber strikt zu beachten sind die gesetzlichen Vorschriften Alkohol betreffend. Zwar kann man in den USA mit 16 den Führerschein machen, aber zumeist nicht unter 21 Jahren in der Öffentlichkeit trinken. In den Staaten Virginia und Maryland wie im District of Columbia trifft dies zu. Wer sich ein junges Aussehen bewahrt hat, kann leicht nach dem Ausweis befragt werden, wenn er oder sie sich ein Bier oder Glas Wein bestellt. Auf den Straßen gilt Alkoholverbot, umgangen oft, wenn Dosen oder Flaschen mit einer braunen Tüte getarnt werden.

Maße und Gewichte

1 inch	= 2,5 cm
1 foot	= 30 cm
1 yard	= 90 cm
1 mile	= 1,6 km
1 cm	= 0,4 inch

1 m = 3,3 feet
1 m = 1,1 yards
1 km = 0,6 mile

1 ounce = 28 gr
1 pound = 0,45 kg
1 gr = 0,035 ounce
1 kg = 2,2 pounds

1 quart = 0,95 l
1 gallon = 3,8 l
1 l = 0,26 gallon

1 acre = 0,4 ha
1 ha = 2,5 acres

Temperatur: Die Fahrenheitskala markiert 0 °C bei 32 Grad und den Siedepunkt des Wassers bei 212 Grad. Umrechnung von Fahrenheit in Celsius: Fahrenheit minus 32, multipliziert mit 5 und dividiert durch 9. 70 Grad Fahrenheit beispielsweise entsprechen 20 Grad Celsius.

Museen

Der Zutritt zu den Museen (vgl. S. 84ff., 104ff.) der Hauptstadt ist überwiegend kostenlos. Aktuelle Ausstellungsinformationen geben der Veranstaltungsüberblick der »Washington Post« am Freitag, die Wochenzeitung »City Paper«, das Magazin »Museum & Art« und das Smithsonian unter Dial-A-Museum ✆ 202-357-2020.

Orientierung

Washington und der District of Columbia sind in vier Quadranten aufgeteilt, deren Schnittstelle durch das Kapitol verläuft. Um unnötige Wege und Verwirrungen zu vermeiden, gilt es, unbedingt die N.W., N.E., S.W. und S.E.-Kennzeichnungen für North West, North East, South West und South East zu beachten. Straßen gleichen Namens führen durch mehrere Quadranten, Straßen gleicher Nummer wiederholen sich in mehreren Quadranten.

Post

Im Gegensatz zu Deutschland hat die Post in den USA nichts mit dem Telefonieren zu tun, sondern ausschließlich mit Briefen und Paketen; Hauptpost: 425 L'Enfant Plaza S.W., ✆ 202-268-2000, geöffnet: Mo–Fr 8–17 Uhr; Postamt in Georgetown: 1215 31st St., geöffnet: Mo–Fr 8–17 Uhr; Fragen nach dem nächsten Postamt unter ✆ 202-268-2289.

Sport

Kanus, Kayaks und Flöße
Washington und Umgebung bieten auf zahlreichen Flüssen Gelegenheit zum Bootssport. Auskunft über Wasserstände und Gefahren unter ✆ 301-899-7378. In Washington verleihen Thompson Boat Center, Virginia Ave. am Rock Creek Pkwy, ✆ 202-333-4861 und Fletcher's Boat House, 4940 Canal Rd. N.W., ✆ 202-244-0461 Kanus und Ruderboote. Zehn Meilen flußaufwärts am Potomac verleiht Swain's Boat House, 10700 Swain Lock Rd., Potomac, Md., ✆ 301-299-9006, ebenfalls Kanus und Ruderboote (auch Fahrräder).

Floßtouren veranstalten: Precision Rafting Expeditions, P.O. Box 185, Friendsville Md. 21531, ✆ 301-746-5290; James River Experience, 2971 Hathaway Rd., P.O. Box 34525, Richmond, Va. 23234, ✆ 804-323-0062

Reiten
In Virginia werden Unterricht und Pferde angeboten vom Great Falls Horse Center, 10001 Arnon Chappel Rd., Great Falls, Va. 22066, ✆ 703-759-3400.

Angeln
Angelgenehmigungen erteilen in Washington Consumer and Regulatory Affairs, 614 H St. N.W., Room 931, Washington D.C. 20001, ✆ 202-727-7370, in Virginia das Department of Game and Inland Fisheries 4010 W. Broad St., Richmond, Va. 23230, ✆ 804-367-1000 und in Maryland Sportgeschäfte. Angelgenehmigungen werden zugeschickt oder man muß telefonisch einen Abholplatz und Termin vereinbaren.

Golf
Rund um Washington gibt es eine Vielzahl von Golfplätzen: Enterprise Golf Course, 2802 Enterprise Rd., Mitchellville, Md., ✆ 301-249-2040; Algonkian Park, 1600 Potomac View Rd., Sterling, Va., ✆ 703-450-4655; East Potomac Park Golf Course, 900 Ohio Dr. S.W., Washington D.C., ✆ 202-544-7660.

Segeln und Surfen
Die Chesapeake Bay wartet mit hervorragenden Segelmöglichkeiten auf, in Annapolis bieten mehrere Segelschulen Kurse und Boote an: Annapolis Sailing School, 601 6th St., Annapolis, Md. 21403, ✆ 301-267-7205; Maiden Voyage, 725 2nd St., Annapolis, Md. 21403, ✆ 301-942-6932.

Surfboards und Unterricht: International Sailing Products, 318 6th St., Annapolis, Md. 21403, ✆ 301-269-6160; am Potomac zwischen Washington und Alexandria werden an der Washington Sailing Marina, George Washington Pkwy, Segel- und Surfstunden angeboten, ✆ 703-548-9027. In Ocean City wie in anderen Badeorten entlang der Atlantikküste gibt es zahlreiche Boots und Surfboard-Leihmöglichkeiten.

Drachenfliegen
Kitty Hawk in North Carolina, wo die Gebrüder Wright mit ihrer Flugmaschine erste Luftsprünge machten, ist nicht weit, die Fliegertradition wird unter anderem von Drachenfliegern in und um Washington fortgesetzt. Wo man Drachen leihen kann, wo man es lernt und wo man fliegt, wissen die Capitol Hang Gliding Association in Rockville, Md., ✆ 301-949-7698 oder die Virginia Hang Gliding Association, 2824 Bicknell Rd., Richmond, Va. 23235.

Skifahren
Folgende Skigebiete geben Gelegenheit zum Wintersport: Wisp Ski Area, Oakland, Md., ✆ 301-387-5581; The Homestead Ski Area, Hot Springs, Va., ✆ 703-839-5079; Wintergreen, Wintergreen, Va., ✆ 804-325-2200; Snowshoe Mountain Resort, Snowshoe, W. Va., ✆ 304-572-1000.

Fahrradtouren
Während Radfahren in der Stadt wegen des dichten Verkehrs nicht zu empfehlen ist, gibt es mindestens vier ausgewiesene und empfehlenswerte Radtouren:

– Arlington-Friedhof – Lincoln Memorial – Rock Creek Parkway. Am besten beginnt man an Thompson's Boat Center, Virginia Ave. am Rock Creek Pkwy, ✆ 202-333-4861, wo man Fahrräder mieten kann. Man kann entweder den Rock Creek Park entlang radeln oder über die Memorial Bridge zum Arlington-Friedhof, wo Anschluß ist an den

– Mount Vernon Bikepath. Nach der Memorial Bridge geht es links ab. Der geteerte Weg führt am National Airport vorbei bis zu Washingtons Plantage, ca. 28 km

– C & O Canal Towpath; fester Sand- und Kiesboden; führt aus Georgetown entlang dem Potomac auf der Maryland-Seite bis Great Falls

– Upper Rock Creek Park; beginnt am Beach Dr. und Tilden St. und führt zum East West Highway in Chevy Chase. Zahlreiche Seitenstrecken beginnen ebenfalls am Beach Dr.

Radverleih: Fletchers Boat House, Canal und Reservoir Rds, ✆ 202-244-0461. Beg Wheel Bikes, M und 33rd Sts, Georgetown, ✆ 202-337-0254.

Wandern

Der Sierra Club (300 Pennsylvania Ave. S.E., Washington D.C.) erteilt Informationen über Spaziergänge und Wanderungen unter den Nummern ✆ 002-547-2326 oder 301-992-5482. Das Rock Creek Nature Center, 5200 Glover Rd. N.W., ✆ 202-426-6829, bietet eine Fülle von Wanderungen und Führungen an. Die Appalachian Trail Conference, ✆ 304-535-6331 gibt Informationen über das Wegenetz des Appalachian Trail.

Tabak

Rund ums Jahr ist es möglich, die Phillip Morris-Fabrik am südlichen Stadtrand von Richmond zu besuchen (3601 Commerce Rd., Richmond, Va., ✆ 804-274-2000, schriftliche Anfragen an: P.O. Box 26603, Richmond, Va. 23261). Ein hoher Pylon mit den Markennamen der Zigaretten ist von der Autobahn I-95 aus sichtbar. Vor allem im Sept., wenn der Tabak zu den Auktionen gebracht wird, kann man bei Fahrten durch das südliche Virginia und nördliche North Carolina mit etwas Glück Tabakauktionen erleben. Danville ist eine gute Adresse, es gibt aber keine Faustregel, wie man an Auktionen teilnehmen kann. Da hilft nur fragen.

Telefon

Die USA sind ein Telefon-Mekka. Mehr und mehr kann man mittels der digitalisierten Netze sein Leben von zu Hause durchs Telefon abwickeln, kann einkaufen, bestellen und bezahlen. Einige Grundregeln gelten überall in den USA: Telefonnummern sind immer siebenstellig, Vorwahlnummern immer dreistellig. Vor der Vorwahl muß eine 1 gewählt werden oder eine 0, falls man mit Kreditkarte bezahlt. Nummern, die statt einer Vorwahl die Zahl 800 zeigen, gestatten einen kostenlosen Anruf. Nummern, die statt einer Vorwahl die Zahl 900 aufweisen, sind mit Vorsicht zu genießen, denn sie bieten alle möglichen Dienste an, die über die Telefonrechnung abgerechnet werden. Lokale Auskunft über ✆ 411; Fernauskunft über die Vorwahl der gewünschten Region plus ✆ 5551212. Hilfe bietet immer der Operator unter ✆ 0.

Da Washington zwischen zwei Staaten liegt, müssen alle Gespräche nach Virginia oder Maryland mit den Vorwahlen angewählt werden, selbst wenn es sich um einen nahen Vorort von Washington handelt. Die Vorwahl von Washington ist 202, vom nördlichen Virginia 703 und von Maryland 301 (keine 1 vor der Vorwahl). Für Gespräche nach Deutschland wählt man ✆ 011-49, die Vorwahl ohne die 0, dann die Rufnummer; für Gespräche nach Österreich ✆ 011-43, in die Schweiz ✆ 011-41.

Trinkgeld

Die Preise auf Speisekarten und Preisschildern enthalten weder die örtliche Verkaufssteuer noch – im Falle von Restaurants – Trinkgeld. 15% sind die Regel, doch sollte man seiner Freude oder seinem Mißfallen über den Service ruhig durch Auf- oder Abschläge Ausdruck geben. Trinkgelder sind in den USA aber mehr als nur eine Anerkennung, da die Löhne von Kellnern meist so bemessen sind, daß diese auf Trinkgelder angewiesen sind.

Wein

Vor mehr als 200 Jahren schon war Thomas Jefferson der Idee verfallen, in seinem geliebten Virginia rund um Charlottesville und sein Haus Monticello Wein anzubauen. Italienische und französische Winzer kamen mit ihren Weinstöcken in der Neuen Welt an, aber alle Versuche, Wein in Virginia heimisch zu machen, schlugen fehl. Vor allem die extremen Temperaturunterschiede von –15 °C im Winter bis zu über 40 °C im Sommer setzten den mediterrane Ausgeglichenheit gewohnten Weinstöcken arg zu. Heute, über 200 Jahre später, könnte Jefferson mit Stolz auf seinen Heimatstaat blicken, der zum drittgrößten Weinproduzenten in den USA nach Kalifornien und New York avanciert ist. Weingüter und Wein-Farmen (Farmen, die mehr als 50% ihres Einkommens durch Wein erzielen) entstehen jährlich, die Zahl der weinproduzierenden Farmen und Güter hat 40 überschritten. Angebaut werden europäische Sorten wie Chardonnay, Cabernet Sauvignon, Merlot und Riesling. Kreuzungen aus europäischen Weinstöcken heißen Seyval Blanc, Vidal und Chambourcin. Amerikanische Reben tragen die Namen Concord, Niagara und Fredonia.

Angebaut wird in vier Regionen: Monticello (rund um Charlottesville), Shenandoah Valley, North Fork of the Roanoke und im Northern Neck, der Halbinsel am Potomac, wo George Washington geboren wurde.

Von Mai an veranstalten Winzervereinigungen Weinfeste, bei denen man kosten und Informationen sammeln kann. Im Sept. und Okt. finden zahlreiche Weinlesefeste statt. Fast alle Weingüter und Wein-Farmen heißen Besucher willkommen und bieten Proben ihrer Produkte an. Einen Führer mit Adressen und Informationen hält das Virginia Wine Marketing Programm, P.O. Box 1163, Richmond, Va. 23209, ✆ 804–786–0481 bereit.

Auch in Maryland sind in den vergangenen zehn Jahren viele zunehmend erfolgreiche Weingüter und Wein-Farmen entstanden. Sie liegen zwischen den Catoctin-Bergen im Norden und der Eastern Shore zwischen Chesapeake Bay und Atlantik; Informationen über das Maryland Department of Agriculture, Marketing Services, 50 Harry S. Truman Pkwy, Annapolis, Md. 21401, ✆ 301–841–5770.

Zeit

Zwischen Mitteleuropa und der US-Ostküste besteht ein Zeitunterschied von sechs Stunden, Washington ist damit sechs Stunden früher dran als Köln. Fliegt man in Frankfurt um die Mittagszeit ab, stehen die Washingtoner gerade auf. Die Sommer- und Winterzeit ist zwischen den USA und Europa weitgehend angeglichen. Im Frühjahr stellt man in Europa die Uhr eine Woche früher vor und im Herbst vier Wochen früher zurück. Die USA haben von der Ostküste bis Hawaii fünf Zeitzonen.

Abbildungsnachweis

Farbabbildungen

Fridmar Damm, Köln 3
Kevin Fleming, Washington D.C. 13
IFA-Bilderteam, München 17, 26, 29
Fred Maroon, Washington D.C. 6
Museum Ludwig, Köln 24
Jochen W. Siemens, Arlington Titelbild, Umschlaginnenklappe, 1, 2, 7, 8, 9, 14, 15, 18, 19, 20, 21, 22, 23, 25, 27, 30, 31, 32, 33, 34
Günter Zwingelberg, Kirchlinteln Umschlagrückseite, 4, 5, 10, 11, 12, 16, 28

Schwarzweißabbildungen

Archiv DuMont Schauberg, Köln S. 28, 29
Archiv für Kunst und Geschichte, Berlin S. 15, 48, 105, 243
A. M. Begsteiger, Gleisdorf S. 70, 129
dpa Bildarchiv, Düsseldorf S. 62, 72/73, 81, 85, 110
Klaus Kallabis, Hamburg S. 33, 46, 54/55, 56, 61, 65, 89, 93, 103, 122/123, 135, 143, 178/179, 200/201
LOOK Bildagentur, München (Christian Heeb) S. 77, 83, 112/113
Ulf Müller-Moewes, Königswinter S. 9, 24/25, 79, 229, 236/237, 247, 261
Jochen W. Siemens, Arlington S. 2, 34/35, 43, 45, 69, 74, 86, 95, 97, 100, 101, 106, 116, 120, 126, 128 oben, 128 unten, 130, 133, 139, 142, 169 oben, 169 unten, 171, 172/173, 174/175, 176, 177, 181, 182, 184, 185, 187, 189, 190, 191, 193, 194, 196, 197, 199, 204, 209, 213, 214, 219 oben, 219 unten, 224/225, 228, 230/231, 233, 234, 237 unten, 238/239, 245, 249, 250/251, 253, 255, 257, 258, 259, 262/263, 265 oben, 265 unten, 268/269, 270/271, 271 unten
Transglobe Agency, Hamburg (Eunice Harris) S. 137
U.S. Information Service, Bonn S. 12, 21, 23, 52, 207, 217, 221, 240/241, 248
Günter Zwingelberg, Kirchlinteln S. 114

Die Abbildungen auf S. 10, 19, 68 wurden entnommen aus: »The City of Washington. An Illustrated History«, New York 1985

Karten und Pläne

Metro-Plan auf S. 277 © Washington Metropolitan Area Transit Authority

Alle übrigen Karten und Pläne:
DuMont Buchverlag

Die Übersetzung der Gettysburg Address auf S. 248 wurde mit freundlicher Genehmigung des Limes Verlags / in der F. A. Herbig Verlagsbuchhandlung GmbH, München, entnommen aus »Dokumente der amerikanischen Demokratie«, Wiesbaden [2]1955.

Personenregister

Ortsregister

Washington D.C.

Umland

Bitte beachten Sie auch folgende Veröffentlichungen aus unserem Verlag:

»Richtig reisen«: Neu-England

Boston und die Staaten Connecticut, Massachusetts, Rhode Island, Vermont, New Hampshire, Maine

Von Christine Metzger. 376 Seiten mit 45 farbigen und 261 einfarbigen Abbildungen, 41 Seiten praktischen Reisehinweisen, Register

»Der Band zeichnet süffisant und gescheit das Damals und Heute der sechs Neu-England-Staaten; sprudelnde Nonchalance der Autorin besorgt Lektürenspaß und fundierte Information.«

Abendzeitung, München

In gekonnter Verbindung von Text und Bild fängt dieses Werk die bezaubernde-verzaubernde Atmosphäre dieser Region mit ihren verträumten Winkeln und ihrer landschaftlichen Schönheit ein.

Magazin für Amerikanistik

»Richtig reisen«: New York

Von Gabriele von Arnim und Bruni Mayor. 338 Seiten mit 61 farbigen und 178 einfarbigen Abbildungen, 4 Plänen, 81 Seiten praktischen Reisehinweisen

»Das bebilderte Buch ist eine gelungene Mischung von Geschichtsbuch und praktischem Städteführer. Es zeigt New York nicht nur als eine große Stadt der Gegensätze und Rekorde – welche Großstadt kann z. B. mit 1339 Parks aufwarten? – sondern auch die Heimat liebenswerter, zuweilen auch schrulliger Durchschnittsbürger mit ihren alltäglichen Freuden und Leiden.«

Der Tagesspiegel, Berlin

». . . Erst recht macht der eigentliche Buchteil Spaß; nichts von grauer Belehrungs-Langeweile. Selbst wer nicht verreisen will, hat seinen Spaß und seinen Gewinn daran.« *Deutsche Zeitung*

»Richtig reisen«

- <u>Ägypten</u>
- Kairo
- Sinai und Rotes Meer
- Algerische Sahara
- Arabische Halbinsel
- Bahamas

<u>Belgien</u>
- Belgien mit dem Rad

<u>Bundesrepublik Deutschland</u>
- Berlin
- München
- China
- Cuba
- <u>Dänemark</u>
- Bornholm
- Ferner Osten
- Finnland

<u>Frankreich</u>
- »Richtig wandern«: Bretagne
- »Richtig wandern«: Burgund
- Elsaß
- Korsika
- Paris
- »Richtig wandern«: Pyrenäen
- <u>Griechenland</u>
- Kreta
- »Richtig wandern«: Kykladen
- »Richtig wandern«: Nordgriechenland
- »Richtig wandern«: Rhodos
- <u>Großbritannien</u>
- London
- »Richtig wandern«: Nord-England
- »Richtig wandern«: Schottland
- »Richtig wandern«: Englands Süden
- Guadeloupe – Martinique
- <u>Holland</u>
- Amsterdam
- Hongkong mit Macau und Kanton

<u>Indien</u>
- Nord-Indien
- Süd-Indien
- <u>Indonesien</u>
- Von Bangkok nach Bali
- Irland
- <u>Italien</u>
- Friaul – Triest – Venetien
- Neapel
- Oberitalien
- Sizilien
- Süditalien
- »Richtig wandern«: Südtirol
- Toscana
- »Richtig wandern«: Toscana und Latium
- Venedig
- Jamaica
- <u>Kanada und Alaska</u>
- Ost-Kanada
- West-Kanada und Alaska

<u>Luxemburg</u>
- Belgien und Luxemburg
- Madagaskar – Komoren
- Malediven
- Marokko
- Mauritius
- Mexiko
- Nepal
- Neuseeland
- Norwegen

<u>Österreich</u>
- Graz und die Steiermark
- Wien
- Ostafrika
- Philippinen
- <u>Portugal</u>
- Azoren
- Réunion
- Schweden
- <u>Die Schweiz und ihre Städte</u>
- Seychellen

<u>Sowjetunion</u>
- Moskau
- <u>Spanien</u>
- Andalusien
- Barcelona
- Gran Canaria
- Ibiza/Formentera
- Lanzarote
- Madrid und Kastilien
- »Richtig wandern«: Mallorca
- »Richtig wandern«: Pyrenäen
- Teneriffa

<u>Südamerika</u>
- Argentinien – Chile – Paraguay – Uruguay
- Peru und Bolivien
- Venezuela, Kolumbien und Ecuador
- <u>Thailand</u>
- Von Bangkok nach Bali
- <u>Türkei</u>
- Istanbul
- Tunesien

<u>USA</u>
- Florida
- Hawaii und Südsee
- Kalifornien
- Los Angeles
- Neu-England
- New Orleans und die Südstaaten
- New York
- Texas
- Südwesten – USA
- Washington D.C.
- Zentralamerika
- Zypern